우리는 다 이겼습니다

김양재 목사의 큐티강해
요한계시록 3

우리는 다 이겼습니다

지은이 **김양재**

QTM

이 책을 펴내며

어미 독수리가 둥지 밖 낭떠러지로 새끼 독수리를 떠밉니다. 갑자기 발 디딜 곳 하나 없는 허공에 내던져진 새끼는 추락하지 않으려고 기를 쓰고 날갯짓을 합니다. 그러나 알에서 나와 둥지에만 머물던 새끼가 제대로 날 수나 있겠습니까? 파닥파닥 몇 번 힘겹게 날갯짓을 하는가 싶더니 얼마 못 가 바닥을 향해 곤두박질칩니다. 아래로, 더 아래로…… '아, 이제 죽는구나!' 그런데 그때, 어미 독수리가 잽싸게 날아와 자신의 큰 날개로 새끼를 받아 냅니다. 공중을 선회하면서 새끼의 몸부림을 지켜보다가 새끼가 추락하기 직전에 떨어지지 않도록 날개로 감싸 받아 내는 겁니다.

　　우리는 흔히 삶을 전쟁에 비유합니다. 입시도 전쟁이고, 취업과 사회생활도 전쟁이고, 결혼생활도 전쟁입니다. 인간관계도 날마다 전쟁입니다. 특별히 코로나19 사태로 일상이 흔들리면서 먹고사는 일조차 전쟁이 되었습니다. 이 모든 전쟁에서 이기기가 정말 만만치 않습니다. 이기기는커녕 우리는 날마다 떨어지고 곤두박질하지요. 그런데 하나님은 참 이상하세요. 우리는 삶의 자리에서 날마다 추락하는데, 하나님은 이 전쟁에서 "우리는 다 이겼다"라고 말씀하십니다 (계 12:11). 성도는 이겼대요. 여러분, 이 말씀이 이해가 되세요? 우리가 왜 이겼습니까? 예수 그리스도께서 모든 전쟁에서 이미 승리하셨기에 우리도 승리했습니다. 주께서 죽음을 이기시고 사탄의 머리를 치셨기에 죽음의 권세가, 사탄의 궤계가 결코 우리를 해할 수 없습니다.

그런데 우리는 왜 날마다 문제에 부닥쳐 마치 추락하는 자처럼 발버둥 칠까요? 서두에서 독수리 이야기를 했는데 독수리가 바보가 아니고서야 왜 자기 새끼를 일부러 허공으로 밀어내겠습니까? 새끼 독수리가 어미 독수리처럼 활공의 전문가가 되기 위해서는 훈련이 필요합니다. 하나님도 우리를 이렇게 양육하십니다. 우리를 주님의 참제자, 말씀의 전문가로 키우시고자 험한 세상 가운데로 밀어 넣으십니다. 험한 세상 가운데 딱 떨어뜨리셨다가 땅에 떨어지기 직전에 자신의 날개로 받아 보호하십니다. 험한 이 땅에서 자기 백성을 기적적으로 양육해 가십니다. 그러므로 우리의 떨어짐은 실패가 아니라 양육입니다. 패배가 아니라 승리로 가는 여정입니다. 밑이 없는 구렁으로 떨어지는 것 같아도 하나님이 그분의 날개로 반드시 받아 내십니다.

어떤 떨어진 자리에서도 살아 내십시오. 내가 피투성이라도 살아 있기를, 살아 내기를 바랍니다(겔 16:6). 어떻게 살아 냅니까? 계시록은 사탄이 우리를 어떻게 대적하는지, 사탄의 갖가지 공격 방법을 알려 주시는 책입니다. 그러니 무서운 책이 아니라 사랑의 복음이지요. 죽지 말고 살라고 주시는 말씀입니다. 오늘을 어떻게 살아 내야 할지 주님이 계시록을 통해서 다 알려 주셨습니다.

그러므로 이 계시록 말씀을 승리의 비법으로 두고 걸어가십시오. 어린 양의 피와 말씀으로 공동체가 사탄을 이겼습니다. 두려워하지 마세요. 우리는 다 이겼습니다!

2021년 11월
우리들교회 담임목사 김양재

CONTENTS

PART 1

증인이 되라

두 증인

요한계시록 11장 1~6절

01

하나님 아버지, 우리가 주님의 참증인으로
살아가기 원합니다.
말씀해 주시옵소서. 듣겠습니다.

어느 주일 아침 교회에 가는 길에 문득 등산객들이 눈에 띄었습니다. 등산복을 차려입은 수많은 사람이 자신들의 목적지일 어느 산을 향해서 분주히 걸어가더군요. '평생에 나는 주일이면 교회에 다녔는데 저 사람들은 산을 다녔겠구나……' 생각하니 새삼 그들이 불쌍하게 여겨졌습니다. 과연 그들은 자신이 어디를 향해서 그토록 열심히 걸어가는지 알고 있을까요? 제가 칠십이 넘도록 주일을 하나님께 드리면서 복음의 증인으로 걸어가고 있는데 그렇다고 인생에서 손해 본 것이 없습니다. 여러분도 스스로 돌아보십시오. 여러분은 어디를 향해 가고 있습니까? 무엇의 증인으로서 살아갑니까?

본문에 두 증인이 등장합니다(계 11:3). '증인'은 헬라어로 '마르튀스(μάρτυς)'로 '목숨을 걸고 주님을 증거하는 자'라는 뜻입니다. 오늘날 순교자를 뜻하는 영어의 'martyr'의 어원이 되기도 합니다.

영국의 개혁주의적 침례교 목사이자 명설교자인 찰스 스펄전 (Charles Haddon Spurgeon)의 한 설교에서 읽은 이야기입니다. 그가 시무하던 메트로폴리탄 태버내클 교회에 버틀러 부인이라는 여성도가 있었습니다. 그녀는 몹시 병약했지만 교회학교 교사로 섬기고자 자원했습니다. 빈자리가 없자 보조교사로라도 헌신하기를 원했죠. 날로 몸이 쇠약해져도 그녀는 누구보다 열성적으로 복음을 전하면서 이렇게 호소하곤 했습니다.

"죽어 가는 제 말을 좀 들어 보세요. 죽어 가는 제 말을 좀 들어 보세요!"

이런 간절한 호소 때문인지 그녀는 살아생전 6,700명 남짓한 많은 영혼을 전도했습니다. 그녀가 소천한 후 교회에는 그녀를 기리는 비문이 세워졌습니다. 거기에는 이런 글이 쓰여 있습니다.

우리의 어머니인 그녀의 말을 여기에 새깁니다.
"죽어 가는 제 말을 좀 들어 보세요."

인생은 죽음을 향해 가는 여정이라고 할 수 있습니다. 누구도 예외 없이 죽습니다. 그러니 우리도 죽어 간다고 할 수 있습니다. 다만 예수를 믿는 우리는 육신만 죽을 뿐 이후 영원한 생명이 기다리고 있죠. 그런데 이 땅에는 예수님을 몰라서 영원한 죽음으로 걸어가는 인생이 너무 많습니다. 죽어 가는 그 영혼들을 살리기 위해서 예수님을 증거하는 것보다 더 중요한 일은 세상에 없습니다.

우리는 예수님의 증인이 되어 복음을 증거해야 합니다. 이 땅 세력들이 아무리 괴롭혀도 참교회는 반드시 승리합니다. 그렇다면 예수님의 증인이 하는 일은 무엇일까요?

증인은 성전을 측량하는 일을 합니다

또 내게 지팡이 같은 갈대를 주며 말하기를 일어나서 하나님의 성
전과 제단과 그 안에서 경배하는 자들을 측량하되_계 11:1

일곱 인 재앙과 일곱 나팔 재앙이 계속되는 가운데 하나님이 여
섯째 나팔 재앙까지 보이셨습니다. 이때 주님은 재앙만으로는 죄인
인 우리가 변할 수 없고 오직 복음으로만 거듭날 수 있다고 말씀하시
면서 작은 두루마리, 곧 성경의 권세를 보이시고 "각자의 밧모섬에서
씹어 먹은 말씀을 예언하라"는 사명을 주셨습니다.

그런데 말씀을 예언해야 하는 우리, 곧 예수 그리스도의 증인에
게 주어진 일이 성전을 측량하는 것입니다. '측량'은 보통 건축을 앞두
고서 하는 일입니다. 하나님은 에스겔서 40장에서도 삼줄과 장대를
가지고서 성전을 측량하는 한 사람을 에스겔에게 환상으로 보이셨습
니다(겔 40:3). 당시 바벨론에 침공당하여 예루살렘 성전이 완전히 무
너진 상태였는데 장차 성전을 회복하시겠다는 의미로 측량을 명하신
것입니다. 지금도 그렇습니다. 계시록이 기록된 때는 A.D. 95년경으
로 A.D. 70년 로마 장군 디도(Titus)에 의해 화려한 헤롯 성전이 초토화
되고 말았습니다. 그래서 지금도 하나님께서 "성전을 측량해라. 내가
무너진 성전을 다시 세우겠다!" 약속해 주시는 것이죠. 세상 성전은
자꾸 무너지는데, 하나님은 "내가 성전을 세우겠다"고 끊임없이 약속
하십니다.

성전은 유형의 건물이기도 하지만 성도 한 사람, 한 사람을 가리킵니다. 그러므로 '측량하라'는 주님의 명령은 참교회와 거짓 교회, 참성도와 거짓 성도를 엄격히 골라내시겠다는 뜻이기도 합니다. 하나님의 성전 안에서 경배하는 자들, 주님이 택한 백성을 골라내셔서 하나님의 소유로 확정 지으시겠다는 것입니다. '나의 백성을 내가 건축하고 보호하겠다!' 약속하시는 것입니다. 이렇게 하나님이 명령하실 때는 자신이 있는 겁니다. 하나님이 이 일을 반드시 행하시겠다는 겁니다. 내 인생이 무너지고 훼파됐습니까? 모든 것이 망했습니까? 그러나 하나님께서 우리를 일으켜 세우실 줄 믿습니다. 나는 무너지고 망했을지라도 하나님께서 그 위에 성전을 다시 세우실 줄 믿습니다.

그런데 측량 도구가 무엇인가 보니 '지팡이 같은 갈대'라고 합니다. 한산섬 달 밝은 밤에 큰 칼을 허리춤에 딱 차고 황금 규(圭)로 멋들어지게 측량하는 것이 아니라 초라하고 연약한 갈대로 측량하라고 말씀하십니다. 이런 갈대를 가지고 나가면 누가 그의 말을 들어 주겠습니까? 무시밖에 받을 것이 없습니다.

그러나 속은 곧고 겉은 부드러운 갈대처럼 우리가 누구를 만나든지 그 사람에게 맞는 증거로 나아갈 때 참된 예배자를 골라낼 수 있습니다. 황금 규같이 대단한 간증을 하면 모두가 귀를 열고 듣습니다. 그러나 갈대 같은 초라한 간증은 듣기도 싫어합니다.

지난 10장 말씀에서 딸이 입시 고난을 통과하며 하나님을 깊이 만난 간증을 했습니다. 그런 제 간증을 듣고 어떤 분들은 "어머나, 내 이야기구나!" 하면서 더욱 귀를 쫑긋 세웁니다. 반면에 "저 목사는 맨날 떨어지는 이야기만 하네. 저런 이야기 말고는 할 이야기가 없나?" 하는 분들도 있습니다. 이렇게 생각하는 사람은 측량 받지 못합니다. 우리가 누군가에게 내 간증을 전해 보면 상대가 하나님이 보호하실 사람인지 아닌지 딱 알 수 있습니다. 은혜를 받아야 하나님이 보호해 주시지요. 그분의 백성으로 인정해 주시지요. 아무리 고난을 구속사로 해석해서 간증해도 '왜 저리 지질한 이야기만 해? 저건 나와 상관없어!' 한다면 하나님이 그에게 무슨 이야기를 하시겠습니까? 대학에 붙어서 하나님께 영광을 돌릴 수도 있겠지만 떨어져서도 예수의 평안을 전할 수 있다면 그것만큼 큰 평안이 어디 있겠습니까? 그러므로 '내가 예언을 할 때 어떻게 듣는가' 그 태도에 따라 상대가 어떤 사람인지 판가름 납니다.

황금 규 말고 갈대를 가지고서 사람들을 분별하기 바랍니다. 내가 배우자를 고를 때도 갈대를 가지고 분별해야 진짜를 골라낼 수 있습니다. 갈대를 가져가야 동업자도 분별하고 참된 친구도 만나는 것입니다. 내가 학벌이나 돈을 자랑해야만 만나 주는 친구가 무슨 친구입니까? 내가 가진 것 하나 없어도 나를 배우자로 택해 주는 사람이 진짜 아닙니까? 그러니 잘난 척 그만하고 나의 없는 것을 자랑하며 참보석을 분별해 내기를 바랍니다.

성전 바깥마당은 측량하지 말고 그냥 두라 이것은 이방인에게 주었은즉 그들이 거룩한 성을 마흔두 달 동안 짓밟으리라_계 11:2

성전 앞마당은 측량하지만 바깥마당은 그냥 두라고 말씀하십니다. 왜냐하면 그곳은 이방인에게 주셨기 때문입니다.

당시 예루살렘 성전의 구조를 살펴보면 성전 바깥에 이방인의 뜰이 있고, 성전 담 안으로는 여인의 뜰, 이스라엘의 뜰, 제사장의 뜰이 순서대로 위치했습니다. 그리고 가장 안쪽에 성소와 지성소가 있었죠. '이방인의 뜰'은 이방인으로서 유대교로 개종한 사람들이 예배를 드리던 장소입니다. 선민의식이 굉장한 유대인들은 이방인과 여자를 부정하게 여기고 철저히 구분했는데, 여인의 뜰을 포함한 모든 뜰이 성전 안에 위치한 데 비해 오직 이방인의 뜰만은 바깥에 두었습니다. 할례 받지 않은 이방인들은 이곳까지만 출입할 수 있었고, 경계를 넘어 성전 안에 들어오면 죽음을 면치 못하리라는 경고를 받았습니다.

그러나 여기서 이방인은 단순히 유대인의 혈통이 아닌 자를 가리키는 말이 아닙니다. 영적으로 보면 교회에 다녀도 그저 뜰만 밟고서 왔다 갔다 하는 사람, 교회에 속했어도 실상은 거짓 성도인 자들을 지칭하는 것이죠.

주님은 왜 이들은 측량하지 말고 그냥 두라고 하실까요? 교회 뜰만 밟는 거짓 성도에게는 소망이 없다는 겁니다. 이미 암세포가 다 퍼져 버려서 수술도 소용없으니 "다시 덮어라" 하시는 것입니다. 성전 안의 사람, 곧 하나님을 진실로 경배하는 자는 구원 받지만 성전 밖만 서성이는 자는 구원을 얻을 수 없습니다. 영적 유대인은 구원 받지만 영적 이방인은 구원을 얻지 못합니다. 신자는 구원 받지만 불신자에게는 구원이 이를 수 없습니다. 매주 교회를 와도 바깥마당만 밟고 가는 사람은 하나님께 보호 받을 수 없습니다.

말씀을 한 단계 더 깊게 적용해 봅시다. 성전 바깥마당은 이방인에게 주어졌다고 합니다. 게다가 하나님이 주셨습니다. 그리고 이방인들이 성전 밖을 마흔두 달 동안 짓밟으리라고 합니다. 이것이 무슨 뜻입니까?

성전은 예수님 자신이기도 하고 우리 한 사람, 한 사람을 가리키기도 합니다. 그런데 성전 안, 곧 우리 내면은 보호하시지만 성전 바깥마당, 곧 우리의 외면, 육적인 환경은 이방인이 짓밟도록 잠시 내버려 두시겠답니다. '거룩한 성을 짓밟으리라'고 하셨으니 성전 밖 마당도 거룩한 곳인데 원수가 마음대로 짓밟도록 내어주신답니다. 그러니 그곳은 측량하지 말라고 하십니다. 나의 환경, 현실적인 문제는 하나님이 잠시 건축하지 않겠다고 말씀하십니다.

계시록을 통해 하나님은 이 땅에 닥칠 여러 재앙을 보이시며 불신자도, 신자도 똑같이 재앙에 노출하셨습니다. 성도라고 해서 재앙이 오지 않는 것은 아닙니다. 예상치 못한 자연재해나 사건 사고에 우리가 속수무책이 되듯 성도의 삶에도 하나님이 허락하시는 범위에서 짓밟힘이 일어날 수 있습니다. 부모나 배우자, 자녀, 시부모나 장인 장모가 내 삶을 짓밟는 이방인의 역할을 할 수도 있습니다.

그러나 성전 바깥이 이방인에게 짓밟혀도 성도는 하나님이 보호하고 건지십니다. 이방 세력이 아무리 나의 겉을 짓밟고, 내가 못살고 어려워도 예수 믿는 내 속은 없어지지 않습니다. 하나님이 지키시기 때문입니다. 어떻게 지켜 주십니까? 무참히 짓밟히는 그 사건을 통해서 주님이 내 속을 정금같이 단련시키십니다(욥 23:10).

사실 가장 무서운 원수는 성전 바깥마당에 있는 이방인이 아니라 내 속에 있는 원수입니다. 내 안에 가장 큰 원수가 똬리를 틀고 있습니다. 늘 미움과 시기, 질투, 분노가 들끓습니다. 미운 사람은 안 보면 그만이지만 내 속의 미움, 시기, 질투, 분노는 마주하지 않으려야 않을 수 없습니다. 그러므로 나의 바깥마당이 짓밟히는 여러 사건을 통해 내 속에 사는 원수의 실체를 깨닫고 회개해야 합니다. 그것이 나의 외면도 거룩해지는 비결입니다. 이방인이 성전 밖 뜰을 짓밟도록 주님이 내버려 두시는 것도 그 이유입니다. 우리는 날마다 깨어서 성전 바깥을 짓밟는 마귀와 힘겹게 전투를 해 나가야 합니다. 이것이 두 증인, 곧 성도의 역할입니다.

그러나 영원히 짓밟도록 내버려 두시는 것은 아닙니다. '마흔두 달 동안만 짓밟으리라'고 합니다. 마흔두 달은 햇수로는 삼 년 반이요, 날수로 따지면 약 1,260일입니다. 12장에 보면 교회를 상징하는 해를 옷 입은 여자가 "큰 독수리의 두 날개를 받아 광야 자기 곳으로 날아가 거기서 그 뱀의 낯을 피하여 한 때와 두 때와 반 때를 양육 받으매"라고 하는데 여기서 '한 때 두 때 반 때'와 같은 말이기도 합니다(계 12:14).

다니엘서 9장에 보면 다니엘이 기도하는 중에 천사 가브리엘에게 계시를 받습니다. 세상 종말이 이르기까지 하나님이 일흔 이레를 기한으로 정하셨으며, 그 일흔 이레 가운데 마지막 한 이레에 어떤 일들이 일어나는지에 대한 내용이었죠. 여기서 한 이레가 7년입니다. 그 7년을 절반으로 나눠 '전 3년 반', '후 3년 반'이라고 이야기합니다. 그렇다고 해서 3년 반 동안만 짓밟힘을 받는다는 것은 아닙니다. 이 것은 상징적인 숫자입니다. 더 쉽게 이야기하면 교회 시대, 곧 예수님의 초림과 재림 사이의 기간을 나타내는 말입니다. 또한 우리 각자에게 주어진 인생의 시간을 상징하기도 합니다.

예수님이 이 땅에 오신 후 이천 년이라는 시간이 지났습니다. 우리에게는 굉장히 길어 보여도 하나님이 보시기에는 짧은 시간입니다. 주님의 초림과 재림 사이에 교회사를 통틀어 복음이 가장 널리 전파되고, 대적 세력의 위협 또한 가장 고조될 것입니다. 두 증인이 복음을 열심히 전파하는 만큼 사탄도 열심히 왕 노릇을 할 것입니다.

즉, '마흔두 달 동안 짓밟으리라'는 말씀은 우리 인생 내내 대적들로부터 공격을 받고 고통당하게 될 것이라는 의미입니다. 그러나 그것이 우리에게 유익하기에 하나님이 허락하신 고통입니다. 하나님께서 친히 이방인에게 성전 바깥마당을 주었다고 하셨잖아요. 교회는 짓밟히고 그동안 세상은 우상숭배와 위선으로 더욱 가득 차는 것 같겠지만 이 모든 일은 마흔두 달 동안만 일어날 것입니다. 기한이 있습니다. 끝이 있습니다.

그런데 요한 사도는 이 이야기를 왜 이렇게 어렵게 썼을까요? 반복해서 이야기하지만 로마가 알아들을까 봐 상징적으로 쓴 것입니다. 그것도 모르고 1,260일, 3년 반을 자의적으로 해석하고 계산하여 몇 년, 몇 월, 며칠에 예수님이 오신다고 하는 것이 이단들의 전형적인 수법입니다. 이런 꾐에 속지 마십시오.

갈대로 측량하고 측량 받아서 하나님께 보호 받는 참성도가 되기를 바랍니다. 하나님의 기준점 안으로 들어가기 바랍니다. 있어 보이는 사람, 배운 것처럼 보이는 사람에게 입을 헤벌리지 말고 갈대를 들고 오시는 예수님을 만나기 바랍니다. 예수님이 그러신 것처럼 우리도 갈대로 측량하기를 바랍니다. 외모로 차별하면 무엇도 분별할 수 없습니다.

- 나는 황금 규 같은 간증만 하지는 않습니까? 갈대같이 초라해 보이는 간증도 내 이야기로 들으며 은혜를 누리고 있습니까? 갈대를 들고 나아가 참성도를 분별합니까?
- 나를 짓밟는 이방인은 누구입니까? 나의 외면뿐만 아니라 내면도 순금같이 단련하시고자 하나님께서 친히 허락하신 짓밟힘이라는 것을 믿습니까?

증인은 회개의 권세로 예언합니다

내가 나의 두 증인에게 권세를 주리니 그들이 굵은 베옷을 입고 천이백육십 일을 예언하리라_계 11:3

복음 때문에 두 증인이 굵은 베옷을 입었습니다. 베옷은 회개를 상징합니다. 우리가 말씀을 예언할 때 물리적인 힘으로 싸우려 하다가는 백전백패하고 말 것입니다. 회개하는 모습을 보이는 것이 증인의 태도입니다.

우리는 하늘에 속한 성도이기도 하지만 한편으로 마흔두 달 동안 짓밟힘이 허락된 성도, 십자가 밑 교회에 속한 성도입니다. 다시 말해 성도는 하늘에 속한 신분이지만 이 땅에서는 짓밟히면서 십자가를 잘 져야 한다는 겁니다. 환난 가운데도 하나님의 백성으로서 잘 살아 내는 힘, 어떤 재앙이 와도 삶으로 복음을 전하는 힘이 진정한 권세입니다. 하나님께서 이 권세를 성도에게 주셨습니다.

마흔두 달 동안 짓밟힘을 당하는 것은 주님의 십자가 수난과 같은 고난입니다. 주님은 십자가를 통해 영광을 보이셨습니다. '영광'이라는 말에는 '무게'라는 뜻도 있습니다. 영광을 무게로 나타낸다면 하나님의 영광보다 무거운 것이 있을까요? 그런데 그런 하나님의 영광을 가볍디가벼운 나에게 주신다는 것입니다. 그 영광의 무게를 나에게 입혀 주시겠다는 겁니다. 그러므로 우리가 십자가를 잘 지면 거기에 권세가 있습니다. 내가 짓밟히는 것 같으나 권세가 주어집니다. 할렐루야!

살다 보면 십자가에 달리는 것 같은 일이 때마다 시마다 찾아옵니다. 내가 죽어지고 썩어져서 밀알이 되어야 하는 일이 얼마나 많습니까. 그러나 일생 하늘 영광의 권세를 가지고서 말씀을 전하고, 복음의 예언을 하도록 주님이 도와주십니다. 저를 인도해 주셨듯 여러분도 인도하실 줄 믿습니다. 1,260일 동안, 마흔두 달 동안 환난이 휘몰아치지만 주님은 이때 하나님을 예배하며 좁은 길을 기쁘게 가는 신실한 증인들을 보존하십니다.

그런데 그 증인의 수가 너무 적습니다. 단 두 명뿐입니다. 그러나 하나님 편에서 보면 숫자의 많고 적음은 상관없습니다. "사람의 모든 악에 관하여 또한 모든 죄에 관하여는 한 증인으로만 정할 것이 아니요 두 증인의 입으로나 또는 세 증인의 입으로 그 사건을 확정할 것이며"라는 신명기 말씀처럼 증거에 대한 수는 둘이면 족합니다(신 19:15). 진짜인지 가짜인지 밝힐 때 두 증인만으로도 충분합니다. 예수님도 열두 제자를 전도 대원으로 파송하시면서 둘씩 보내지 않으셨습니까 (막 6:7)? 한 사람이 말씀을 전하면 한 사람은 "맞습니다. 아멘" 하면서 선포되는 말씀의 증인 역할을 하면 됩니다. 그러니 두 사람만 있으면 온 세계를 전도할 수 있습니다. 앞에서 버틀러 부인도 6,700명을 전도했다고 했잖아요.

주님의 증인으로서 걸어가는 길은 십자가 길입니다. 핍박만이 기다리는 길입니다. 그러나 복음의 참증인은 비록 핍박을 당할지라도 굵은 베옷을 입고 죄로 죽어 가는 세상을 향해 애통합니다. 누군가가 나를 욕할지라도, 도리어 상대의 죄에 애통하면서 회개의 권세로 더욱 힘써 예언합니다.

그러므로 남들이 나를 욕한다고 분을 품지 마십시오. 짓밟힘을 당하는 마흔두 달은 교회사 시대에 우리 각자에게 주어진 인생 기간이라고 했습니다. 일생 짓밟힘을 당한다고 해도 그로 인해 내가 하루도 기도하지 않고는 살아갈 수 없으니 이 얼마나 큰 권세로 나를 입혀 주시는 것입니까. 아침마다 새로운 은혜를 구하며 '하루하루 살아요'

가 저절로 되니 우리는 그야말로 가장 큰 권세를 가진 자입니다. 그러니 남편이, 아내가 힘들게 한다고 이혼해서는 안 됩니다. 자식이 괴롭힌다고 가정을 내팽개치고 도망가서는 안 됩니다. 버틀러 부인처럼 "죽어 가는 나의 말을 한 번만 들어 주세요", "죽음 같은 환경이지만 주님 때문에 사는 나의 말을 한 번만 들어 주세요" 하면서 6,700명을 전도해 보십시오. 오래 믿었어도 "나는 못 살아, 못 살아"가 여전히 내 주제가라면 참성도라고 할 수 없습니다.

복음 때문에 고난을 자처하며 회개하는 자의 기도는 특급으로 응답 받는 기도입니다. 구원을 위해 스스로 힘든 자리, 힘든 사람, 힘든 환경을 택하며 드리는 기도는 하나님 나라를 위한 기도이기에 하나님이 들어주실 수밖에 없습니다. 내가 욕심으로 기도하기 때문에 응답되지 않는 것입니다. 회개의 권세로 예언해야 하는데 우리는 회개하지 못합니다. 왜 그렇습니까? 길이 많기 때문입니다. 신앙생활은 좁은 길을 가는 것이고 그 길에서 내 죄가 보여야 하는데, 믿어도 세상과 같이 넓은 길, 편한 길로 가려니까 도무지 내 죄가 보이지 않습니다. 내 죄를 보지 못하는 사람이 누구에게 예언을 하겠습니까? 배우자가 바람을 피워도, 자식이 속을 썩여도 내 죄를 먼저 보고 회개한다면 증인이 되어 예언할 수 있습니다. 내 죄는 모르고 그저 환경 탓, 남 탓만 한다면 어떻게 다른 사람을 주께로 인도하겠습니까?

우리들교회에도 주님의 참증인인 한 집사님이 계십니다. 이 집사님의 남편이 바람이 났습니다. 남편들이 바람나면 본부인을 얼마나 무시하는지 아시죠? "이혼하자"라는 말을 입에 달고 삽니다. 후일은 생각하지도 않고 새로운 여자와 당장 살고 싶으니 부인에게 별 욕을 다 합니다. 이 집사님의 남편도 그랬습니다. 날마다 집사님을 괴롭게 하는데 그 수치를 당하며 어떻게 그 남편과 살 수 있겠습니까? 게다가 집사님은 아버지에게서 받은 유산도 있고, 미국으로 갈 길도 있고, 미모도 뛰어나서 고난을 박차고 나갈 기회가 얼마든지 있었습니다. 그런데 이분이 하나님 때문에 조롱당하는 길을 택했습니다. 하나님 때문에 가정을 지키겠다고 마음을 먹고 날마다 짓밟히고 있습니다. 정말 하루하루 하나님을 부르짖을 수밖에 없습니다. 그야말로 기도의 사람이 된 것입니다. 그러나 이런 고난이 얼마나 보배입니까! 복음을 위해서 고난당하는 한 성도는 교회의 보석입니다.

고난당하는 한 사람의 기도 때문에 우리 교회가 살아납니다. 엘리 제사장이 형편없어도 고난당하는 한 사람, 한나의 기도 때문에 이스라엘 전체가 살아나지 않았습니까? 사역 프로그램이 훌륭하다고, 목회자의 설교가 뛰어나다고 교회가 살아나는 것이 아닙니다. 고난당하는 한 사람이 하나님 앞으로 나가서 죽기를 기 쓰고 기도하기에 그 교회가 무너지지 않는 것입니다. 그 한 사람이 보석입니다. 하나님이 가장 기뻐하시는 사람입니다. 지금 내가 하나님께 거저 은혜 받는 것도 고난당하는 한 사람의 기도 덕인 줄 아십시오. 그러니 내 옆에 고난당하는 지체가 있다면 "당신 때문에 내가 삽니다", "당신 남편 때문에 내가 살고, 당신 자녀 때문에 내가 삽니다" 하고 치하해 주기 바랍니다.

말씀을 삶에 적용하는 자에게 권세가 있습니다. 적용은 회개입니다. 우리에게 권세가 없는 것은 회개할 줄 모르기 때문입니다. 좁은 길을 가지 않기 때문에 권세가 하나도 없습니다. 자녀가 내 말을 듣지 않습니까? 부모로서 권세가 없기에 그렇습니다. 자녀의 구원을 위해서 부모가 먼저 자기 죄를 회개해야 권세가 생깁니다. 그런데 우리는 윤리적인 죄밖에 모릅니다. 도덕적인 죄만 따집니다. 그래서 "내 배우자가 바람피웠는데, 내 자녀가 속 썩이는데 왜 내가 회개합니까?" 합니다. 그렇다면 그 사람이 그렇게 죄지을 때까지 나는 뭐 한 겁니까? 내가 영적으로 깨어 있지 못해서 이런 일이 왔으니 먼저 믿은 사람으로서 회개해야 하는 것 아닙니까? 가진 것 없어도, 돈과 지위가 없어도 회개하는 부모는 자녀에게 존경을 받습니다. 내가 먼저 회개하면 힘든 배우자, 자녀를 향한 긍휼한 마음도 생길 줄 믿습니다.

• "더는 못 살아, 못 살아" 하며 도망가려는 환경은 무엇입니까? 말씀을 맡은 자로서 내 죄를 먼저 보고 회개합니까?
• 고난당하는 지체를 귀히 여깁니까? 지질한 이야기는 듣기도 싫다면서 고난의 간증을 전하는 지체를 은근히 무시하지는 않습니까?

회개하는 사람은 끝까지 말씀의 등불을 끄지 않습니다

그들은 이 땅의 주 앞에 서 있는 두 감람나무와 두 촛대니_계 11:4

두 감람나무는 기름을 의미합니다. 그 기름을 부어서 세상을 밝히는 두 촛대가 두 증인입니다. 회개의 권세로 예언하는 사람은 다른 사람에게 빛을 비추는 인생이 되는 줄 믿습니다. 우리가 회개할 때 세상을 밝히는 촛대가 돼서 저절로 서 있게 되는 줄 믿습니다.

스가랴서 4장에도 이와 비슷한 환상이 등장합니다. 스가랴가 환상 가운데 본 등잔대 좌우의 두 감람나무가 무슨 뜻인지 묻자 천사는 "기름 부음을 받은 자 둘"이라고 알려 줍니다(슥 4:11~14). 감람나무가 기름 부은 자를 뜻한다고 하니 우리는 메시아를 떠올립니다. '두 증인'이라고 했으니 일차적으로는 초림 예수님과 재림 예수님을 상징하기도 합니다. 그러나 여기서 감람나무는 성령 충만의 은혜를 입은 성도를, 촛대는 하나님의 교회를 상징합니다.

어떤 이단은 이 감람나무가 자기들이 떠받드는 교주를 가리키는 것이라면서 교주의 말에 맹종하라고 강요합니다. 이런 말에 속아서 이단에 빠지는 사람은 성경을 몰라도 너무 모르는 사람입니다. 성경을 구속사로 깨닫지 못하기에 기복만 좇다가 꼬임에 넘어가는 것이죠.

지난 1장 20절에도 일곱 금 촛대가 등장했습니다. 이 일곱 촛대는 일곱 교회라고 했습니다. '7'은 성경에서 완전수이기에 일곱 교회는 전체 교회를 말합니다. 두 촛대는 그중에서도 특별히 증거의 사명을 맡은 교회를 뜻하죠. 일곱 교회에 똑같이 사명을 주셨지만, 우리가 계시록을 읽어 오며 보았듯 모든 교회가 증거의 사명을 온전히 수행하지는 못했잖아요. 소아시아 일곱 교회 중에 오로지 서머나 교회와 빌라델비아 교회만 주님께 책망 받지 않은 것 기억하시죠? 환난 중에도 복음을 들고 나가는 증인들은 성령님께 기름, 곧 충만한 은혜를 늘 공급 받습니다. 이런 몇 명의 증인이 암흑 같은 이 세상에 빛을 전하는 촛대의 역할을 하는 줄 믿습니다.

로버트 토머스(Robert Jermain Thomas)는 조선에 빛을 밝힌 선교사요, 한국교회의 첫 순교자이기도 합니다. 제너럴셔먼호를 타고서 평양으로 들어오려다가 대동강 어귀에서 죽임을 당하였죠. 그는 죽어 가면서도 자신을 베려는 관군에게 붉은 헝겊으로 싼 성경책 한 권을 건넸습니다. 그러나 관군은 그 성경을 받고서 대수롭지 않게 여기고 던져두었습니다. 그런데 이상하게도 죽음을 앞두고도 웃으면서 성경을 전하던 토머스 선교사의 모습만은 잊히지 않았답니다. 훗날 그는 토머스 선교사가 준 성경을 읽고 큰 감명을 받아 남은 생애를 주의 증인으로서 헌신하게 되었습니다. 그 관군이 바로 한때 평양을 동방의 예루살렘으로 불리게 한 복음의 주역, 박춘권입니다. 죽어 가면서도 말씀의 등불을 끄지 않은 한 사람의 기도가 또 다른 한 사람을 살리고, 마침내 한 국가를 살렸습니다. 두 감람나무와 두 촛대가 되어서 이 땅에 복음의 빛을 비추었습니다. 우리도 티끌 같은 내 존재를 인식하며 회개로 나아갈 때 두 증인의 권세가 임할 줄 믿습니다.

• 기복 신앙에 빠져 성경도 내 멋대로 해석하지는 않습니까? 회개하며 복음을 전하는 두 감람나무와 두 촛대의 사명을 감당하고 있습니까?

두 증인에게는 기적의 권능을 주십니다

만일 누구든지 그들을 해하고자 하면 그들의 입에서 불이 나와서
그들의 원수를 삼켜 버릴 것이요 누구든지 그들을 해하고자 하면
반드시 그와 같이 죽임을 당하리라_계11:5

증인의 입에서 불이 나온다고 합니다. 여기서 불은 "……볼지어
다 내가 네 입에 있는 나의 말을 불이 되게 하고 이 백성을 나무가 되
게 하여 불사르리라"는 예레미야서 말씀처럼 '말씀의 불'을 의미합니
다(렘 5:14). 에베소서 6장에서도 성도를 향해 "성령의 검 곧 하나님의
말씀을 가지라"고 하는데(엡 6:17), 두 증인이 이 말씀의 불을 가졌다고
합니다. 이처럼 성도에게 가장 강력한 무기는 말씀입니다.

요즘 이단들이 교회를 흔들려고 애쓰는데 우리들교회에는 비교
적 발을 못 붙이는 것 같습니다. 온 성도가 자신을 갈대로 측량하며 말
씀을 구속사로 읽어 가다 보니까 이단이 아니라 삼단이 와도 딱 분별
이 됩니다. 이렇게 말씀 전파가 확실한 교회는 마귀가 틈타지 못합니
다. 어떤 원수가 와도 성도의 입에서 나오는 말씀의 불이 그를 삼켜 버
립니다. 반면에 귀를 막고 매사에 비판적인 사람은 금세 사탄의 밥이
되고 맙니다.

그들이 권능을 가지고 하늘을 닫아 그 예언을 하는 날 동안 비가 오
지 못하게 하고 또 권능을 가지고 물을 피로 변하게 하고 아무 때든

지 원하는 대로 여러 가지 재앙으로 땅을 치리로다_계 11:6

두 증인이 권능의 말씀을 전합니다. 앞에서 두 증인은 예수님뿐만 아니라 참된 성도와 교회를 총칭한다고 했습니다. 이렇게 권능의 말씀을 전하는 한 사람과 가정, 교회와 공동체를 하나님이 지켜 주십니다. 참된 복음이 전해지는 교회에 주님은 기적을 일으키십니다.

사도 요한은 두 증인이 가진 권능을 출애굽기와 열왕기서를 인용해 이야기합니다. '하늘을 닫아 그 예언을 하는 날 동안 비가 오지 못하게 하는 것'은 엘리야 선지자의 사역과 관련됩니다. '물을 피로 변하게 하는 것'은 모세의 사역과 관련됩니다. 그러면 이 말씀을 통해 요한은 무엇을 이야기하려는 걸까요? 구약 성경에 등장하는 이 두 이적은 성령의 능력을 힘입은 하나님의 백성이 얼마나 막강한지를 보여 줍니다.

"엘리야는 우리와 성정이 같은 사람이로되 그가 비가 오지 않기를 간절히 기도한즉 삼 년 육 개월 동안 땅에 비가 오지 아니하고 다시 기도하니 하늘이 비를 주고 땅이 열매를 맺었느니라"(약 5:17~18).

엘리야 선지자는 우상숭배에 물든 이스라엘 땅에 수년간 기근이 이르리라고 예언했습니다. 그의 말대로 북이스라엘은 3년 반 동안 극심한 가뭄에 시달렸습니다. 오늘 본문에서도 마흔두 달, 곧 3년 반 동안 짓밟힘을 당하리라고 하지 않았습니까(계 11:2). 신구약이 이렇게 꿰어집니다.

엘리야는 유대인이 가장 존경하는 선지자입니다. 그는 죽음을 보지 않고 불수레를 타고서 승천한 자입니다(왕하 2:11). 북이스라엘에 우상숭배가 극심할 때 바알과 아세라 선지자 850명을 처단하는 혁혁한 공을 세우기도 했습니다. 그런데 그 직후 이세벨이 자신을 죽이려는 것을 알고는 엘리야가 '걸음아, 날 살려라' 도망갑니다. 게다가 깊은 실의에 빠져서는 로뎀나무 아래서 "내 생명을 거두어 달라"고 탄식합니다. 하나님을 의지해 거짓 선지자들을 담대히 처단하던 어제의 모습은 온데간데없습니다. 이때 하나님이 "못난 놈!" 하며 엘리야를 나무라셨을까요? 도리어 주님은 엘리야에게 친히 찾아오셔서 그를 먹이고 위로해 주십니다. 그러시고는 크고 강한 바람 가운데도 아니요, 지진 가운데도 불 가운데도 아니라 세미한 소리 가운데 계신 자신을 나타내십니다(왕상 19장).

그러므로 주님의 말씀을 듣는 것이 가장 중요합니다. 불같은 은사를 받고 우상 숭배자들을 이기는 능력이 내게 있어도, 그보다 세미한 소리, 즉 날마다 씹어 먹는 말씀의 능력을 우리가 경험해야 합니다. 엘리야는 대단한 공을 세우기도 하고 죽음의 위기를 거치면서 세미한 소리 가운데 계시는 하나님의 말씀의 위력을 경험했습니다. 그리고 엘리사에게 기름을 부어 자신을 잇는 선지자로 세웠습니다. 나 혼자서 사역할 수 없기 때문입니다. 예언도 두 증인이 하지 않습니까?

내가 850명의 우상 선지자를 처단했어도 그것은 나의 공적이 아닙니다. 나는 하나님의 통로로서 이 세상에 존재할 뿐입니다. 저도 단에 서서 말씀을 전하며 많은 영혼을 주님께 인도하고 있지만 결코 제가 하는 것이 아닙니다. 그저 주님의 통로일 뿐입니다. 저를 통해 하나님께서 말씀의 권능을 보이시는 것이죠. 그러니 어떻게 사람이 감람나무일 수 있습니까? 이단에 속한 분들은 하루빨리 거기서 나오기 바랍니다. 참감람나무는 예수님밖에 없습니다.

우리는 참감람나무이신 예수님을 닮아 가며 하나님의 참교회로서 복음을 증거하는 자들입니다. "나는 아무것도 할 수 없습니다. 나는 주님의 통로일 뿐입니다!" 하며 겸손히 복음을 전하는 것이 두 증인의 태도입니다. 이런 자에게 주님이 기적의 능력을 나타내십니다. 이처럼 나에게 선한 것이 하나도 없음을 알아야 비를 오게 하고 물을 피로 변하게도 하는 능력이 내게 주어진다는 말입니다.

모세와 엘리야는 강력한 사탄의 권세와 싸웠습니다. 그런데도 전혀 주눅 들지 않았습니다. 영적으로 승리했습니다. 그러나 사람은 되었다 함이 없기에 오늘 사탄과 싸워 승리했어도 다시 고꾸라지는 사건이 반드시 옵니다. 별 인생이 없습니다. 모세와 엘리야도 하나님이 함께하셔서 주눅 들지 않은 것이지 그들이 잘나서 담대한 게 아닙니다. 우리가 성경을 차례로 읽어 가며 근원부터 살펴서 보아야 세미한 소리 가운데 이런 것이 깨달아지는 겁니다.

두 증인의 사명을 감당하는 교회는 세상의 우상 종교와 적대적 관계일 수밖에 없습니다. 교회는 십자가에서 죽는 원리로 우상숭배 세력과 싸워 승리하는 것을 보여 주는 데 그 존재 목적이 있습니다. 모세와 엘리야가 그랬듯이 우리도 승리할 것입니다. 예수님도 십자가로 이기셨습니다. 주님의 예표인 모세와 엘리야처럼, 오늘날 우리도 두 증인으로서 예수를 증거하는 하는 자가 되어야 합니다.

법정에서는 증인의 역할이 결정적입니다. 검사나 변호사가 아무리 훌륭해도, 그의 학벌과 권세와 언변이 아무리 뛰어나도 재판은 증인의 증언에 의해서 좌우됩니다. 학벌이나 재력으로 증인이 채택되는 것도 아닙니다. 증인의 자격 조건은 '그 사건을 목격한 자'입니다.

누가복음 1장에서 누가는 복음서를 시작하며 "우리 중에 이루어진 사실에 대하여 처음부터 목격자와 말씀의 일꾼 된 자들이 전하여 준 그대로 내력을 저술하려고 붓을 든 사람이 많은지라"고 합니다(눅 1:1~2). 예수님의 사역을 목격한 사람들, 말씀의 일꾼이 된 자들이 전해 준 내용을 그대로 기록한 것이 성경이라고 합니다. 그러므로 성경을 읽고 예수님을 체험하면 우리도 예수님의 목격자로서 주님을 보여 주는 인생이 됩니다. 예수님의 목격자로서 말씀을 보면 "죽어 가는 내 말을 한 번만 들어 달라"고 외치는 복음의 일꾼이 됩니다. 아무리 연약하고 병약해도 저절로 사명 감당하게 되는 겁니다. 사도행전도 이렇게 시작합니다.

"데오빌로여 내가 먼저 쓴 글에는 무릇 예수께서 행하시며 가르치시기를 시작하심부터 그가 택하신 사도들에게 성령으로 명하시고 승천하신 날까지의 일을 기록하였노라 그가 고난 받으신 후에 또한 그들에게 확실한 많은 증거로 친히 살아 계심을 나타내사 사십 일 동안 그들에게 보이시며 하나님 나라의 일을 말씀하시니라"(행 1:1~3).

사도행전은 누가가 로마의 고위 관리인 데오빌로 한 사람을 양육하기 위해 쓴 편지입니다. 서신 서두에서 누가는 자신이 제자훈련 받은 목적이 오직 데오빌로에게 증인이 되기 위해서라고 밝힙니다.

십자가에 못 박히신 예수가 어떻게 내 주 그리스도가 되셨는지를 그에게 증거하겠다는 겁니다. 사도들이 핍박 가운데도 교회를 세우며 성령의 걸음을 이어 가는 사도행전을 통해서 '내가 증인으로서 해를 받는 것이 예수님의 친히 살아 계심을 나타내는 확실한 증거이다'라는 이야기를 하겠다는 겁니다. 그러면서 누가는 주님의 증인으로서 살아가다 보면 성령으로 세례를 받으리라는 약속의 말씀도 전합니다 (행 1:4~5).

내가 억울한 일과 짓밟힘을 당했더라도 나의 고난의 환경에서 예수님이 어떻게 역사하셨는가 나타내는 것이 바로 예수님을 증거하는 길입니다. 누가복음과 사도행전은 물론 성경 전체가 이 이야기를 하고 있습니다. 요한계시록도 마찬가지입니다. 그러므로 계시록은 결코 어려운 책이 아닙니다.

지난 7장 설교에서 제가 한때 토목 분야에서 1위를 달리던 회사의 CEO였다가 지금은 아파트 청소 일을 하고 계신 한 목자님의 간증을 전해드렸습니다. 이분이 날이 너무 추워서 경비실에서 커피를 한 잔 타서 마셨다가 경비원에게 "청소부 주제에 여기가 어디라고 들어오느냐!"며 편잔을 들었다는 나눔, 기억하시죠? 이때에도 이분이 잘 참았습니다.

그런데 하루는 청소가 끝날 무렵 고급 승용차 한 대가 들어오더랍니다. 차주가 창문을 쓱 열더니 목자님에게 오라는 손짓을 했습니다. 여기저기 토사물로 차 안이 난장판인데, 글쎄 이 목자님보고 그걸 치우라는 게 아닙니까.

'내가 아무리 아파트 청소부여도 입주민의 차까지 청소해 줄 의무는 없는데 이걸 해야 하나 말아야 하나……'

목자님은 몹시 고민이 되었지만, 문득 '그래, 나는 청소부잖아. 이 사람도 청소부밖에 이 일을 할 사람이 없다고 생각했으니까 나에게 이야기했겠지' 하는 생각이 들었답니다. 그래서 이분이 묵묵히 토사물을 치웠습니다.

순간순간의 말씀 적용이 내 믿음을 말해 주는데 이분이 적용을 참 잘했습니다. 십자가는 다른 데 가서 지는 것이 아닙니다. 십자가를 져야 할 일이 삶의 순간마다 찾아옵니다. 마흔두 달 동안 짓밟히는 일이 바로 이런 것이지요.

목자님이 차 안을 청소하는 동안 차 주인은 경비실에서 기다리고 있었습니다. 청소를 마치고 나니까 차주가 목자님을 부르더랍니다. '내가 오라면 오고 가라면 가는 사람이야!' 하며 기분 나쁜 내색을 할 수도 있지만 또 묵묵히 갔습니다. 차주가 미안했는지 수고비 명목으로 얼마를 주려고 손을 내밀었습니다. 그런데 그 전까지는 모자를 눌러써서 차주의 얼굴을 마주하지 못했다가 가까이서 보니 글쎄, 목자님이 아는 사람이더랍니다. 다름 아닌 목자님이 CEO로 있던 회사의 전무였습니다. 두 사람이 얼마나 놀랐겠습니까! 차주가 그 자리에서 벌떡 일어나 "회장님!" 하고 영접하니, 이전에 커피 한 잔으로 핀잔을 줬던 경비원들도 놀라서 쳐다보았습니다. 또 그가 "이분이 우리나라 토목 분야 최고 회사에서 CEO를 지낸 분이에요!"라고 소개하자 그때부터 경비원들이 목자님을 대하는 태도가 달라졌답니다.

주님은 '갈대로 측량하라'고 하시는데 청소부라고 무시하고 함부로 여겨서야 되겠습니까? 직업에는 귀천이 없습니다. 삶의 수준이 높아질수록 의식 수준도 높아져야 한다고 생각합니다. 한때 잘나가던 CEO가 청소 일을 하는 게 얼마나 어려운 적용입니까. 그런데 이렇게 말씀을 따라 적용해도 '청소부 주제에 무슨 커피냐, 토사물이나 치워라' 하면서 마흔두 달 동안 짓밟힘을 당할 수 있습니다. 말씀대로 산다고 사람들이 박수 치며 환대해 주지 않습니다.

어떤 분들은 이 목자님의 이야기를 읽으면서 '그래서 돈은 있고 봐야 해!'라고 생각할지도 모르겠습니다. 이 목자님도 과거엔 돈이 최고라고 생각하며 살았습니다. 일류만을 외쳤습니다. 그러다 자기 잘못도 아닌 일로 한순간에 무너지고 재기에도 실패하고 말았습니다. 이처럼 예상하지 못하는 일이 끊임없이 일어나는 것이 인생입니다.

그런데 이 목자님이 우리들교회에서 말씀의 권능을 경험한 후 여든의 나이에도 자기 힘으로 먹고살기로 적용했습니다. 적용은 이렇게 하는 것입니다. 이분이 앞으로 얼마나 일하실지 모르지만, 목원들에게 이런 적용을 보여 주는 것만으로도 목자의 위엄을 나타내는 것 아니겠습니까. 이분을 통해 권능의 말씀이 전해져 많은 영혼이 살아날 줄 믿습니다.

먹고사는 게 얼마나 어려운 일입니까. 얼마나 고난입니까? 그러니 잘나가던 CEO가 청소 일을 하고 남의 토사물도 치웁니다. 그야말로 먹을 밥이 없는 게 축복입니다. 먹을 밥이 없어야 이혼도 안 합니다. 잘 먹고 잘사니까 고민도 없이 이혼을 합니다. 내게 돈이 있으면 마흔두 달 동안 그저 남을 짓밟는 역할만 하다가 구원도 못 받고 끝납니다. 그러면서 자신이 짓밟는 자인지도 깨닫지 못합니다.

이 목자님이 말씀을 적용하여 짓밟힘을 잘 당하니 하나님이 안전하게 지켜 주셨습니다. 여러분이라면 남이 토한 것을 묵묵히 치울 수 있겠습니까? 내가 할 일도 아닌데요. 하나님이 목자님의 내적 성전을 지켜 주셨기에 이분이 열등감의 수렁에 빠지지 않을 수 있었습니다. 십자가 지는 적용을 함으로써 외적으로는 짓밟혀도 내면은 무너지지 않았습니다.

사소한 쓴소리에도 얼굴이 붉으락푸르락해지고 당장에 회사를 때려치운다면 우리가 어떻게 예수님을 증거할 수 있겠습니까? 그러나 마흔두 달 동안 짓밟힘을 잘 당하는 사람은 늘 나누어 줄 것이 있습니다. 하나님이 보호하고 후대하십니다. 이것이 참교회에 주어진 권세, 두 증인에게 주어진 권세입니다.

두 증인은 참교회를 가리킵니다. 두 증인의 역할은 성전을 측량하여 참과 거짓을 골라내는 것입니다. 연약해 보여도 지팡이 같은 갈대로 우리가 예언할 때 진짜를 분별할 수 있습니다. 듣는 이 하나 없는 것 같아도 들을 귀가 있는 한 사람, 한 영혼을 위해 우리는 날마다 굵은 베옷을 입고 회개의 권세로 복음을 전해야 합니다.

내 속에 가장 무서운 원수가 있습니다. 내 속의 지독한 원수를 깨달으라고 이방인 부모, 배우자, 자녀가 마흔두 달 동안 나를 짓밟으며 수고합니다. 그러나 내가 회개의 권세로 나아가며 말씀의 등불을 켤 때, 내 속의 원수가 물러갈 뿐만 아니라 이방인 식구들도 주께로 돌아올 것입니다. 마지막 한 사람이 돌아올 때까지 말씀의 등불을 끄지 않으면 하나님께서 기적의 권능을 허락하십니다. 집안 모두가 예수 믿는 일이 일어나게 될 줄 믿습니다. 하나님께서 참교회를 반드시 보호하겠다고 약속하셨으니 마침내 승리하게 될 줄 믿습니다.

• 날마다 큐티하고, 묵상한 말씀을 삶에 적용하며 말씀의 능력을 경험하고 있습니까? 가정과 학교, 직장에서 짓밟힘을 당할 때마다 얼굴이 붉으락 푸르락해지며 자존심을 내세우지는 않습니까? 낮아지는 적용으로 말씀의 등불을 켜고 있습니까?

우리들 묵상과 적용

모태신앙인이지만 제 안에는 말씀도, 믿음도 없었습니다. 그러다 아내와 딸들의 인도로 교회에 다시 오게 되었습니다. 이후 저는 목자님 부부와 교회 공동체의 극진한 섬김 가운데 양육을 받으며 말씀이 들리기 시작했습니다. 그러던 중, 회사 부도로 가정경제가 어려워졌습니다. 그래서 아내가 먼저 아파트 청소 일을 시작했습니다. 아내는 제게도 청소 일을 권했지만, 저는 높은 지위를 누리며 살던 시절을 잊지 못해 선뜻 나서기 어려웠습니다. 그러나 어느 날, "있으면 먹고, 없으면 금식하고, 죽으면 천국 가자"라는 목사님의 설교말씀이 나팔 소리처럼 들렸습니다. 저는 그 일을 계기로 용기가 생겨 아파트 외곽 청소 일을 하게 되었습니다.

이후 하나님은 저를 연단하시고자 여러 사건을 주셨습니다. 하루는 한 아주머니가 음식물 쓰레기 봉지를 휙 버리는 바람에 제 얼굴과 옷에 음식물이 튀었습니다. 그 아주머니는 "왜 그곳으로 튀었지? 작업복이라서 다행이네요"라고 했습니다. 그렇게 아주머니가 미안한 기색이나 사과 한마디 없이 툭 넘어가 버리자, 제가 여전히 과거 회장 직함을 달았던 때를 생각하며 주제를 파악하지 못하고 있다는 사실을 깨달았습니다. 그때부터 내 역할은 아파트 청소부라는 것을 인정하며 분을 내려놓고 순종하게 되었습니다.

또 다른 날은 청소를 마칠 무렵 외제 차 한 대가 아파트 주차장으로 들어왔습니다. 차주는 저를 불러서 "술 먹고 토했으니 차 내부를 청소해 주세요"라고 했습니다. 청소를 마친 후 경비실로 돌아가니 차주는 미안했는지 수고비를 챙겨 주려고 하다 저와 눈이 마주쳤습니다. 그는 깜짝 놀라며 "회장님, 아무개입니다"라고 했습니다. 그의 얼굴을 들여다보니 예전 우리 회사 전무였습니다. 그는 "정말 반갑습니다. 여긴 어쩐 일이세요? 저는 차 청소를 맡기고 기다리는 중입니다"라고 했습니다. 제가 "이거 맞아?" 하며 차 열쇠를 내밀었더니 그는 더 깜짝 놀라서 "회장님이 어떻게 이런 일을 하십니까?"라고 물었습니다. 이에 저는 "생선 가게에서 생선 냄새가 나듯이, 예수 믿는 사람은 교회 냄새가 나야 하지 않겠는가" 하며 웃었습니다.

황금 규로 측량하며 살다가 분별하지 못하고 망했지만, 하나님은 저를 청소부로 불러 주셨습니다. 또 마흔두 달 동안 육적인 짓밟힘 속에 십자가 지는 적용을 할 수 있게 하셨습니다(계 11:2). 이제는 세상을 밝히는 촛대가 되어 말씀과 간증을 나누고 하나님의 기적을 보이며 살기 원합니다(계 11:4~6). 회개의 권세로 예수님의 평안을 누리게 해 주신 하나님, 사랑합니다.

영혼의 기도

하나님 아버지, 버틀러 부인은 병약한 몸으로도 "죽어 가는 제 말 한 번만 들어 보세요" 외치면서 6,700명을 전도했다고 합니다. 이렇게 연약하고 부끄러워도 지팡이 같은 갈대로 예언해야 하는데, 우리는 황금 규와 쇠몽둥이, 큰 칼을 가지고서 복음을 전하려고 하니 측량을 제대로 할 수가 없습니다. 주님은 참성도를 보호하시는데 나도, 내 옆 사람도 주님의 보호 아래 들어간다는 것을 믿지 못하는 연약함을 불쌍히 여겨 주옵소서.

주님, 우리가 하나님의 백성으로 측량되기를 원합니다. 가고 오는 짓밟힘의 사건에서 너무나 괴롭지만 이 짓밟힘을 주님이 허락하셨음을 알고 잘 훈련 받기를 원합니다. 짓밟히는 사건을 통해 다른 것보다 먼저 내 속의 원수가 물러가게 하옵소서. 그러나 주님, 아무리 짓밟힘이 길어도 마흔두 달이라고 하십니다. 제한이 있는 이 기간 속에서 우리가 인내하며 기다리게 도와주시옵소서. 말씀의 등불을 끝까지 비추면서 사랑하는 주님의 모습을 닮아 가기를 원합니다. 주님의 증인이 되기를 원합니다. 엘리야처럼, 모세처럼 입에서 말씀의 불이 나와서 기적을 보이기를 원합니다.

참교회는 하나님께서 반드시 지켜 주신다고 합니다. 말씀이 우리의 최고 무기가 되어 모든 욕심과 유혹을 소멸하게 하옵소서. 말씀으로 내 원수의 모든 것을 소멸하게 하옵소서. 주여, 우리에게 두 증인의 권세를 허락해 주옵소서. 우리 교회가 우뚝 서 있는 감람나무와 두 촛대가 될 수 있도록 온 성도에게 회개의 권세를 허락해 주옵소서. 가정에서도 직장에서도 회개의 권세로 나아가게 하옵소서. 그러면 모든 사람이 주님 앞에 무릎을 꿇게 될 줄 믿습니다. 예수님 이름으로 기도드립니다. 아멘.

최고의 증거

요한계시록 11장 7~11절

02

하나님 아버지, 최고의 증거를 하는
충성된 증인이 되기 원합니다.
말씀해 주시옵소서. 듣겠습니다.

◇◆◇

나를 증거해 주는 최고의 말은 무엇일까요? 누군가가 내가 없는 자리에서도 "똑똑하다, 겸손하다, 착하다"라고 나를 증언해 준다면 얼마나 기쁘겠습니까. 저 역시 그런 증거의 말을 들으면 정말 좋을 것 같습니다. 무엇보다 하나님이 나를 아시는 만큼 나에 대해 잘 알고 증거해 주는 이가 있다면 그야말로 최고의 증인이요, 최고의 증거 아니겠습니까? 나를 제대로 알고 증거해 주는 사람을 만나는 것은 그만큼 어렵지만 행복한 일입니다. 주님도 자신을 온전히 증거해 줄 한 사람을 만나면 얼마나 행복하실까요. 그러니 예수님이 제자들을 향해 "너희는 나를 누구라 하느냐?" 물으셨을 때 참 떨리셨을 것 같습니다(마 16:15). 명색이 제자들인데 예수님이 누구이신지도 모르면 어찌합니까. 그런데 베드로가 비록 믿음은 부족해도 "주는 그리스도시요 살아 계신 하나님의 아들이시니이다"라고 고백했습니다(마 16:16). 믿음 없이 이런 고백을 하기란 쉽지 않습니다.

부족할지라도 우리가 "주님은 살아 계신 하나님의 아들이시며 그리스도이심을 믿어요"라고만 고백해도 하나님께서 그 고백을 책임져 주십니다. 베드로도 수제자 반열에 올리셨잖아요. 베드로의 신앙고백을 듣고 우리 주님이 얼마나 흐뭇해하셨는지 모릅니다. 그런데 이런 고백도 못 하는 성도가 많습니다. "그래 봐야 자기가 목수 아들이지 무슨 하나님 아들이야!" 했던 유대인들처럼, 아무리 교회를 다녀도 예수님이 누구이신지 제대로 고백하지 못하는 교인이 넘쳐납니다. 그러니 옆 지체를 무시하고 목회자까지 무시합니다. 제가 여자라고 무시하는 분이 여전히 계십니다.

나를 제대로 알아주는 사람만큼 좋은 친구가 없지요. 우리가 하나님을 제대로 알고 증거한다면 하나님도 그런 우리를 좋은 친구로 여겨 주십니다. 그러므로 하나님을 제대로 증거하는 인생이 최고의 인생입니다. 그러면 무엇이 최고의 증거일까요?

최고의 증거는 죽기까지 증거하는 것입니다

그들이 그 증언을 마칠 때에 무저갱으로부터 올라오는 짐승이 그들과 더불어 전쟁을 일으켜 그들을 이기고 그들을 죽일 터인즉_계 11:7

'죽기까지 증거하는 것'은 곧 순교라고 할 수 있습니다. 두 증인이 1,260일 동안 열심히 주님을 증거했습니다. 그런데 두 증인이 증언을 마칠 때에 무저갱으로부터 올라온 짐승이 전쟁을 일으켜 그들을 죽이리라고 합니다. 이 구절만 읽으면 어떤 생각이 드세요? '교회가 패하고 사탄이 이기는 것인가' 의문이 생기지 않습니까? 그래서 성경을 띄엄띄엄 읽어서는 안 됩니다. 성경을 많이 알면 알수록 더 깊이 깨닫게 됩니다.

"이 천국 복음이 모든 민족에게 증언되기 위하여 온 세상에 전파되리니 그제야 끝이 오리라"는 마태복음 말씀처럼(마 24:14), 온 세상에 복음이 전파되기까지 두 증인은 결코 죽지 않을 것입니다. 여기서 죽는다는 것은 '사명을 다했다'라는 뜻입니다. 사탄은 절대로 두 증인의 사역을 막지 못합니다. 하나님도 두 증인, 곧 참교회가 증거를 마칠 때까지 엘리야와 모세의 능력으로 교회를 보호하십니다(계 11:6). 다만 두 증인의 사명이 끝나는 그때, 가장 악한 세력을 통해 그 교회들을 순교에 넘겨주시겠다는 것입니다.

최후 심판의 때에 사탄이 잠시 놓인다고 합니다. 인생이란 죽음을 향해 가기에 종말론적 관점으로 보면 모두가 최후의 시대, 종말의 시대를 살고 있는 것이지요. 우리는 모두 시한부 인생입니다. 이 종말의 때에 짐승, 곧 적그리스도는 우는 사자같이 두루 다니며 삼킬 자를 찾고 있습니다. 요한계시록이 쓰인 때도 로마라는 무저갱 세력에게 핍박을 받았습니다. 짐승은 언제나, 어디에서나 도사리고 있습니다. 이것을 모르고 '짐승이 전쟁을 일으켜 두 증인을 죽일 때가 과연 언제인가' 하며 날짜와 시간을 계산하는 무리가 있다면 전부 이단입니다. 이런 무리에 현혹되어서는 안 됩니다.

계시록이 쓰인 당시 그리스도인들은 로마의 핍박을 피해 숨어 살면서 마치 죽은 사람처럼 아무런 활동도 할 수 없었습니다. 그래서 로마가 알아듣지 못하도록 모든 것을 상징적으로 썼습니다. 그러니 계시록이 어려운 말씀인 것도 맞습니다. 그러나 구원 받은 사람이라면 딱 알아듣습니다. 내게 아직 구원에 이르는 믿음이 없기에 자꾸 말쓺이 어렵다고 하는 것입니다. 요한계시록은 구속사를 모른다면 결코 풀 수 없는 책입니다.

최고의 증거에는 충성된 증인이 따르게 마련입니다. 앞 장에서도 이야기했듯 증인을 뜻하는 헬라어 '마르튀스'는 '순교자'를 의미하기도 합니다. 계시록의 두 증인도 복음을 위해 순교한 자들을 상징합니다. 그러므로 순교야말로 증인이 보일 수 있는 최고의 증거입니다. 내 육은 죽어도 창조주요, 무소부재(無所不在) 하며 전지전능하신 하나님을 내 등에 업고 보이기에 최고의 증거입니다. 사랑하는 사람을 위해서 목숨을 버리기도 하는데, 하나님을 위해서 내 목숨을 버린다면 그만한 증거가 어디 있겠습니까. 이 땅에서 하나님을 증거하다가 설령 죽는다고 해도 하나님이 그 인생을 책임지십니다.

하나님은 바울을 옥에서 구원하기도 하셨지만 결국 죽임당하도록 허락하셨습니다. 겉으로 보기에는 처절한 패배 같아도 순교만큼 훌륭한 증거가 없기 때문입니다. 바울과 제자들의 순교를 통해 유럽에 복음이 전파되었고, 온 세상에 복음이 전파되는 데도 순교로써 보인 증거가 가장 큰 교두보가 되었습니다.

그러나 우리가 핍박을 참고 순교로 최고의 증거를 보인다고 해도 모두가 나를 알아주는 것은 아닙니다. "우리가 지금까지 세상의 더러운 것과 만물의 찌꺼기같이 되었도다"라는 바울의 고백처럼(고전 4:13), 충성된 증인은 오히려 이 세상에서 찌꺼기와 같은 존재로 취급받게 마련입니다. 그러니 아무리 주님이 "네가 죽도록 충성하라 그리하면 내가 생명의 관을 네게 주리라"고 약속하셔도 충성하기가 참 어렵습니다(계 2:10). 고난 가운데서 어떻게 충성할 수 있겠습니까? 지금 지하 무덤에 숨어 살며 아무것도 할 수 없는데 무엇에 죽도록 충성하라는 말입니까?

주님이 "죽도록 충성하라"고 하시면 우리는 열심을 내야 한다고만 생각합니다. 그래서 목사도 열심을 내고 목자도 열심을 내고 부부 간에도, 가족끼리도 열심을 내서 살려고 합니다. 그러나 계시록의 충성은 열심과는 상관이 없습니다. 주님이 말씀하시는 충성은 인내와 연결됩니다. 부부가 서로에게 죽도록 충성하려면 인내가 필요합니다. 목자도 죽도록 충성하는 마음으로 목장(구역 모임)을 이끌어 가려면 인내가 필요합니다. 부모가 자식을 바르게 키우려면 인내가 필요합니다. 그러므로 "죽도록 충성하라"는 말씀은 곧 "죽도록 인내하라"는 의미입니다.

요한계시록이 쓰인 당시에는 가는 곳마다 우상 잔치가 벌어졌습니다. 초대교회가 세워진 소아시아 도시들도 마찬가지였죠. 황제를 신격화하고, 곳곳에 신전을 세워 각종 신을 섬겼습니다. 특별히 버가모는 얼마나 우상숭배가 성행했는지 하나님이 '사탄의 권좌가 있는 데'라고 부르실 정도였습니다. 그런데 그곳 버가모에서 안디바가 순교했습니다. 주님은 이 안디바를 "내 충성된 증인"이라고 부르시면서 얼마나 그를 사랑하는지 보여 주셨습니다(계 2:13).

사탄의 권좌가 있는 곳, 사탄이 역사하는 곳, 다시 말해 사탄의 가치관을 갖지 않고서는 도무지 살아갈 수 없는 그곳에서 안디바는 복음 때문에 왕따를 당하며 죽기까지 충성했습니다. 그가 열심을 다해 어떠한 업적을 남긴 것이 아닙니다. 박해와 고통 가운데도 오직 인내하며 주를 향한 신실함을 보였기에 '내 충성된 증인'이라는 최고의 칭찬을 받았습니다.

지난 1장에서 요한도 "나는 예수의 환난과 나라와 참음에 동참하는 자라 하나님의 말씀과 예수를 증언하였음으로 말미암아 밧모라 하는 섬에 있었다"라고 자신을 소개했습니다(계 1:9). 그의 말처럼 하나님 나라는 환난과 인내로 둘러싸여 있습니다. 그러므로 고난의 때에 성도가 보일 수 있는 최고의 충성은 '인내'입니다. "네가 나의 인내의 말씀을 지켰은즉 내가 또한 너를 지켜 시험의 때를 면하게 하리니"라는 말씀처럼(계 3:10), 우리가 인내로 충성을 보일 때 주님이 모든 시험 가운데서 우리를 지키십니다.

제 남편의 구원은 정말 더디 이루어졌습니다. 그저 더디 이루어진 것만이 아니라, 남편이 제 믿음 생활을 얼마나 핍박했는지 모릅니다. 그러나 그 핍박의 시간을 지나면서 제가 주님의 인내를 배우게 되었습니다. 남편의 구원을 포기하기는커녕 저의 기도는 더욱 간절해졌고, 남편이 떠나기 일 년 전부터는 "제 생명을 거두어 가셔서라도 남편을 구원해 달라"고까지 기도할 수 있었습니다. 주님의 사랑과 연합될수록 구원 받지 못한 식구들을 향한 근심과 고통이 그치지 않았습니다. '영혼 구원의 사명을 위해 나를 구원해 주셨구나!' 마침내 제 사명을 깨닫게 되었으니 주님이 저로 하여금 이 모든 인내하는 일에 넉넉히 이기게 해 주신 줄 믿습니다. 우리는 인내를 배울수록 하나님의 사랑과 연합됩니다. 우리가 인내로써 주의 은혜를 깨달아 갈 때 하나님의 사랑에서 우리를 끊을 자가 없습니다.

누가복음 15장 탕자의 비유를 보면 두 아들, 곧 두 탕자가 나옵니다. 아버지에게서 받은 유산을 전부 탕진하고서 되돌아온 둘째 아들이 돌아온 탕자라면, 아버지 곁을 지킨 맏아들은 집에 있는 탕자입니다. 그는 동생이 집을 나가도 관심이 없습니다. 동생이 타지에서 허랑방탕하게 살다 돼지가 먹는 쥐엄 열매조차 먹을 수 없는 신세가 되었는데도 찾아볼 생각도 하지 않습니다. 마침내 동생이 집에 돌아왔는데도 기뻐하지 않습니다. 기뻐하지 않는 정도가 아니라 분노하여 아버지에게 따집니다.

"내가 얼마나 아버지를 열심히 섬겼는데 나한테는 염소 새끼 한 마리 안 주더니…… 집 나가서 방탕하게 살다 돌아온 동생한테는 송아지를 잡아서 잔치를 해 줍니까!"

꼭 동생 아벨을 시기, 질투한 가인 같습니다. 이것이 우리 모습이기도 합니다. 도무지 가족 구원에 관심이 없습니다. 바울은 "내가 저주를 받아 그리스도에게서 끊어질지라도 나의 형제 곧 골육의 친척이 구원 받기를 원한다"고 했습니다(롬 9:3). 바울의 골육은 안 믿는 정도가 아니라 그를 핍박하고 예수님을 죽인 자들입니다. 우리는 내 자식 한 명 믿게 하는 것만으로도 힘들어서 죽을 지경인데 바울은 전 세계를 껴안고 기도했습니다. 우리가 비록 전 세계는 껴안지 못해도 내 식구의 구원을 두고서 바울의 간절함을 가져야 하지 않겠습니까.

'괜찮아, 지금은 공부해야 할 때니까 내버려 두고 나중에 교회 나가게 하면 되지 뭐', '지금은 일도 바쁘고 힘드니까 나중에 믿게 하면 되지 뭐' 이런 것이 사랑이 아닙니다. 자기 목숨이라도 내놓고자 했던 바울처럼 급하고 절박한 마음으로 구원을 구해야 합니다. 그것이 최고의 사랑입니다.

"내가 달려갈 길과 주 예수께 받은 사명 곧 하나님의 은혜의 복음을 증언하는 일을 마치려 함에는 나의 생명조차 조금도 귀한 것으로 여기지 아니하노라"(행 20:24).

이 고백이 여러분의 고백이 되기를 바랍니다. "내가 죽기까지 주님을 사랑한다"라는 고백이 최고의 고백입니다. 내가 주님을 위해 죽어지고 썩어지고 밀알이 되는 것이 최고의 증거입니다.

- 가족의 구원을 위해 얼마나 절박한 마음으로 기도하고 있습니까?
- 아무것도 할 수 없는 환난 가운데 있을지라도 복음을 위해 죽기까지 인내하는 충성으로 신실함을 보입니까?

악한 이 땅에서 십자가 지며 증거해야 합니다

그들의 시체가 큰 성 길에 있으리니 그 성은 영적으로 하면 소돔이라고도 하고 애굽이라고도 하니 곧 그들의 주께서 십자가에 못 박히신 곳이라_계 11:8

창세기 13장 13절에 보면 "소돔 사람은 여호와 앞에 악하며 큰 죄인이었더라"고 합니다. 아브라함의 조카 롯도 이 사실을 잘 알았습니다. 그런데도 "롯이 눈을 들어 요단 지역을 바라본즉 소알까지 온 땅에 물이 넉넉하니 여호와께서 소돔과 고모라를 멸하시기 전이었으므로 여호와의 동산 같고 애굽 땅과 같았더라"고 합니다(창 13:10). 아무리 악한 소돔이라도 멸망하기 전에는 여호와의 동산 같아 보입니다. 하나님을 전혀 모르는 애굽 사람일지라도 돈 많고, 인물이 훤칠하면 구세주 같게 보입니다.

하나님의 부르심을 받은 아브라함은 조카 롯과 함께 갈대아 우르를 떠나서 약속의 땅 가나안으로 이주합니다. 그런데 그 땅에 기근이 들자 애굽으로 피신합니다. 애굽에서 아브라함이 한 일이 무엇입니까? 자신이 죽을까 봐 아내 사라를 애굽 왕 바로에게 팔아먹습니다. 이 위기를 겪고서 아브라함은 '아, 애굽은 가면 안 되는 곳이구나' 크게 깨달았습니다. 반면에 롯은 아브라함과 사라가 무슨 일을 당했든 관심이 없습니다. 자기 고난이 아니어서인지 애굽에 눈과 마음을 온통 빼앗깁니다. 고향 갈대아 우르보다 더 세련된 애굽 문화에 중독되어 버립니다. 그래서 어릴 때 무엇을 보며 자랐는가가 중요합니다. 결국 롯은 애굽 땅과 같은 소돔을 버리지 못합니다. 훗날 가축이 많아져 아브라함과 동거할 수 없게 되자, '네가 갈 곳을 스스로 택하라'는 아브라함의 제안에 안목의 정욕을 따라 소돔 땅을 선택합니다(창 13장). 화려함 속에 감춰진 썩은 것을 롯은 끝내 보지 못합니다.

그러나 하나님은 그런 롯이라도 사랑하셔서, 그가 북부 그돌라

오멜 연합군에게 사로잡혔을 때 아브라함을 통해 극적으로 구해 주십니다. 아브라함이 집에서 기르고 훈련한 자 318명과 함께 목숨을 걸고 출전하여 롯을 구출해 내지 않았습니까(창 14:14)? 이때 사라가 과부가 될 뻔했습니다. 이렇게 하나님이 구해 주셔서 재산까지 건졌으면 이제 아브라함에게 돌아와야 하잖아요? '이제는 삼촌 곁을 떠나면 안 되겠구나' 깨달아야 하는데 글쎄, 롯 이 인간이 끝까지 돌아오지 않습니다. 아무리 아브라함이 애쓰고 기도하며 생명을 보존해 준들 뭐 합니까? 조금 살 만해지니까 그래도 소돔이 최고라는 생각에 또다시 소돔에 주저앉습니다.

인간이 다 이렇습니다. 죄와 중독에 빠져 죽다 살아났어도 조금 살 만해지면 다시 그 세계를 그리워합니다. 쾌락의 세계, 도박의 세계, 음란의 세계가 다시 나를 부릅니다. 그래서 좋은 바깥 세계에서 좀 놀다 오겠다면서 슬쩍 교회를 떠나 버립니다. 교회를 다니더라도 세상에 적당히 발을 걸칠 수 있도록 쉬운 교회(?)를 다니겠답니다.

롯도 믿는 자 아닙니까? 우리가 다 주님을 믿는다고 하지만 각자 좋아하는 소돔이 있습니다. 주님을 믿어도 기근이 든 가나안에는 머물고 싶지 않습니다. 그렇게 떠난 애굽에서 고난을 겪은 뒤 아브라함은 애굽 생각을 딱 끊었는데, 롯은 그 화려함에 취해 눈과 마음이 팔리고 말았습니다. 그래서 아브라함을 떠나 '내가 이제 소돔 백성이 되겠다' 하면서 온 힘을 다해 재산을 모으고 소돔 성의 재판관 자리까지 올랐습니다(창 19:1). 소돔 시민권을 완전히 딴 것입니다.

그런데도 하나님은 롯을 사랑하시므로 소돔의 멸망을 미리 알리시며 그곳을 떠날 기회를 주십니다. 그런데 롯이 어떻게 떠납니까. 얼마나 수고하여 정착한 소돔인데 쉽게 떠날 수 있겠습니까. 차라리 딸들은 쉬이 떠납니다. 그들은 롯만큼 수고하지 않았잖아요. 사위들은 소돔에 남아 모조리 죽고, 롯의 부인도 소돔에 미련을 버리지 못해 끝내 소금 기둥이 되고 맙니다. 롯과 딸들은 겨우 빠져나왔지만 이후 근친상간이라는 씻을 수 없는 죄를 짓습니다. 그야말로 콩가루 집안 아닙니까? 왜 이렇게까지 되었을까요? 소돔에 똬리를 틀었기 때문에, 소돔에서 살았기 때문입니다.

어떤 분은 이제는 중국이 대세라면서, 중국어를 배우게 할 목적으로 자녀를 화교학교에 보냈답니다. 그런데 중국어를 배운다고 성공합니까? 아무리 글로벌 시대라지만 여러 언어를 습득한다고 성공이 보장되는 것은 아닙니다. 그저 이기고 또 이기려 하다가는 소돔과 롯처럼 멸망만 맞이할 뿐입니다.

가정은 자기 인식이 이루어지는 곳입니다. 우리는 가정을 통해 자기 주제를 깨닫고 자기 가치를 알게 됩니다. 또한 나의 가치를 인정해 주는 이들과 소통이 부드럽게 이루어지는 곳이 가정입니다. 그런데 요즘은 가정부터 하나가 안 됩니다. 왜 그럴까요? 가족 구성원 각자가 자신이 죄인임을 알고 오직 하나님만이 가정과 인생의 주인이심을 선포해야 하는데, 예수를 믿어도 맨날 내가 최고라고 외치기에 그렇습니다. 그래서 가정 안에서 자기 인식이 되지 않습니다.

"하나님을 믿고서 우리가 다 죄인이라는 것을 깨달았다"고백하는 가정에는 저절로 질서가 생겨납니다. 에베소서 말씀과 같이 그리스도께서 그 가정의 머리 되시고, 아내는 주께 하듯 남편에게 복종하며, 남편은 자기 자신같이 아내를 사랑하게 됩니다. 자녀들도 주 안에서 부모에게 순종합니다(엡 5~6장). 더 나아가 질서가 잘 세워진 가정은 사회를 건강하게 합니다. 이것이 모든 가정이 담당해야 할 역할입니다. 그저 자기 식구끼리 잘 먹고 잘살라고 하나님께서 우리를 가족으로 묶어 주신 것이 아닙니다. 가정도 사람을 살리기 위해 존재합니다. 가장 근본인 가정이 튼튼해야 교회가 튼튼해지고, 사회가 튼튼해지며, 나라가 튼튼해집니다.

그런데 내 아이 성공시키는 데만 혈안이 돼서 어릴 때부터 유학을 보내고 화교학교에 입학시키면 되겠습니까? 롯과 같은 부모가 돼서 자녀에게 이기고 또 이기려 하는 소돔 가치관을 심어 주면 되겠습니까? 그러니 믿는 가정이라 하지만 그곳에 예수가 없습니다. 온 가족이 교회를 다니는데도 맨날 하는 이야기가 "열심히 기도하면 명문대학 붙을 거야", "열심히 교회 다니면 당신 사장 될 거야", "십일조 열심히 드렸으니 돈을 쓸어 모을 거야"라는 것밖에 없습니다. 이 요한계시록도 그저 무서운 이야기로만 들립니다. 가정의 질서는 안 지키면서, 계시록을 보며 몇 년, 몇 월, 며칠이나 계산하고 "두 증인이 몇 년도 몇월 며칠에 죽는다는데 그때까지 당신이 이걸 안 하면 망한대" 하면서 빗나간 열심으로 믿습니다. "언제 세상이 망한다"고 떠드는 곳들을 분주히 쫓아다니며 돈과 시간을 허비합니다.

요즘 세월이 하 수상하니 요한계시록에 대한 엉뚱한 해석들이 판을 칩니다. 그런 이단들이 틀렸다는 것을 알려 주어야 하기에 제가 하는 수 없이 요한계시록 강해를 했습니다. 요한계시록은 오늘을 사는 우리에게 주시는 이야기입니다. 창세기와 똑같습니다. 복음서와 똑같습니다. 특별한 이야기가 없습니다. 마지막이니까 하나님께서 사랑을 절절 부어서 하시는 이야기입니다.

소돔과 애굽 같은 세상 속에서 살아가는 두 증인, 곧 성도의 길은 십자가를 지며 나아가는 길입니다. 소돔을 향해서 "그렇게 살다가는 구원 받지 못하리라!"고 부르짖어야 하는데 이 얼마나 십자가입니까. 여러분은 믿지 않는 식구들을 향해 "예수 안 믿으면 구원 받지 못한다"고 부르짖고 있습니까?

창세기 18장에서 아브라함은 롯의 구원을 위해 마지막까지 기도합니다. 하나님이 소돔과 고모라에 임할 심판을 아브라함에게 계시하시자 아브라함은 절박한 마음으로 이야기합니다.

"하나님, 소돔에 의인 50명이 있으면 어찌합니까? 그 50명을 소돔과 같이 죽이시겠습니까?"

그러자 하나님이 말씀하십니다.

"내가 만일 소돔 성읍 가운데에서 의인 오십 명을 찾으면 그들을 위하여 온 지역을 용서하리라."

아브라함이 다시 기도합니다.

"50명에서 다섯 명이 부족하면 어찌합니까? 그곳에 의인이 마흔 다섯 명만 있어도 살려 주세요."

이번에도 하나님은 "알겠다"고 하십니다. 아브라함은 다시 기도합니다.

"하나님, 마흔 명만 있어도 살려 주세요. 아니, 서른 명만 있어도 살려 주세요!"

그럴 때마다 하나님은 "알겠다"고 대답하십니다. 마지막으로 아브라함이 기도합니다.

"하나님 정말 죄송합니다. 의인 열 명만 있어도 살려 주세요."

하나님은 이번에도 "알겠다"고 대답하십니다. 그런데 그 의인 열명이 없어서 망한 곳이 소돔입니다. 이 세상도 마찬가지이죠. 하나님의 말씀을 듣는 것이 곧 심판을 예비하는 길입니다. 성경은 창세기부터 요한계시록까지 심판을 예고하고 있습니다. 말씀을 통해 장차 받을 환난을 늘 들으면서 간다면 정말 심판이 와도 놀라지 않습니다. 심판의 클라이맥스는 '십자가'입니다. 그러므로 소돔, 애굽과 같은 이 땅에서 십자가 질 일이 있는 것이 축복 아니겠습니까. 십자가 없이는 부활도 없습니다. 이 심판 예고를 듣고자 우리가 교회를 다니는 것입니다. 명문대, 대기업에 들어가고 승진하려고 교회를 다니는 것이 아니라는 말입니다.

세상은 긍정적인 이야기만 합니다. 그러나 주님은 "세상은 악하고 음란하다"라고 분명히 말씀하셨습니다(마 12:39; 16:4). 이 세상은 망할 나라입니다. 소돔과 고모라처럼 멸망할 곳입니다. 이 사실을 내 가족, 내 이웃에게 알려 주려면 우리가 어떻게 해야 합니까? 입으로만 망한다고 외치면 되겠습니까? 망할 나라에서 영원히 살 것처럼 살지 말고 나그네처럼 사는 모습을 보여 주어야 합니다. 이것이 증인의 삶입니다. 이것이 성경의 골자(骨子)입니다.

그러나 우리는 이 세상에서 "결코 망하지 않는다, 안전하다, 평안하다, 인간의 힘으로 못할 일이 없다"라는 이야기만 듣습니다. "내가 무엇이든 다 이루어 주겠다"는 하나님만 만나려고 합니다. 이 모든 것은 가짜입니다. 자꾸 이런 소리에만 귀를 기울이니까 심판의 사건이 오면 감당하지 못하는 것입니다. '분명 잘될 거라고 했는데 왜 이런 일이 오나', '하나님이 계시는데 내게 왜 이런 일이 생기나' 이런 말만 되뇌면서 해석도, 해결도 못 합니다.

십자가가 무엇입니까? 복음이 전파되기 위해 우리 집에 전쟁이 일어나고, 기근이 들고, 사랑이 식는 것입니다. 내 식구가 예수를 믿지 않는데 어떻게 집이 평안할 수 있습니까? 믿지 않는 소돔 땅에 어찌 전쟁과 기근, 사랑이 마르는 일이 없겠습니까? 가정불화는 이혼하라고 주시는 사건이 아닙니다. 내 인생에 예수 그리스도가 우뚝 서시기 위해서, 우리 집안에 예수 그리스도가 우뚝 서시기 위해서 반드시 일어나야만 하는 일입니다.

"보라 내가 오늘 너를 여러 나라와 여러 왕국 위에 세워 네가 그것들을 뽑고 파괴하며 파멸하고 넘어뜨리며 건설하고 심게 하였느니라 하시니라"(렘 1:10).

하나님이 나를 세우시기 위해서는 먼저 뽑고, 파괴하며, 파멸하고, 넘어뜨리는 일을 하셔야만 한답니다. 그래야 건설하고 심을 수 있다고 하십니다. 내 몫에 태인 십자가를 지며 먼저 내가 온전히 뽑히고 파괴되어야 합니다. 그러면 저절로 심기고 건설됩니다. 난리 소문과 지진, 기근은 내가 주 안에서 건설되고 심기기 위해 반드시 있어야 할 일입니다(마 24:6~7).

소돔과 같이 악하고 음란한 세상에서 내가 십자가를 지고 가면 자연스레 미움을 받게 마련입니다. 어떤 분은 사내 골프 모임에 한 번 빠졌다가 상사와 동료들에게 굉장히 무시를 받았답니다. 또 한 집사님은 "너는 내가 꼭 승진시켜 줄게!"라고 장담하는 상사 말을 믿고 몸종처럼 그에게 순종했는데 번번이 승진에서 미끄러졌습니다. "1월까지 기다려 봐" 하는 상사의 말에 다시 한 번 희망을 걸고 몸종 노릇을 했건만 그다음 승진 인사에서도 미끄러졌습니다. 이분이 얼마나 그 상사가 미웠겠습니까. 그러나 이럴 때 너무 독 오른 얼굴은 하지 말기 바랍니다. 속에서는 분이 올라와도 사람을 의지한 내 죄를 보며 평안한 표정을 보여 주는 것이 최고의 증거인 줄 믿습니다.

이 땅에 별 인생은 없습니다. 우리 인생의 목적은 잘 먹고 잘사는 것이 아니라 '거룩'을 이루어 가는 것입니다. 내가 화를 낼 수밖에 없는 상황에서도 내 죄를 먼저 보고 독을 뿜지 않은 것을 주님이 기억하십니다. 그러니까 부도나고 배우자가 바람을 피운다고 냅다 이혼하지 말고 '최고의 증거를 보일 좋은 역할을 내게 주셨구나!', '내가 여기서 잘 뽑히고 파괴당하면 되겠구나'라고 여기십시오. 그런 상황에서도 내가 얼굴에 독기를 없애고 구원의 표정, 신비한 표정을 보이면 그때 복음이 전파되는 것입니다. 기가 막힌 상황에서도 십자가를 딱 져야 천국 복음이 전파됩니다. 그것이 최고의 증거입니다.

제 남편도 교회를 못 가게 하고 돈을 주지 않으면서 저를 핍박했습니다. 그때마다 제가 독을 뿜지 않고 인내하면서 남편에게 순종했

60

기에 지금의 우리들교회가 있는 줄 믿습니다. 하나님이 그때의 제 얼굴을 기억하셨다고 생각합니다. 당시는 '이러다 내가 죽어도 쥐도 새도 모르겠구나' 싶었지만, 쥐와 새는 모를지 몰라도 하나님은 아십니다. 많은 분이 저에게 교회가 부흥하는 비결을 물으시는데, 저는 정말 이것밖에는 자랑할 게 없습니다.

● 나에게 손해를 끼치는 부모, 배우자, 자녀, 상사에게 온몸으로 독을 뿜어 내지는 않습니까? 어떤 때에도 구원의 표정, 신비한 표정을 지으며 복음을 전파하고 있습니까?

증거의 사명을 감당할 때 땅에 사는 자들에게 조롱을 받습니다

9 백성들과 족속과 방언과 나라 중에서 사람들이 그 시체를 사흘 반 동안을 보며 무덤에 장사하지 못하게 하리로다 10 이 두 선지자가 땅에 사는 자들을 괴롭게 한 고로 땅에 사는 자들이 그들의 죽음을 즐거워하고 기뻐하여 서로 예물을 보내리라 하더라_계 11:9~10

두 증인이 십자가를 지며 복음을 열심히 증거했건만 백성들과 족속과 방언과 나라 중에서 많은 사람이 그들의 죽음을 조롱한다고 합니다. 그리스도의 증인이 가는 길은 대접이나 환영이 따르는 길도, 쉬운 길도 아닙니다. 심지어 증인의 시체를 장사도 치르지 못하게 한답니다. 우리가 열심히 복음 전하다가 죽어도 안 믿는 사람들은 꿈쩍도 안 한다는 겁니다. 오히려 기뻐한답니다. 하나님은 정말 이해할 수 없는 일을 우리에게 주십니다.

"오바댜가 가서 아합을 만나 그에게 말하매 아합이 엘리야를 만나러 가다가 엘리야를 볼 때에 아합이 그에게 이르되 이스라엘을 괴롭게 하는 자여 너냐"(왕상 18:16~17).

열왕기상 18장에 보면 이스라엘 땅에 3년 반의 기근이 있은 후 엘리야가 하나님의 명령을 따라 아합 왕을 만나는 장면이 나옵니다. 그런데 아합이 엘리야를 보자마자 한다는 말이 "이스라엘을 괴롭게 하는 자여 너냐"입니다. 그동안의 기근이 전부 엘리야 때문이라는 것이죠.

제가 늘 "고난이 축복"이라고 외치니까 고난만 찾아오면 "내가 괜히 우리들교회에 와서 고난을 받네. 이게 다 김양재 목사 때문이야"라고 말하는 분들이 계십니다. 제가 이혼해서는 안 된다고 권면했더니 일 년쯤 지나 "내가 김양재 목사 때문에 이혼을 못 해서 이 고생이야" 하신 분도 계셨습니다. "그때 이혼했으면 위자료라도 받았을 텐데, 김양재 목사가 이혼을 말려서 내가 이 꼴이 됐어"라며 원통해하신 분도 계셨습니다. 무슨 일만 생기면 다 '김양재 목사 때문'이랍니다. 제 이름 김양재가 이렇게 불리게 됐습니다.

우리는 나쁜 일이 생기면 남 탓을 하고 싶습니다. 그래야 덜 억울할 것 같습니다. 그래서 사업이 망하면 배우자 탓, 교회 탓, 하나님 탓을 합니다. 우리들교회 한 집사님의 남편도 "네가 맨날 우리들교회 가자고 해서 내 사업이 이 모양이잖아?" 한답니다. 내가 벌인 일에 왜 엉뚱한 대상을 탓합니까. 아합도 지금 이스라엘이 괴롭게 된 것이 엘리야 탓이라고 합니다. 그러자 엘리야가 이렇게 대답합니다.

"내가 이스라엘을 괴롭게 한 것이 아니라 당신과 당신의 아버지의 집이 괴롭게 하였으니 이는 여호와의 명령을 버렸고 당신이 바알들을 따랐음이라"(왕상 18:18).

'네가 여호와의 명령을 버리고 바알을 좋아하고, 세상을 사랑하며 돈과 번영을 좇았기 때문에 너와 네 자손이 괴롭게 된 것'이라고 정확히 영적 진단을 내려 줍니다. 내 문제는 누구의 잘못 때문에 온 것이 아닙니다. '내가' 세상을 사랑했기 때문입니다.

본문에 "땅에 사는 자들"은 사탄을 좇는 자들을 의미합니다. 그러니 두 증인이 전하는 예언이 그들에게는 괴로울 수밖에 없습니다. 너무 괴로워 끝내 증인들을 죽이는 것이 그들의 선택입니다. 회개할 의지가 없는 자들에게 "회개하라"는 메시지가 얼마나 괴롭겠습니까. 우리만 보아도 죄를 지적하는 교회는 다 싫어하지 않습니까? 무조건 "잘된다"고 말해 주는 세력만 좋아하지 않습니까? 그러니 엘리야와 아합이 싸울 수밖에 없습니다. '세상은 나를 너무 좋아해, 나는 한 번도 거부당해 본 적이 없어' 하는 성도가 있다면 그는 집안에서도, 사회에서도 쓸모없는 존재입니다. 왜냐하면 진짜가 아니기 때문입니다. 진짜가 아닌 사람이 누구를 고치겠습니까? 비록 세상에서 욕을 먹어도 내가 전하는 말이, 내 삶이 진짜라면 세상이 그것을 듣고 보며 옷깃을 여미지 않겠습니까? 내가 진짜여야 내 옆의 사람들을 변화시킬 수 있습니다.

그런데 맨날 좋은 게 좋은 거라면서 세상 비위나 맞추니까 살았으나 죽은 자밖에 될 수 없는 것입니다(계 3:1). 진정한 성도, 사명을 받은 자라면 세상 사람이 싫어하는 회개의 말씀을 증거할 수밖에 없습니다. 증거하다가 죽임당한다고 해도 그 고통은 사흘 반 동안만이라고 합니다(계 11:9).

내가 십자가의 편에 올바로 서 있다면 그런 내가 쓰러지기를 학수고대하는 자들도 생기게 마련입니다. 내가 빛이어서 그렇습니다. 빛 옆에 있으면 자신의 더러움이 드러나기에 그렇습니다. 자기 죄를 보기가 너무너무 싫은 것이죠. 교회가 축복 이야기를 하면 성도가 바글거리고, 고난 이야기를 하면 성도가 반으로 줄고, 죄 이야기를 하면 성도 씨가 마른다고 합니다.

미가서에서 "오직 나는 여호와의 영으로 말미암아 능력과 정의와 용기로 충만해져서 야곱의 허물과 이스라엘의 죄를 그들에게 보이리라"고 했는데(미 3:8), 저도 세상의 허물과 죄를 보이며 가다 보니 자주 조롱을 받습니다. 그런데 제가, 두 증인이 완전해서 세상의 허물과 죄를 보이며 복음을 증언합니까? 내가 빛 가운데 있으면 내 죄가 드러나지요. 어둠 가운데 있을 때는 보이지 않던 나의 더러운 부분이 자꾸 보입니다. 내 죄 때문에 애통할 수밖에 없습니다. 내가 완전해서 선포하는 것이 아닙니다. 복음을 선포하는 것이 중요하기에 선포합니다. 그러나 나도 선포한 대로 살지 못하니 늘 갈등이 충만합니다.

그래서 100% 옳으신 하나님은 그런 나를 가장 악한 세력 아래 두십니다. 나를 사랑하시므로 나를 훈련해 줄 세력 밑에 두어 연단하시고, 한편으로는 그들의 구원을 위해서 힘쓰게 하십니다. 세상이 아직 망하지 않은 이유도 이 때문입니다. 나 한 사람이 중심 잡고 있어서 언제고 무너질 듯 위태한 내 집안이 망하지 않는 것입니다. 나 한 사람이 중심 잡으면 가정도, 나라도 망하지 않습니다. 한 사람이라도 더 구원하시고자 주님이 내게 기다리며 인내하는 역할을 주신 줄 믿습니다. 나더러 이혼하라고 주님이 가정불화를 허락하신 것이 아니라는 말입니다. 그 십자가를 잘 지고 가면서 미움을 받더라도 독을 뿜지 말고 복음을 전하라고, 최고의 증거를 하라고 나를 그 자리에 두셨습니다.

　"목사님은 왜 맨날 이혼을 막습니까? 그러면 이미 이혼한 사람은 어떻게 합니까?"라고 제게 반문하는 성도님들도 계십니다. 제가 이혼한 분들을 정죄하는 것은 결코 아닙니다. 인간은 연약하기에 이혼할 수 있지요. 그러나 이제부터라도, 말씀을 들은 지금부터라도 돌이키자는 것입니다. 이미 이혼했다면 그런 내 아픔을 약재료 삼아 무너진 다른 가정들을 살리면 됩니다. 제가 늘 가정 중수를 외치며 가는 것은 가정이 건강하지 않으면 교회도, 나라도 건강할 수 없기 때문입니다.

• 거절당할까 두려워 복음 전하기를 꺼리지는 않습니까? 비록 욕을 먹더라도 '진짜'인 복음을 전해야 할 사람은 누구입니까?

반드시 부활이 있습니다

삼 일 반 후에 하나님께로부터 생기가 그들 속에 들어가매 그들이
발로 일어서니 구경하는 자들이 크게 두려워하더라_계 11:11

삼 일 반 후, 죽임당한 두 증인에게 하나님의 생기가 들어간다고
합니다. 이것이 무슨 뜻입니까? 내가 복음을 위해 완전히 죽어져서 온
갖 조롱도 감내하다 보면 죽어 가는 것 같아도 내게 하나님의 생기가
들어온다는 것입니다. 그리고 두 증인이 그런 것처럼 내 발로 일어서
게 됩니다. 세상 그 누구가 나를 일으켜 주지 않습니다. 하나님의 생기
를 받아 내 발로 일어나고, 내게 맡기신 자들도 자기 발로 일어서게 해
주는 자가 충성된 증인이요, 최고의 증거를 전하는 자입니다. 상대로
하여금 자기 발로 일어서게 하는 것, 즉 자립 신앙을 심어 주는 것이
최고의 사랑입니다. 이 사명은 너무 어렵지만 내가 참교회, 참증인이
라면 반드시 삼 일 반 만에 일어날 것입니다.

그런데 왜 '삼 일 반'일까요? 이 삼 일 반과 이방인이 성전 바깥
마당을 짓밟는 마흔두 달(계 11:2), 두 증인이 베옷을 입고 예언한 천이
백육십 일(계 11:3), 아들을 낳은 여자가 뱀의 낯을 피해 양육을 받는 한
때와 두 때와 반 때(계 12:14)는 전부 같은 말입니다. 이는 거시적으로
는 교회 시대를 가리키며 미시적으로는 우리 각자의 일생을 뜻합니
다. 다만 여기서는 성도가 당하는 고난의 기간을 가리키기에 가장 짧
게 느껴지는 삼 일 반으로 표현한 것이죠. 똑같은 말이지만 우리가 베

옷을 입고 예언할 때는 1,260일입니다. 하나님이 예언하는 증인들에게 주시는 권세가 그만큼 크기에 1,260일인 것이죠. 로마와 같은 세상은 못 알아듣지만, 고난 받는 우리는 딱 알아듣습니다. 우리의 고난에 관해 이보다 잘 설명하는 말씀이 어디 있겠습니까. 이런 말씀들이 얼마나 우리를 위로하는지 모릅니다.

"고난은 짧고 영광은 길다!"

하나님이 지금 이 이야기를 하시는 겁니다. "이 땅에서 잠깐 고생하면 영원한 생명이 기다리고 있다"고 하십니다. 고난은 삼 일 반이고 영광은 1,260일이라는 겁니다. 즉, 반드시 부활이 있다는 것입니다.

어느 일간지 칼럼 제목이 〈상처를 별로 만드는 교회〉이기에 '누가 우리들교회 이야기를 하는가' 해서 얼른 읽어 보았습니다. 칼럼의 내용은 이렇습니다.

지난 10년간 정신질환을 앓는 국민이 급증했다고 합니다. 우울증과 불안장애를 겪는 사람이 수백만 명이라고 하죠. 문제는 개인의 내적 상처를 방치하면 그것이 개인의 불행에서 그치지 않고 사회 전체를 위협하는 시한폭탄이 된다는 겁니다. 이를 해결하고자 내적 치유법들이 성행하며 상담치유, 미술치유, 음악치유, 영화치유, 독서치유, 패션치유, 향기치유, 음식치유 등 수많은 치유법이 등장했습니다. 나름 효과도 나타납니다. 그러나 이런 치유법에는 한계가 있습니다. 궁극적으로 치유는 육신과 마음, 영혼까지 아울러야 하기에 의학적·심리학적·사회학적 관점뿐 아니라 신학적 관점까지 포괄해야 합니다. 일반 정신과 치료나 심리치료가 다루지 못하는 영적 부분은 성경적 방식으로만 다룰 수 있습니다.

그런데 단순히 말씀을 전하고 교제하는 것만으로는 이 복잡함 속에서 내적 상처를 입은 사람들을 충분히 도울 수 없습니다. 아픈 쓴 뿌리를 해결하지 못한 성도들은 신앙 성장도 기대하기 어렵습니다. 반면에 상처를 잘 치유하면 오히려 그 상처로 인해 더 아름다운 생을 살 수 있는데, 이것이 소위 '상처가 별이 되는' 경우입니다. 이보다 더 아름다운 반전은 없기에, 칼럼 기자는 교회가 이 반전을 가능하게 하는 기적의 성소가 되어야 한다고 주장합니다. 상처 입고 깨어진 영혼이 교회에 오면 반드시 회복될 수 있다는 확신을 세상에 주어야 범국민적인 정신질환의 문제도 해결된다는 것입니다.

"많은 사람을 옳은 데로 돌아오게 한 자는 별과 같이 영원토록 빛나리라"고 했습니다(단 12:3). 아무리 내적 치유를 받아도 상처를 숨기면 별이 되지 못합니다. 상처를 별로 여겨야 합니다. 우리의 상처가 별이 되어야 합니다. 우리들교회에서는 상처 없는 사람은 맥을 못 춥니다. 말씀을 통해 삶이 해석되고서 상처가 별이 된 간증이 늘 울려 퍼집니다. 영적 건강을 되찾은 성도들이 가정과 교회를 돕고, 나아가 사회를 돕고 있습니다. 이렇게 상처가 별이 되어 전하는 믿음의 간증이 최고의 증거인 줄 믿습니다.

저는 최고의 증거, 충성된 증인이라고 하면 순교하신 고(故) 손양원 목사님이 떠오릅니다. 애양원교회에서 한센병 환우들을 돌보았던 목사님은 주의 사랑을 몸소 실천하신 분이었습니다.

1948년 손 목사님에게 비극적인 사건이 일어났습니다. 두 아들이 공산주의자에게 죽임을 당한 것입니다. 예수를 믿는다는 것, 아버지가 목사라는 이유였습니다. 이후 안재선이라는 좌익 학생이 손 목사님의 아들을 살해한 사실이 밝혀지자, 격분한 마을 사람들과 애양원 환자들이 그를 처형대 위에 세웠습니다. 그러나 목사님은 그를 형장의 이슬로 사라지게 두지 않으셨습니다. 오히려 그를 데려다 양자로 삼고 신학 공부까지 시켰습니다. 그리고 자신도 생애 마지막 공산주의자의 총탄에 순교하셨습니다. 본문의 두 증인처럼 목사님은 죽기까지 최고의 사랑을 증거하셨습니다. 목사님의 이 사랑으로 말미암아 우리나라에 복음이 뿌리내렸습니다. 최고의 증거인 순교를 통해 우리나라를 공산주의에서 건져 낸 분이 바로 손양원 목사님입니다.

'손양원 목사님하고 나하고 무슨 상관인가' 생각하십니까? 그렇다면 이 시대의 순교란 과연 무엇인지, 우리들교회 한 집사님의 간증을 소개합니다.

이 집사님 남편이 바람이 나서 가출을 했습니다. 집사님의 집은 재혼 가정으로 남편에게는 전처와의 사이에서 낳은 자녀들이 있었습니다. 집사님이 그 아이들까지 거두어 살았죠. 그런데 글쎄, 그런 남편이 바람을 피우는 것도 분통한데 집사님에게 외도녀가 운영하는 식당 일을 도우라고 했다는 겁니다. 심지어 외도녀를 가리켜 '그분'이라고 극존칭까지 써 가면서 말입니다. 얼마나 미칠 지경입니까. 정말 확 죽어 버리고 싶고 혈기가 머리끝까지 차오르지 않겠습니까.

그런데 이 집사님이 우리들교회 공동체에서 양육 받으며 피 터지게 갈등한 끝에 놀라운 적용을 했습니다. 집사님은 십자가를 지는 순종으로 그 식당을 찾아갔습니다. 싸우러 간 것이 아닙니다. 남편이 시킨 대로 일을 도와주려고 갔습니다. 그러자 되레 남편과 외도녀가 몹시 당황해서는 도움을 극구 거절하더랍니다. 더 놀라운 것은 이 일이 전환점이 되어 남편이 집으로 돌아왔습니다. 외도녀가 "어떻게 저런 부인을 두고 나와 바람을 피울 수 있느냐"면서 남편을 돌려보냈답니다. 죽어지고 썩어지고 밀알이 되는 집사님의 적용으로 이 가정에 예수 씨가 발아했습니다.

새의 먹이로 던져 버릴 수도 있는 씨앗 하나를 눈물로 돌보면 생명이 싹틉니다. 그리고 그 생명은 또 다른 생명을 싹틔우며 생명의 고리를 만들어 냅니다. 여러분 중에 "죽었다 깨어나도 수치스러운 적용은 못 해!" 하시는 분이 있다면 이 집사님을 떠올려 보면 어떨까요?

우리들교회의 많은 집사님이 배우자 속에 숨긴 싹을 틔우려고 얼마나 수고하는지 모릅니다. 겉보기에 별 볼 일 없는 배우자라도 깊은 곳에 심긴 예수 씨가 싹트면 백팔십도 달라집니다. 다만 그 싹이 발아하기까지 곁에서 내가 죽어지고 썩어지는 적용이 필요합니다. 적용이 별다른 게 아닙니다. 때마다 시마다 올라오는 혈기를 하나님의 은혜로 인내하는 것입니다. 이것이 바로 이 시대의 순교입니다. 순교를 어렵게만 생각하지 마십시오. 말세의 순교는 혈기 부리지 않는 것입니다. 이런 순교자가 되어서 가정과 교회, 사회와 나라와 온 열방에까지 최고의 증거를 보이는 여러분 되기를 소원합니다.

- 부모, 배우자, 자녀 속의 예수 씨를 틔우기 위해 오늘 내가 참아야 할 것은 무엇입니까?
- 말세의 순교는 혈기 부리지 않는 것인데, 사소한 일에도 불같이 화를 내며 믿는 자로서 도리어 가족, 이웃을 구원에서 멀어지게 하지는 않습니까?

우리들 묵상과 적용

가정 형편이 어려웠던 저는 가족에게 짐이 되고 싶지 않아 일찍 결혼
했습니다. 그런데 맏딸이 죽고, 전처마저 막내딸을 낳은 후 숨을 거두
는 청천벽력과도 같은 두 사건이 찾아왔습니다. 저는 홀로 유치원생
둘째 아들과 젖먹이 막내딸을 데리고 살았습니다. 그러던 중, 전남편
과 이혼한 후 딸을 홀로 키우던 지금의 아내를 만나 재혼했습니다. 하
지만 우리 부부는 날마다 "내 자식, 네 자식!"을 외치며 전쟁을 치렀습
니다(계 11:7).

부부 싸움이 잦아들며 돈이 생기니 저는 소돔 같은 쾌락의 세계
에 빠져들었습니다. 그러다 이혼녀와 불륜을 저지르고 그녀와의 결
혼을 계획하며, 아내와 이혼했습니다. 이후 전 재산을 투자해 식당을
시작했지만, 식당 운영과 직원 관리가 힘들어 위기를 맞았습니다. 이
일로 저는 조리사였던 이혼한 아내를 찾아가 식당 일을 도와 달라고
부탁했습니다. 아내는 자신이 왜 도와야 하냐며 따졌지만, 며칠 뒤 식
당 일을 도우러 왔습니다. 그 모습에 도리어 당황한 외도녀는 아내의
도움을 거절했고 저를 아내에게 돌려보냈습니다. 이 일이 전환점이
되어 저는 아내와 재결합을 하게 되었습니다.

그동안 아내는 두 번의 이혼 사건이 해석되지 않아서 설교말씀
을 들으며 견뎠다고 합니다. 또한 "이혼했어도 전남편의 아이들을 돌

봐 주라"는 교회 공동체의 처방을 따라 저의 자녀들도 돌보았다고 합니다. 그렇게 아내는 우리 가정이 살아나도록 죽도록 인내하며 수고했습니다(계 11:8~9). 아내는 이 모든 일을 나눈 뒤, "방황하던 막내딸이 학교와 교회에 정착하게 도와주신 청소년부 목사님께 감사 인사를 하자"고 하며 저를 교회와 목장예배에 데려갔습니다. 처음에는 목장예배가 불편했지만 죄 고백을 하는 집사님들의 모습에 점점 마음이 열렸습니다. 그러면서 제가 선을 악으로 갚는 죄인이었음을 인정하게 되었습니다.

하나님은 "내가 최고"라고 외치며 회개하지 못하는 저에게 십자가 같은 고난을 허락하셔서 죄를 깨닫게 하셨습니다. 그리고 교만한 제 자아를 파멸해 주셨습니다. 덕분에 저는 우리 가정의 고난이 하나님의 계획 안에 있었음을 깨달았습니다. 깨지고 찢어졌던 두 가정이 만나 상처만 덧입히면서 살 뻔했는데, 심판의 말씀과 사건으로 우리 가정에 하나님의 생기가 들어오게 해 주신 것입니다(계 11:11).

이제 혈기 부리지 않고, 순종하는 마음으로 하나님을 제대로 증거하기 원합니다. 믿음 없는 저로 하여금 "주는 그리스도요, 살아 계신 하나님의 아들"이라고 고백하게 하신 하나님, 감사합니다.

영혼의 기도

하나님 아버지, 손양원 목사님의 순교로 우리나라가 살았습니다. 망할 수밖에 없던 이 나라에 복음이 전파되었습니다. 그런데 우리는 아무리 이런 간증을 들어도 나와는 상관없는 위인의 이야기라고 여기며 삶에서 말씀을 적용하지 못합니다. 최고의 증거는 내가 어떤 환경에서도 죽어지고 썩어지고 밀알이 되는 것인데, 우리는 날마다 "하나님이 어떻게 내게 이러실 수 있는가? 내가 열심히 증거했는데 어떻게 나에게 더 죽어지라고 하시나, 왜 나를 무시당하고 조롱 받게 하시나" 하며 불평하고 원망합니다.

주님, 내가 얼마나 죄인인가를 깨달아 하나님을 모실 때 우리 가정이 튼튼해지고, 교회와 사회가 튼튼해질 터인데 우리는 날마다 이기고 또 이기려고만 합니다. 그런 배우자와 내가 만나서 자녀에게까지 세상 가치관을 심어 주고 있습니다. 그러니 온 가족이 오로지 자기밖에 모릅니다. 이렇게 가다가는 결국 롯의 가족처럼 망한다는 것을 깨닫게 해 주옵소서.

주님, 우리가 이타적으로 살 수 없어서 너무나 애통합니다. 손양원 목사님이 실천하신 그 사랑이 우리에게는 멀게만 보여 애통합니다. 주님, 우리를 불쌍히 여겨 주옵소서. 말세의 순교는 사소한 데서 혈기 안 부리는 것이라고 주께서 말씀하십니다. 주님, 화를 내고 독을 뿜을 수밖에 없는 상황에서도 구원의 표정으로 최고의 증거를 보이는 부모, 자녀, 남편, 아내, 상사, 사원, 목자, 목원이 되도록 우리를 축복하여 주옵소서. 죽어지고 썩어지고 밀알이 돼서 최고의 증거를 전하는 우리가 되게 도와주옵소서. 그러기 위해 조롱도 잘 받기 원합니다. 무시도 잘 받기 원합니다. 수치와 조롱을 잘 감당하며 최고의 증거를 할 때, 하나님의 생기를 입어 삼 일 반 만에 부활하게 될 줄 믿습니다. 예수님 이름으로 기도드립니다. 아멘.

하늘로 올라가니

요한계시록 11장 12~13절

03

하나님 아버지, 우리가 구경꾼이 아니라
하늘로 올라가는 참증인이 되기 원합니다.
말씀해 주시옵소서. 듣겠습니다.

◇◆◇

오래전 어느 날 아침, 한 나이 많으신 권사님에게서 연락이 왔습니다. 아들이 위독한데 제가 와서 병상예배를 드려 주면 좋겠다는 것이었습니다. 다만 식구들이 불편해하니까 아무도 없을 때 와 달라고 부탁하시더군요. 전화를 끊자마자 부리나케 병원으로 향했습니다. 마침 권사님 외에 다른 가족은 보이지 않기에 예배를 시작하려는데 갑자기 식구들이 들이닥쳤습니다. 어쩔 수 없이 온 식구가 모인 자리에서 예배를 드리게 되었죠. 권사님의 아드님은 혼수상태라 어떤 말도 듣지 못하는 듯했습니다. 그래도 제가 말씀을 전하며 복음을 제시했습니다. 그런데 웬걸요, 전혀 의식이 없어 보이던 분이 갑자기 "주님을 영접합니다!" 하고 목청껏 외치는 게 아니겠습니까. 그때 제가 얼마나 놀라고 전율했던지요. 그리고 그날 저녁 그분이 돌아가셨다는 연락을 받았습니다.

저는 지금까지도 이 일을 잊지 못합니다. 얼마나 기쁘고 감사한 사건입니까! 그런데 누가 보아도 기적이라고 할 만한 일을 경험하고서도 그 아내분은 전혀 기뻐하지 못했습니다. 그저 남편을 잃은 슬픔에만 빠져 있었습니다. 이후 제가 그 집을 방문해서 예배를 드렸을 때도 아내분은 방 안에서 꿈쩍도 하지 않았습니다. 이 아내분도, 병상예배를 불편해하던 식구들도 모두 교회를 다니던 분들이었습니다.

그런데 아드님은 어떻게 마지막에 하나님을 영접할 수 있었을까요? 저는 권사님의 끊임없는 기도 때문이라고 생각합니다. 아드님은 세상에서 소위 잘나가던 분이었습니다. 그런데 돌아가시기 얼마 전부터 모든 예배를 거절했다고 합니다. 아들의 마지막이 가까워 오자 애가 타신 권사님은 자신이 평생 모은 쌈짓돈을 들고 교회까지 힘겹게 걸어가 헌금을 드렸다고 합니다. 그러고는 무엇을 해야 할지 몰라서 제게 전화를 하신 것입니다. 저는 당시 목사가 아니었습니다. 권사님도 사회적으로 위치가 높은 분이었는데 어떻게 저를 알고 연락을 하셨는지 모르겠습니다.

이렇게 집안에 예수로 중심 잡는 한 사람만 있으면 구원이 이루어집니다. 권사님에게는 가족들과 소통이 되지 않는 슬픔이 있었습니다. 온 식구가 잘나가니까 집안에 말씀이 도무지 들어가지 않았습니다. 권사님도 "하나님의 은혜로 온 식구가 잘살게 되었는데 이것이 축복인지 모르겠다"라고 말씀하시더군요. 저는 누구보다 남편의 구원을 목도하고도 그저 슬퍼만 하던 아내분이 가장 안타깝게 여겨집니다. 어마어마한 구원이 이루어졌는데 그 기쁨에 동참하지 못하는 겁니다. 이렇게 구경꾼이 돼서 구원의 역사를 그저 관망만 하는 사람들이 어디에나 있지요. 본문을 통해서 이 구경꾼에 대해 생각해 보고자 합니다.

원수가 두 증인의 승천을 구경합니다

하늘로부터 큰 음성이 있어 이리로 올라오라 함을 그들이 듣고 구름을 타고 하늘로 올라가니 그들의 원수들도 구경하더라_계 11:12

삼 일 반 만에 살아난 두 증인이 하늘로부터 큰 음성을 듣습니다. 십자가를 지고서 죽기까지 주님을 증거하고, 세상의 조롱 가운데도 하나님께 생기를 얻어 제 발로 일어서니 하늘로부터 "하늘로 올라오라"는 감격적인 초청을 받습니다. 이처럼 우리가 작은 예수가 돼서 주님의 뒤를 따라 잘 죽으면 부활과 승천이 따라옵니다. 또한 이 말씀은 그리스도 안에서 교회 공동체를 다시 살리시겠다는 의미이기도 합니다. 그러나 두 증인의 부활은 자신들의 공로로 얻은 것은 아닙니다. 부활의 첫 열매이신 예수께서 먼저 죽었다가 살아나셨기에 우리는 그저 그 길을 따라가는 것뿐입니다.

그런데 두 증인이 승천하는 모습을 원수들도 구경한다고 합니다. 이 '원수가 구경하더라'는 말씀의 의미는 무엇일까요? 열왕기하 2장에 보면 엘리야가 승천하는 장면이 나옵니다.

"두 사람이 길을 가며 말하더니 불수레와 불말들이 두 사람을 갈라놓고 엘리야가 회오리바람으로 하늘로 올라가더라"(왕하 2:11).

여기서 불수레와 불말은 무엇일까요? 기차에 불이 났다고 생각해 보세요. 그야말로 불수레가 되겠지요. 원전사고라도 난다면 그것이 불수레와 불말이 돼서 우리 삶을 위협할 것입니다. 용광로 같은 사건이 갑자기 찾아와서 불수레와 불말들이 내 옆에 사람을 하루아침에 데려갈 수도 있지요. 이런 불수레와 불말이 내 인생을 덮어 버리면 어떨 것 같습니까?

불수레와 불말들이 엘리야와 엘리사 사이를 갈라놓더니 회오리바람이 엘리야를 데려갑니다. 성경은 이 역사를 엘리야가 '하늘로 올라갔다'라고 표현합니다. 사랑하는 스승이 승천했으니 엘리사는 기뻐해야 합니까, 슬퍼해야 합니까? 다음 절을 보니 엘리사가 "내 아버지여 내 아버지여 이스라엘의 병거와 그 마병이여" 하면서 자기 옷을 찢었다고 해요(왕하 2:12). 물론 하나님이 데려가셨다고 해도 사랑하는 사람이 곁을 떠났으니 슬픔에 젖는 게 당연하지요. 슬픈 일 맞습니다. 그러나 그다음 해석을 잘 해야 하잖아요. 엘리야가 다른 데 간 것이 아니지 않습니까. 그는 하늘, 곧 주님이 계신 곳으로 올라갔습니다.

남편이 세상을 떠난 것이 저에게도 뭐 그리 기쁜 일이었겠습니까. 언젠가 제가 어느 집회 강단에서 남편이 구원 받고 떠난 간증을 전하고 내려오자 한 분이 상담을 요청하셨습니다. 어디에 내놓아도 빠질 것 없는 아들이 아버지 없는 가정의 딸과 결혼한다고 하기에 자기가 반대를 하고 있다는 겁니다. 방금 저의 간증을 듣고도 그런 이야기를 아무렇지 않게 하시더군요. 자기밖에 모르는 사람은 정말 자신이 무슨 말을 하는지 모르는 것 같습니다. 이렇게 우리가 교회에서도 아무 생각 없이 말하기에 자꾸 교회를 떠나는 사람들이 생겨납니다. 내가 무슨 말을 해서 상대를 떠나게 한 건지 감도 못 잡습니다.

어쨌든 그런 이야기를 듣고 나니 제가 기분이 확 나빠지지 않았겠습니까. 지금 남편이 천국 가서 기쁘다는 간증을 전하고 내려왔는데 말입니다. 제가 믿음이 없었다면 남편이 떠난 것이 뭐 그리 기쁘다고 방방곡곡 다니며 간증을 했겠습니까. 하나님의 해석이 제게 들려서 남편이 떠났어도 구름 속에 있다는 것을 깨달았기 때문입니다. 그래서 남편의 죽음을 구름 타고 올라간 사건으로 간증할 수 있었습니다.

그런데 우리가 이렇게 복음을 전하면 세상은 우리를 다 원수처럼 여깁니다. 광신도라면서 조롱합니다. "야, 그렇게 믿음, 믿음 하더니 꼴좋다. 이제는 과부까지 되었구나" 하고 제 뒤에서도 이렇게 비웃는 사람이 있지 않았겠습니까. 사람들이 과부를 얼마나 무시하는지 모릅니다. 어떤 분은 첫 남편과 사별하고 재혼했는데 두 번째 남편도 죽었답니다. 이분이 첫 번째 남편과 두 번째 남편 사이에서 각각 딸을 낳았습니다. 그런데 엄마가 교회에서 과부라는 사실을 절대 말하지 않는다는 이야기를 그 딸들에게서 들었습니다. 과부가 된 게 죄도 아닌데 말입니다. 우리는 참 창피한 것이 많습니다. 그래서 하늘로 올라가는 사건인데도 그저 구경꾼처럼 본질을 보지 못할 때가 허다합니다.

혹시 여러분 중에 과부가 있다면 이런 이야기에 너무 상처 받지 마세요. 과부를 과부라 부르지 또 뭐라고 부르겠습니까. 가난뱅이라는 말에 펄쩍 뛰시는 분도 보았는데 내가 가난한 걸 또 뭐라고 표현하겠습니까. '앞으로 부자가 될 사람' 이렇게 부르겠습니까? 누가 "과부 주제에, 가난뱅이 주제에!" 하면서 무시하면 "그래, 내 주제가 과부지, 가난뱅이지" 하면 됩니다. 자기 인식을 잘 하기 바랍니다. 우리 모두 자유해지면 좋겠습니다.

"사망아 너의 승리가 어디 있느냐 사망아 네가 쏘는 것이 어디 있느냐"라는 말씀처럼 저는 죽음의 사건을 경험했지만 그 사망에 쏘이지 않았습니다(고전 15:55). 세상 사람들이 가장 무서워하는 것이 죽음이잖아요. 이 죽음을 겪어 본 것이 사명 감당하는 데 얼마나 도움이 되는지 모릅니다. 비록 세상을 떠났어도 남편은 구름 타고 천국에 갔습니다. 저도 과부가 되었다고 슬퍼만 하지 않고 남편의 죽음을 하늘로 올라간 사건으로 해석하며 주님이 이루신 구원을 전했습니다. 그러자 많은 사람이 제 간증을 통해 구원의 비밀을 깨닫고 주께로 돌아왔습니다. 그런데 같은 간증을 듣고도 원수들은 간담이 서늘해져서 그저 구경만 합니다. 이렇게 구경꾼으로만 머물러 있으면 평생 하늘로 올라가지 못합니다.

본문을 조금 더 자세히 살펴보기 위해 사도행전 말씀을 보겠습니다.

"이 말씀을 마치시고 그들이 보는데 올려져 가시니 구름이 그를 가리어 보이지 않게 하더라 올라가실 때에 제자들이 자세히 하늘을 쳐다보고 있는데 흰옷 입은 두 사람이 그들 곁에 서서 이르되 갈릴리 사람들아 어찌하여 서서 하늘을 쳐다보느냐 너희 가운데서 하늘로 올려지신 이 예수는 하늘로 가심을 본 그대로 오시리라 하였느니라"(행 1:9~11).

예수님이 승천하시고 구름 속에 가려져서 그 모습이 보이지 않자 제자들은 하늘만 쳐다봅니다. 그러니 천사가 제자들을 향해 "어찌하여 서서 하늘을 쳐다보느냐"고 합니다. 이 말이 칭찬입니까, 훈계입니까? "그렇게 하늘만 쳐다봐서 되겠니?!" 하고 제자들을 꾸짖는 것이지요.

십자가에 못 박혀 돌아가셨던 주님이 부활하여 하늘 보좌로 가시니 제자들은 그 하늘만 쳐다보고 싶습니다. 그동안 받은 훈련이나 사명은 생각하지 않습니다. 예수님이 승천하시기 전 "예루살렘과 온 유대와 사마리아와 땅끝까지 이르러 내 증인이 되리라"고 명하셨는데 이런 명령은 싹 잊었습니다(행 1:8). 그러나 훗날 주님이 재림하시면 승천의 영광과는 비교할 수 없는 큰 영광을 허다한 증인이 보고 누리게 될 것입니다. 그러니 "어찌하여 서서 하늘을 쳐다보느냐"는 천사의 말은 곧 "앞으로 더 큰 영광을 보게 될 텐데 지금 무엇을 그렇게 넋 놓고 바라보느냐"라는 의미입니다. 다시 말해, "너희가 지금 맛보는 영광은 천국의 지점(支店) 정도이다, 앞으로 천국 본점(本店)의 영광을 맛보게 될 것이다" 하는 것이죠.

이때는 제자들이 오순절 성령 강림을 경험하기 전입니다. 그래서 모두 육적인 것에만 치우쳐 있습니다. 우리도 성령이 임하지 않으시면 육의 생각밖에 할 수 없습니다. 누군가의 간증을 들어도 주체이신 하나님은 보지 않고 현상만 봅니다. 누가 "서울대학교에 붙었다", "병이 나았다"고 하면 눈이 동그래져서 봅니다. '나도 이렇게 믿으면 명문대에 붙고 병이 낫겠지' 하면서 그런 간증만 뚫어져라 쳐다봅니다. 그러니까 주님이 "뭘 봐?" 하시는 것입니다.

진짜 중요한 것을 보아야 합니다. 여전한 방식으로 생활예배 잘 드리면서 본질인 말씀과 믿음에 참여하는 자가 되어야 합니다. 진짜 중요한 것을 보지 못하니, 제 간증을 듣고도 아버지 없는 딸이라서 결혼을 반대한다는 이야기를 제 앞에서 하는 것 아니겠습니까? 그렇다고 제가 상처를 받았다는 말은 아닙니다.

날마다 눈앞에 현상만 쳐다보면서 놀라고 매달리고 전전긍긍해서야 되겠습니까. 아무리 열심히 살아도 그런 사람은 구경꾼밖에 안 됩니다. 불수레와 불말들 같은 사건을 지나면서 구름을 타고 하늘로 올라가는 사람이 있는가 하면, 음부로 내려가는 사람도 있고, 멀찍이 구경하는 사람도 있습니다. 나는 하늘로 올라가는 증인입니까, 구경꾼입니까?

어떤 구경꾼들은 우리의 믿음을 조롱하고 비웃습니다. 그러나 남이 나를 조롱하는 것은 작은 일입니다. 더 무서운 것은 내 속의 구경꾼입니다. 미움, 분노, 시기, 질투, 열등감, 비교의식, 피해의식…… 하늘로 올라가지 못하고 여전히 내 속에 살아서 나를 짓누르는 것들이 있지요. 하나님과 온전히 합하지 못한 부분이 누구에게나 남아 있습니다. 그런데 이보다 더 큰 문제는 스스로 냉소적이 돼서 그런 부분들을 구경만 하는 것입니다.

예를 들어, 내가 배우자에게 자주 분노한다고 합시다. 이제는 믿는 자로서 '나는 왜 여전히 이 문제가 해결되지 않는가' 말씀 앞에서 치열히 고민해야 하지 않겠습니까? 그런데 "됐어, 이 부분에 관해서는 화를 내도 돼"라고 치부하며 끝내 하나님의 시각으로 문제를 해결하지 않습니다. 그러면서 안 되는 부분이 있는 나를 용서하지도 못합니다. 이런 내 속의 구경꾼이 제일 무섭습니다.

저도 처음 시부모님과 남편에게 핍박을 받을 때는 내가 굉장히 불쌍한 사람이라고 생각했습니다. 그러나 하나님과 온전히 합하지 못하는 부분을 스스로 보지 않는 내 속의 구경꾼을 깨닫고서 비로소 달라졌습니다. 여러분 속에도 이런 구경꾼은 없는지 생각해 보기 바랍니다.

- 내가 사명은 잊은 채 쳐다보고 있는 하늘은 무엇입니까? '명문대학에 붙었다', '일등 배우자감을 만났다', '병이 나았다' 이런 간증들만 쳐다보면서 '나도 저런 영광 좀 누려 봤으면' 하지는 않습니까?
- 내 속의 구경꾼에게 넘어가서 '저 사람이 먼저 잘못했으니 내가 미워할 수도 있지, 분노할 수도 있지' 하는 모습은 없습니까? 내 속에 하나님과 합하지 못한 부분을 말씀 앞에서 치열히 고민하고 있습니까?

구경꾼 중에 심판당하는 사람이 있습니다

그때에 큰 지진이 나서 성 십분의 일이 무너지고 지진에 죽은 사람이 칠천이라 그 남은 자들이 두려워하여 영광을 하늘의 하나님께 돌리더라_계 11:13

구경꾼에게 공의의 심판이 행해집니다. 참교회를 능멸하던 큰 성과 성안 사람들에게 하나님의 진노가 임하여 그 십분의 일이 무너졌습니다. 구경만 하다가는 이렇게 무너지고 맙니다.

'십분의 일이 무너졌다'라는 것은 십일조의 개념과 같다고 할 수 있습니다. 애굽에 저주가 임했을 때도 그랬습니다. 죄의 삯은 사망이기에 모두 죽어야 하는 인생이지만 주님은 그중 장자의 생명만 거두어 가셨습니다. 하나님께서 불쌍히 여겨 주셔서 십의 일만 죽이신 것입니다. 십일조도 마찬가지입니다. 나의 모든 것은 하나님께로부터 왔기에 하나님의 것 아니겠습니까? 그중 십의 일만 받으시는 것이죠. 그러므로 십일조는 신앙고백이라고 할 수 있습니다. 하나님과 재물 중에서 하나님을 선택하겠다는 고백으로 드리는 것이지 하나님이나 교회에 세금을 내는 게 아니라는 말입니다. 이런 신앙고백이 이어지면서 전 세계에 기독교가 전파된 것입니다.

그런데 구경꾼들에게 이런 신앙고백이 있을 리 만무하지요. 그래서 그중 십의 일을 무너뜨리십니다. 그러나 아직 남은 대접 재앙이 있기에 완전히 망한 것은 아닙니다.

큰 성이 무너진다는 말씀을 보니 소돔과 고모라가 떠오르기도 합니다. 세상에서 잘나가며 예수 믿는 사람들을 조롱하는 구경꾼은 왜 무너지고 죽게 될까요?

1937년 알리 복(Arlie Bock)이라는 의대 교수가 하버드대학 2학년 학생 중 가장 똑똑하고 의욕적이며 적응력이 뛰어난 268명을 선발하여 그들을 연구하는 작업에 착수했습니다. 장장 72년에 걸쳐 진행된 이 연구의 목적은 '하버드대 졸업생들은 어떤 인생을 사는가, 그들의 인생이 어떻게 변해 가는가'를 조명해 보기 위함이었습니다.

그중에는 사십 대 젊은 나이에 미국의 대통령이 되었다가 2년만에 암살당한 존 F. 케네디(John F. Kennedy)와 워터게이트 사건을 파헤친 언론인 벤 브래들리(Benjamin C. Bradlee)도 포함되어 있었습니다. 거기서 한 사람의 사례가 인상 깊었습니다. 그의 아버지는 부유한 의사이고 어머니는 유명한 예술가였습니다. 그 역시 IQ, EQ 모두 뛰어난 수재 중의 수재였죠. 그런데 서른한 살 때부터 부모와 세상에 적대감을 드러내기 시작하더니 마약에 빠져서 어느 날 돌연사하고 말았습니다. 그러나 신문 부고란에 실린 그는 "전쟁 영웅이며 평화운동가"로 살다가 생을 마감한 사람이었습니다. 우리가 진실을 제대로 알기가 이렇게 어렵습니다.

그밖에도 세 자녀를 낳고 이혼하고서 동성애자 인권운동가가 된 사람도 있고, 술에 빠져 살다가 64세에 계단에서 떨어져 죽은 사람도 있었습니다. 연구 대상자 268명 중 삼분의 일이 엘리트라는 껍데기 아래서 정신질환을 앓았다고 합니다. 연구는 "평범해 보이는 사람이 가장 안정적인 성공을 이루었다"고 결론을 맺었습니다.

우리가 행복하게 살아가려면 무엇이 필요할까요? 전문가들의 연구에 의하면 우리가 행복하게 늙어 가는 데 필요한 요소가 몇 가지 있다고 합니다. 첫 번째, 고통에 적응하는 성숙한 자세입니다. 내가 고통을 어떻게 대하는지에 따라 삶의 행복이 좌우된다는 것이죠. 두 번째로는 교육, 세 번째는 안정적인 결혼생활, 네 번째는 금연·금주·운동·적당한 체중이라고 합니다.

이외에도 몇 가지 요소가 더 있지만 전문가들은 그중 어려서부터 평범한 인간관계를 잘 하는 것이 가장 중요하다고 말합니다. 일상에서 누구와도 잘 어울리는 게 중요하다는 것이죠. 그런데 우리가 어린 자녀들에게 끼리끼리 노는 법부터 가르치면 되겠습니까? 공부 잘하는 친구들끼리, 잘사는 친구들끼리, 명문대 나온 친구하고만 어울리라고 가르치면 되겠습니까? 요즘에는 교회에서도 끼리끼리 모입니다. 그래서 상처 받는 성도가 날로 늘어나는 것 같습니다. 교회는 누구든지 와서 십자가 사랑을 배울 수 있는 곳이어야 합니다.

교회라고 다 건강한 공동체는 아닙니다. 어떤 학생이 제게 상담 메일을 보내왔습니다. 한 부흥사 목사님이 교회에 오셔서 자신에게 "공부를 중단하고 주의 길을 가라. 너는 세상에서는 성공하지 못한다"라고 기도를 해 주었답니다. 멀쩡한 이십 대 학생에게 말이죠. 또 학생의 여자 친구에게는 "너는 앞으로 삼 년 동안 연애하지 말고 나중에 장로 부인이 되거라"고 했답니다. 그러면 이 커플은 어떻게 되는 것입니까? 이때부터 학생이 여자 친구와 교제하는 데 괜한 죄책감이 들더랍니다. 목사님 예언에 순종하려면 헤어져야 하잖아요. 제가 늘 말씀드리지만 믿음은 상식을 넘어서면 안 됩니다. 남녀가 교제하다가 서로 갈등을 넘어설 수 없을 때 헤어지는 것이지 누군가의 계시를 받고 헤어지는 게 말이 됩니까? 이것은 상식을 넘어서는 일입니다. 학생의 이야기를 들어 보니 그 교회는 말씀의 인도보다 직통 계시를 중시한다더군요.

건강한 공동체에서 건강한 사고방식을 키워야 합니다. 건강한 교회에서 건강한 인간관계를 배워야 합니다. 그런데 교회에 율법주의, 기복주의가 판을 치고, 말씀을 문자적으로 해석하면서 엉뚱한 적용을 합니다. 요즘 건강한 공동체를 찾기가 참 어렵습니다.

우리가 목장에 왜 가야 합니까? 목장에서 이런 사람, 저런 사람, 나와는 맞지 않는 사람과도 교제하고 나누면서 평범한 인간관계를 배워야 합니다. 그렇게 목장을 통해 주일학교 때부터 고통에 적응하는 성숙한 자세를 배워 가는 것입니다. 일류만 좋아하다가는 롯처럼 망하는 인생을 살게 됩니다. 멸망을 향해 가는데도 일류병에서 빠져나오지 못하는 인간의 전형이 롯이라고 할 수 있습니다. 우리도 하버드대학, 서울대학교 이런 이름에서 빠져나오지 못하잖아요.

행복하게 늘어 가는 데 필요한 두 번째 요소는 교육입니다. 교육이 왜 중요할까요? 공부하면서 인내를 배우기 때문입니다. 우리가 의무교육 과정만 마치려 해도 인내가 필요하잖아요. 그러므로 중요한 것은 학벌이 아니라 학력입니다. 공부할 수 있는 능력이 중요합니다.

한 기독교학교 교사 아카데미에 참여했다가 요즘 학교의 실상에 대해 들었습니다. 요즘 학생들은 학교보다 학원을 더 신뢰한다고 합니다. 학교는 그저 잠자는 곳이고 학원에서 배운다는 겁니다. 게다가 학원들이 명문대 입시 위주로만 운영하다 보니까 학생들의 자존감이 날로 하락한답니다. 제가 이 이야기를 들으면서 '교회에서 방과 후 교실을 운영해야 하나'라는 생각까지 들었습니다.

학생은 반드시 공부해야 하지요. 그것이 학생의 본분입니다. 공부하지 말고 맨날 교회에서 봉사하고 예배드리라는 말이 아닙니다. 문제는 학교든 학원이든 가정이든 일류지상주의로 가르쳐서는 안 된다는 것입니다. 부모도, 선생님도 말씀에 입각하여 자녀와 학생을 가르쳐야 합니다. 그런데 세상 학원들이 그러지 못하니 교회에서 해야 하는 것 아닌가 생각한 것이죠.

　말씀을 멀리하며 세상 것을 따르는 자들의 십분의 일이 무너진다고 합니다. 지진에 칠천 명이 죽는다고 합니다. 그런데 '칠천 명' 하면 딱 떠오르는 말씀이 있지요. "내가 이스라엘 가운데에 칠천 명을 남기리니 다 바알에게 무릎을 꿇지 아니하고 다 바알에게 입 맞추지 아니한 자니라" 하신 열왕기상 말씀이 생각나지 않습니까(왕상 19:18)? 이 '칠천'은 완전수 7에 천을 곱한 수입니다. 엘리야 시대에서는 칠천 명이 남은 자였는데, 요한계시록에 와서는 칠천 명이 죽었다고 합니다. 어떤 말씀이 더 무섭습니까? 칠천 명이 남은 것이 무섭습니까, 칠천 명이 죽는 것이 무섭습니까? 칠천 명만 죽는 것이 더 낫지 않겠습니까? 나머지 10분의 9는 남았잖아요. 구원 받을 사람이 더 많아지지 않았습니까?

　그래서 요한계시록은 사랑의 책입니다. 재앙 이야기만 주야장천 하는 것 같아도 결코 무서운 책이 아닙니다. 공의의 하나님, 사랑의 하나님을 이야기하는 책입니다. 오히려 진짜 무서운 책은 구약이지요. 얼마나 백성이 깨닫지를 못하는지 믿음을 지키는 자가 칠천 명밖에 안 남았다잖아요. 그런데 요한계시록에 와서는 남은 수와 죽는 수가 바뀌었습니다. 심판의 말씀이 계속되고 있지만 그 가운데서도 하나님의 사랑을 깨닫는 자가 되기를 바랍니다.

• 내 자녀에게 무엇을 가르칩니까? 기복주의와 일류지상주의에 빠져서 세상 가치관만 심어 주지는 않습니까? 무엇이든지 하나님의 말씀에 입각하여 가르치고 있습니까?

회개하는 남은 자가 있습니다

……그 남은 자들이 두려워하여 영광을 하늘의 하나님께 돌리더라_ 계11:13b

13절 뒷부분을 다시 보겠습니다. 대단한 회심이 이루어졌다고 볼수는 없겠지만, 그래도 남은 자들이 하나님을 두려워하여 영광을 돌린다고 합니다. 두 증인의 기사를 계속 읽어 가면서 하나님은 역시 실패하지 않으시고 증인들의 죽음을 통해 열매를 거두신다는 사실을 알 수있습니다. 한 알의 밀이 땅에 떨어져 죽으면 많은 열매를 맺는다는 말씀을 과연 증명해 주십니다. 모든 무릎이 예수의 이름 앞에 꿇어 엎드리고 모든 입으로 예수를 그리스도로 시인하는 그때가 머지않아 오리라고 말씀하십니다.

하나님의 심판을 받아 큰 성 중에 십분의 일이 죽는 것을 보고 남은 자들이 두려워하여 하나님께 영광을 돌린다고 했습니다. 이처럼 언젠가 하나님이 나의 원수를 갚아 주실 것이기에 나는 가만히 인내하며기다리면 됩니다. 원수들은 자신의 삶이 부정당하는 날이 반드시 찾아옵니다. 복수는 하나님이 하십니다. 그러므로 이 땅에서는 내가 복수하지 말아야 합니다.

앞에서 한때 잘나가던 하버드대 졸업생들이 마약중독에 빠지고, 자살이나 사고사로 비극적 결말을 맞았다는 연구를 보았습니다. 이들은 누가 단죄하기도 전에 스스로 자신의 삶을 부정했습니다. 이것이 하나님 없는 삶의 결론입니다. 그러므로 우리는 원수들이 당할 심판을 미리 내다보면서 어떤 때에도 끝까지 인내해야 합니다. 세상의 특징은 역경을 인내하지 못한다는 것입니다. 믿는 우리에게도 힘든 사흘 반이 있습니다. 그러나 사흘 반입니다. 잠깐입니다. 이후에 하나님이 반드시 우리를 일으키실 것입니다. 이 말씀을 믿으며 어디서건 인내하기 바랍니다.

제가 이렇게 늘 인내하라고 하니 어떤 분이 그러시더군요. "목사님이 몰라서 그렇지, 제 남편은 정말 악의 화신이에요. 제가 언제까지 그런 사람을 인내해야 합니까?" 도대체 어디까지 가야 악의 화신이라고 할 수 있습니까?

몇 년 전, 다운증후군 아들을 내버린 비정한 부모가 4년 만에 잡혔습니다. 장애아를 키울 형편이 안 되는 것도 아니었습니다. 정부 최고 기관과 국내 굴지의 회사에서 일하는 소위 엘리트 부부였습니다. 첫째 아들도 외모가 준수하고 공부를 잘한다고 합니다. 그러니 이 부부에게 다운증후군 아들은 떼 버리고 싶은 혹과 같은 존재였습니다. 둘째 아들만 없으면 인생이 행복할 것 같았겠지요. 그래서 그 아들을 내다 버리고 아이가 제 발로 나갔다면서 허위로 가출 신고까지 했습니다. 이런 이야기를 들으면 어떠세요? "세상에 어쩌면 이렇게 악한 부모가 있는가", "지구를 떠나 버려라! 죽어 마땅하구나!" 합니까?

여전히 부모에게 버림당하는 자녀가 있고, 자녀를 버리는 부모가 있습니다. 저는 이것을 묻고 싶습니다. 여러분, 버림당하는 자녀가 불쌍합니까, 버리는 부모가 불쌍합니까? 모두가 한목소리로 버림당하는 아이가 불쌍하다고 하겠지요. 물론 안타깝지 않은 것은 아닙니다. 그러나 아무 죄 없이 버림당하는 사람은 하나님이 전적으로 지켜 주지 않으실까요? 자녀를 버린 부모는 하나님이 손 보셔야 하잖아요. 그러니 사실 더 불쌍한 사람은 버린 자입니다.

어떤 일이든 늘 해석을 잘해야 하잖아요. 사회적 명망도 있는 데다 똑똑한 자녀를 두고도 장애 자녀 한 명을 받아들이지 못하는 그들이 참 불쌍하지 않습니까? 일류로만 자라서 고통에 적응하는 능력이 하나도 없는 거예요. 어떻게 고통에 성숙하게 반응하는가가 행복의 첫째 요소인데, 어려서부터 최고로만 자랐기에 고통을 감내할 능력이 도무지 없습니다. 어쩌면 부부가 똑같은지요. 정말 똑같은 사람끼리 만나서 결혼하는 것이 맞습니다. 내 배우자를 보면서 "당신은 어떻게 이것밖에 안 돼요?" 합니까? 누가 누구를 손가락질할 수 있겠습니까. 남편이나 아내나 똑같으니 만나서 같이 사는 것입니다. 상대를 탓할 필요가 없습니다.

우리는 다 죄인입니다. 그러니 '왜 하나님은 악한 사람은 내버려 두고 착한 사람만 고통 받게 하십니까? 불공평하십니다!'라고 원망할 것 없습니다. '하나님, 어떻게 그러실 수 있느냐!'고 부르짖을 것도 없습니다. 버린 자도, 버림받은 자도 하나님께서 긍휼의 그릇으로 택하고 부르시기에 그 부르심에 응하기만 하면 남은 자로 구원을 얻을 수 있습니다. 그런데 구경꾼에게는 이런 말씀이 안 들립니다. 잘난 사람은 잘나서 안 들리고 버림당한 사람은 상처가 많아서 안 들립니다. 그러면 어떤 삶을 살았든 남은 자가 될 수 없는 건 똑같지 않습니까?

어떠한 자격을 갖춘다고 남은 자가 되는 것은 아닙니다. 모태신앙인으로서 복음적인 교회에 다니고 경건하게 신앙생활을 해도 하나님을 부인하다가 영원한 멸망으로 갈 수 있다는 말입니다. 그러면 어떻게 남은 자가 될 수 있을까요?

"이 재앙에 죽지 않고 남은 사람들은 손으로 행한 일을 회개하지 아니하고 오히려 여러 귀신과 또는 보거나 듣거나 다니거나 하지 못하는 금, 은, 동과 목석의 우상에게 절하고 또 그 살인과 복술과 음행과 도둑질을 회개하지 아니하더라"(계 9:20~21).

지난 9장에 황충 재앙 가운데서도 남은 자가 있었습니다. 그러나 이때는 이들이 회개하지 않았습니다. 그러다 11장에 와서 복음을 증거하다가 죽임당한 두 증인이 부활하여 하늘로 올라가는 영광을 보고 회개합니다.

9장과 11장의 차이가 무엇일까요? 사람은 재앙만으로는 변하지 않는다는 겁니다. 10장에서 이야기했던 작은 두루마리의 권세, 즉 말씀이 뚫고 들어와야 회개한다는 것입니다. 두 증인이 죽기까지 복음을 증거하니 사람들이 회개하지 않습니까? 계시록에서 회개했다는 말씀은 여기밖에 없습니다. 두 증인의 증거로, 전도의 미련한 것으로 우리가 복음을 받아들입니다(고전 1:21).

그러므로 두 증인의 삶의 목적은 죽기까지 증거하다가 부활을 보이며 세상을 주께 돌아오게 하는 것입니다. 그래서 십자가에서 죽는 삶을 증인에게 허락하십니다. 진짜 불쌍한 사람은 일찍 죽는 사람이 아니라 남은 자에 들어가지 못하는 사람입니다. 구원 받지 못한 자가 하나님의 마음을 가장 아프게 하는 자입니다.

스코틀랜드의 개신교 목사이자 우리에게는 『주님은 나의 최고봉』이라는 묵상집의 저자로 잘 알려진 오스왈드 챔버스(Oswald Chambers)는 생전에 이렇게 말했습니다. 그는 기독교를 문어 다리처럼 무섭게 휘감고 있는 교리가 있다고 합니다. 바로 모든 물리적인 세계를 죄악으로 보는 것입니다. 그래서 많은 교인이 좋은 옷을 입거나 어느 화려한 곳에 가거나, 말을 조금만 가볍게 해도 죄라고 생각합니다. 물리적인 세계 자체, 눈에 보이는 모든 부분을 죄로 보는 것이죠. 그런데 사실 죄는 인간에게 심긴 속성이 아닙니다. 하나님이 사람을 창조하실 때 그 속에 죄를 심지 않으셨다는 말입니다. 그러므로 죄를 뿌리 뽑겠다는 개념은 타당하지 않다는 겁니다.

성경은 죄를 질병이 아니라 창조주 하나님을 대항하는 피 묻은 반란이라고 말합니다. 따라서 죄의 근본정신은 나 자신 외에는 그 누구도 나에게 명령하는 걸 허락하지 않는 것입니다. 말씀이 안 들리는 사람은 그래서 배우자가 한마디만 해도 싫어합니다. 내게 명령하는 것을 딱 질색합니다.

한 집사님은 자동차 안전벨트 매는 것을 아주 싫어한답니다. 옆에서 아무리 잔소리해도 절대 매지 않는다나요. 하루는 이분이 '오늘은 안전벨트를 매야지'라고 생각했는데, 때마침 아내가 "안전벨트 좀 매요" 하기에 안 맸답니다. 아내 말을 듣자마자 매기가 딱 싫어지더랍니다. 이것이 죄의 속성입니다. 남의 명령을 듣기가 싫습니다. 하나님을 대항하는 피 묻은 반란, 하나님이 믿어지지 않는 것, 이것이 죄입니다.

아무리 도덕적인 사람도, 착한 사람도 하나님을 부정할 수 있지요. 그러므로 죄는 '도덕적인가, 비도덕적인가'와 상관이 없습니다. 자신에 대한 권리 주장과 관련이 있습니다. 온 마음과 온 뜻을 다해 하나님으로부터 독립을 외치는 것이 죄입니다. '내가 할 수 있어, 왜 다른 사람의 도움을 받아야 해' 하는 사람이 예수 믿기 제일 어렵습니다.

앞에서 이야기한 장애아 부모도 하나님으로부터 독립을 외치다가 하나님의 마음을 가장 아프게 하는 자가 되었습니다. 패역한 죄를 지었다고 하나님이 그들을 미워하시겠습니까? 만일 내 자식이 같은 죄를 저질렀다면 여러분은 자식을 미워하겠습니까? 내 자녀가 자기 자식을 내버렸다고 부모로서 비난하고 욕할 수 있습니까? 도리어 그 자녀로 인해 너무 가슴 아프지 않겠습니까? 그들 안에 하나님이 없어서 그런 것이잖아요. 그들을 손가락질할 사람이 없습니다. 우리도 생각으로는 몇 번이고 자녀를 내다 버리지 않습니까? 자녀가 문제를 일으켜서 여기저기 불려 다녀 보세요. 하라는 공부는 안 하고 이상한 짓거리만 하고 다녀 보세요. 그런 아들딸을 보면서 '저거 어디다 확 갖다 버리고 싶다', '저 혹만 없어도 홀가분하게 내 인생 살 텐데' 골백번 되뇌게 됩니다. 다만 우리는 행동으로 옮기지 않을 뿐이고 그들은 실행

했을 뿐입니다.

탈북자를 북송하는 것은 그들을 죽음으로 내모는 것과 다름없습니다. 그런데 UN 안보리 국가인 중국이 탈북자들을 강제 북송하는 만행을 저지르고 있습니다. 또 다른 안보리 국가이자 기독교 국가인 미국은 그것을 묵인합니다. 자국의 이익만 생각하느라 그저 구경꾼처럼 나 몰라라 합니다. 북한 국민들이 오죽 힘들면 죽음을 불사하고 그 땅을 탈출하겠습니까. 북한이 어떤 곳인지 전 세계가 모르는 것도 아닌데 탈북민을 돌려보내는 경우가 어디 있습니까? 도와주지는 못할망정 돌려보내지는 말아야 하지 않습니까? 계시록 시대에 로마에서 행해지던 일들이 지금도 계속해서 일어납니다. 북한은 핵 개발을 무기로 뱃심 좋게 전 세계를 위협합니다. 정말 로마가 따로 없습니다. 세계가 하나님을 대항하여 피 묻은 반란을 일으키고 있습니다. 회개를 통해 우리 가정이 살아났다면 이제는 사회 구원을 위해 기도해 보면 어떨까요? 내 가정이 구원을 받았다면 이제는 사회를 위해서, 나라를 위해서 기도하기 바랍니다.

두 증인, 곧 성도가 승리하자 원수가 두려워하며 하나님께 영광을 돌린다고 했습니다. 성도의 승리가 원수에게 두려움과 재앙을 가져다주는 것입니다. 앞에서 북한 이야기를 했지만 사실 북한보다 무서운 것이 내 속의 원수 아니겠습니까. 한쪽으로는 승리해서 하늘로 올라가는데 한쪽으로는 두려워 구경만 하는 모습이 택자인 내 안에 있습니다. 두 증인처럼 사명을 감당하면서 가다 보면, 나를 조롱하는 누군가

보다 그 조롱을 참지 못하고 속상해하는 나 자신이 더 용서가 안 됩니다. '나는 복음을 전하는 사람인데 왜 여전히 무시와 조롱을 넘어가지 못하나⋯⋯.' 어떻게 이 위치에서 해결이 안 될 수 있습니까. 내 안에 여전히 해결되지 않는 부분, 이것이 내 속의 구경꾼입니다.

그러나 믿지 않는 사람들은 구경만 하다가 심판 받지만 믿는 우리는 다릅니다. 비록 내 속에 구경꾼이 있다 해도, 한편으로 승리하는 것을 보고 두려워하면서 달라져 갑니다. 예를 들면, 다른 사람의 간증을 듣고서 우리가 굉장한 도전을 받고 하나님께 영광을 돌리잖아요. 또 더 나아가 '나 역시 복음의 간증을 가진 사람인데 이렇게 살면 되겠는가' 하며 나 자신에 대해 두려워 떠는 부분이 있습니다. 이렇게 조금씩 내 속의 구경꾼이 사라져 가면서 하나님께 영광을 돌리는 삶으로 변하게 되는 것이죠.

모든 문제의 원인은 항상 남이 아니라 나에게 있습니다. 그러니 자녀를 버린 부모를 욕할 것이 없습니다. 일류로 자라며 고통을 직면해 본 적이 없기에 그렇습니다. 말씀이 없으면 얼마든지 그럴 수 있습니다. 오히려 내가 그들을 전도하지 못한 것을 회개해야 합니다. 그들의 부모가 '내가 예수를, 복음을 안 가르쳤기 때문에 이런 일이 일어났다' 회개해야 합니다. 문제아는 없고 문제 부모밖에 없다고 하지 않았습니까?

당한 사람도 예수를 안 믿으면 똑같은 죄인입니다. 그러나 당한 사람은 상대적으로 주님께 돌아오기가 쉽습니다. 힘든 환경이 저절로 낮은 마음을 갖게 하잖아요. 문제는 금, 은, 동과 목석의 우상에게 절하는 사람들입니다(계 9:20). 금 그릇처럼 모든 것을 갖춘 사람은 복음이 뚫고 들어가기가 어렵기 때문에 더 불쌍한 자입니다. 그러므로 두렵고 떨림으로 너희 구원을 이루라는 말씀이 참 맞습니다(빌 2:12). 당한 자이든지, 갖춘 자이든지 택한 사람이라면 하나님 뜻대로 살지 못하는 두려움이 늘 있어야 합니다.

여러분은 하늘로 올라가는 증인입니까, 구경꾼입니까? 구원의 역사를 구경만 하는 자들은 심판을 당합니다. 그러나 주님은 완전히 멸하지는 않고 십분의 일, 칠천 명만 죽이겠다고 하십니다. 우리가 다 회개하여 남은 자가 되기를 바랍니다. 구경꾼에서 주인공이 되는 삶을 살기를 바랍니다.

- 사회적으로 악랄한 죄를 지은 사람을 보면서, 혹은 이웃의 죄악을 보면서 '어떻게 저럴 수 있느냐'며 비난하지는 않습니까? 나도 똑같은 죄인이라는 것을 인식하면서 그들에게 복음을 전하고 있습니까?
- 하나님께 대항하고 있는 나의 죄는 무엇입니까? 부모님, 배우자, 자녀의 말을 잘 듣습니까? '아무도 나에게 명령할 수 없어' 하면서 독불장군을 자처하지는 않습니까?

우리들 묵상과 적용

초등학교 5학년 때, 아버지의 폭력을 못 견딘 어머니는 집을 나가셨습니다. 이후 저는 교회 종소리를 따라 자연스레 교회에 나갔고, 대학교에서 만난 아내와 결혼했습니다. 결혼 후 우리 부부는 함께 교회를 다니고 섬기며 모범적인 부부의 모습을 보였습니다. 하지만 저는 밖에서만 경건하고 집에서는 아내에게 "덜렁거리고 무정하다"며 판단하는 말을 했습니다. 또 말씀으로 아내를 정죄하며 믿음이 없다고 무시했습니다.

그러다 교회에서 운영하는 지역아동센터에서 일하던 아내가 한 남자 성도와 바람이 났습니다. 저는 교회를 섬기며 성실히 산 제가 왜 이런 사건을 당해야 하는지 몰랐습니다. 그래서 아내에게 잘해 주다가도 돌변하여 분노를 표출했고, 아내를 내쫓기도 했습니다. 이후 아내에게 이혼을 요구하던 중 『결혼을 지켜야 하는 11가지 이유』를 읽으며 결혼의 의미를 다시 생각하게 되었습니다. 그래서 두 아들을 데리고 우리들교회에 나가기 시작했습니다. 그곳에서 구속사의 말씀을 듣자, 아내의 바람 사건이 100% 옳으신 하나님이 주신 사건임을 깨닫게 되었습니다. 또 '이혼은 하나님의 뜻이 아니다'라는 생각이 들어 아내를 다시 집으로 들였습니다. 하지만 두 증인이 하늘로 올라가는 모습을 단순히 구경한 원수처럼 하나님이 행하시는 구원의 역사를 헤아리려고 하기보다 구경만 하며 아내가 외도남과 연락하고 있다고 끊임없이 의심했습니다(계 11:12). 그 일로 아내와 심하게 다투었고 결국 아내는 두 아들을 남겨 두고 사라졌습니다.

수소문해도 아내를 찾을 수 없었던 저는 살기 위해 목장에 참여하고 날마다 말씀을 묵상했습니다. 그러던 중, 신혼 초 아내 몰래 지은 음란죄가 떠올랐습니다. 그러자 일만 달란트 빚을 탕감 받았으면서도 일백 데나리온을 갚으라고 독촉하는 자가 바로 저였음을 깨달아 회개하게 되었습니다(마 18:21~35). 또 이 사건이 저와 우리 가정의 구원 사건임을 인정하게 되니 아내가 안쓰러웠습니다. 그래서 진정으로 아내를 사랑하게 해 주시길 기도했습니다. 얼마 후, 아내가 이단 교회에 다니고 있다는 소식을 듣게 되었습니다. 저는 목장의 처방대로 아내 마음이 상하지 않도록 아내를 섬기며 인내했습니다. 그런 제 모습을 본 아내는 집으로 돌아왔습니다. 그러나 아직도 내 속의 원수들이 '아내를 지키지 못한 남편'이라 조롱할 때면 수치스럽고, 아내가 원망스럽습니다. 하지만 주님을 신뢰하면 주께서 가정을 회복시켜 주실 줄 믿습니다. 제 안의 구경꾼을 심판하시고, 우리 가정을 남은 자로 삼아 주신 은혜에 감사드립니다(계 11:13).

영혼의 기도

하나님 아버지, 두 증인이 부활하여 승천하는 모습을 원수가 구경한다고 합니다. 우리도 한편으로는 주님을 따라 승리하고 있지만, 되었다 함이 없어서 한편에서는 이기고 또 이기려 하며 구경꾼같이 살아갑니다. 내 속에 해결되지 않은 이 구경꾼 때문에 심판의 사건이 끊임없이 찾아옵니다. 그래서 너무 괴롭습니다. '예수를 믿어도 나는 왜 이것밖에 안 되는가' 번민합니다. 저도 많은 사람 앞에서 말씀을 전하며 늘 승리하는 듯 보여도 나만 아는 내 모습에 절망할 때가 많습니다.

그러나 구경꾼을 심판하시되 칠천 명만 죽이겠다고 하십니다. 십분의 일만 멸하시고 십분의 구는 남겨 두겠다고 하십니다. 내 속의 원수가 심판을 당하여서 온전한 하나님의 사람으로 하늘로 올라가게 하옵소서.

내 속의 원수가 가장 무섭다는 것을 깨닫기 원합니다. 상대방을 손가락질하지 않고, 정죄하지 않고 내 안의 구경꾼을 먼저 보고 회개하도록 은혜 위에 은혜를 내려 주옵소서. 구경꾼이 되지 않고 주인공이 될 수 있도록, 천국의 주인공이 될 수 있도록 우리를 인도하여 주옵소서.

북녘땅의 동포를 위해서 기도하오니 아버지 하나님, 불쌍히 여겨 주옵소서. 주여, 어느 때까지리이까? 세상에 이런 나라가 없을 정도로, 로마의 핍박보다 더한 전대미문의 박해 아래서 북한의 온 국민이 신음하고 있습니다. 우리가 이것을 묵인하면 받을 형벌이 크다는 것을 알게 해 주옵소서. 그들을 위해 기도 쉬는 죄를 범치 않게 도와주옵소서. 예수님 이름으로 기도드립니다. 아멘.

하나님 나라

요한계시록 11장 14~19절

04

하나님 아버지, 우리 인생에도
하나님 나라가 임하기를 원합니다.
하나님 나라는 어떤 곳인지
말씀해 주시옵소서. 듣겠습니다.

✦ ✦ ✦

두 증인이 최고의 증거를 전하고서 하늘로 올라갔습니다. 증인들의 사역을 통해서 구원 받아야 할 자들이 구원을 얻었으니, 이제 지체하지 않고 마지막 일곱 번째 재앙을 쏟아부어야 하지 않겠습니까? 그런데 주님은 그 전에 다시금 하나님 나라를 보여 주십니다. 많은 사람이 계시록을 무서운 책이라고 하지만, 저는 묵상하면 묵상할수록 하나님의 절절한 사랑이 느껴집니다.

둘째 화는 지나갔으나 보라 셋째 화가 속히 이르는도다_계 11:14

다섯째 나팔 재앙은 황충 재앙, 곧 첫째 화입니다. 여섯째 나팔 재앙은 유브라데강의 재앙, 둘째 화입니다. 셋째 화가 임하기 전 주님은 작은 두루마리와 두 증인의 권세에 대해 말씀하시고, 하나님 나라를 보여 주십니다. 마지막 재앙이 가까이 왔으니 곧 하나님 나라가 도래할 것을 알리십니다.

인 재앙, 나팔 재앙, 대접 재앙…… 계속해서 재앙이 흘러갑니다. 이 세상에 우연한 일은 하나도 없습니다. 전 세계에서 일어나는 재앙들이 돌발적인 사건 같아도 하나님의 각본에 따라 벌어지는 일들입니다. 세상의 역사도 하나님이 예정하신 순서를 따라 흘러갑니다. 우리 인생도 일곱째 나팔 재앙인 종말을 향해 점점 나아가고 있습니다. 톱니바퀴들이 서로 맞물려 차례로 돌아가듯 이 세계는 심판과 하나님 나라의 완성을 향해 나아가고 있습니다. 반드시 심판이 있어야만 하나님 나라가 임합니다.

어떤 사람은 하나님 나라를 죽어서 가는 천국이라 말하고, 어떤 사람은 이미 이 땅에 하나님 나라가 있다고도 말합니다. 과연 하나님 나라는 어떤 곳일까요? 심판당하지 않고 하나님 나라로 가는 길은 없을까요? 그 길을 함께 묵상하면서 하나님 나라의 백성이 되는 우리가 되기를 바랍니다. 본문을 통해 하나님 나라에 대해 알아보겠습니다.

세상 나라가 그리스도의 나라가 되는 것입니다

일곱째 천사가 나팔을 불매 하늘에 큰 음성들이 나서 이르되 세상 나라가 우리 주와 그의 그리스도의 나라가 되어 그가 세세토록 왕 노릇 하시리로다 하니_계 11:15

일곱째 천사가 나팔을 불자 재앙이 떨어지는 것이 아니라 하나님 나라가 나타납니다. 그런데 '세상 나라가 우리 주와 그의 그리스도의 나라가 된다'는 말씀이 의미하는 바가 무엇일까요? 그것을 알기 위해 먼저 세상 나라에 대해서 살펴보기를 원합니다.

"이 세상이나 세상에 있는 것들을 사랑하지 말라 누구든지 세상을 사랑하면 아버지의 사랑이 그 안에 있지 아니하니 이는 세상에 있는 모든 것이 육신의 정욕과 안목의 정욕과 이생의 자랑이니 다 아버지께로부터 온 것이 아니요 세상으로부터 온 것이라 이 세상도, 그 정욕도 지나가되 오직 하나님의 뜻을 행하는 자는 영원히 거하느니라"(요일 2:15~17).

세상 나라의 것인 육신의 정욕, 안목의 정욕, 이생의 자랑은 아버지에게서 온 것이 아니라고 합니다. 그러므로 다 지나가 버린다고 합니다.

"마귀가 또 예수를 이끌고 올라가서 순식간에 천하만국을 보이며 이르되 이 모든 권위와 그 영광을 내가 네게 주리라 이것은 내게 넘겨준 것이므로 내가 원하는 자에게 주노라"(눅 4:5~6).

세상 모든 나라가 전부 마귀의 소유라고 합니다. 이 세상 왕국은 전부 마귀에게 넘겨준 것이기에 마귀가 원하는 자에게 주겠다고 합니다. 마귀에게도 넘겨받은 세상 나라가 있습니다. 그러나 그것은 하나님의 주권 아래 있는 나라이고, 일시적이고 제한적인 나라입니다.

그런데 본문을 보니 그 세상 나라가 우리 주와 그의 그리스도의 나라가 된다고 합니다. 세상 나라와 그리스도의 나라가 따로 있는 것 같지만, 우리 주님이 모든 것을 평정하여 세세토록 왕 노릇 하십니다. 그것이 하나님 나라입니다.

그런데 왜 하나님 나라가 아니라 '그리스도'의 나라라고 표현했을까요? 이 계시록이 예수 그리스도의 계시잖아요(계 1:1). 예수님이 그만큼 중요한 분이라는 것입니다. 예수님은 어떤 분입니까? 성자 하나님, 예수 그리스도이십니다. 성부 하나님이 품으신 경륜을 세상에 보여 주시고자 성자 하나님이 이 땅에 오셨습니다. 하나님이신 예수님이 이 땅의 질서와 관계에 순종하시고 십자가를 지심으로써 성부 하나님의 통치를 나타내셨습니다.

그러므로 '그리스도가 세세토록 왕 노릇 하신다'라는 말씀은 예수께서 우리를 사랑하시므로 이 땅에서 죽기까지 하나님의 통치에 순종하신 것처럼, 우리도 각자의 환경에서 죽어짐으로 그리스도의 다스림에 순종하라는 의미입니다. 그것이 '지극히 높은 곳에서는 하나님께 영광이요 땅에서는 하나님이 기뻐하신 사람들 중에 평화'를 이루는 길입니다(눅 2:14). 그리스도의 통치를 받는 사람은 내가 왕 노릇 하지 않습니다. 오직 그리스도만이 왕 되시는 삶을 살며 하나님께 영광을 돌립니다. 삶의 모든 사건에서 잠잠히 기다리면서 나에게 그리스도만이 왕 되시기를 바랍니다.

그런데 그리스도가 왕 노릇 하시면 어떤 일이 일어납니까? 이 땅의 모든 것이 허물어지고 건설되는 새 하늘, 새 땅이 그리스도의 나라라고 한다면, 그곳에서 어떤 역사가 일어날까요?

"그때에 맹인의 눈이 밝을 것이며 못 듣는 사람의 귀가 열릴 것이며 그때에 저는 자는 사슴같이 뛸 것이며 말 못하는 자의 혀는 노래하리니 이는 광야에서 물이 솟겠고 사막에서 시내가 흐를 것임이라 뜨거운 사막이 변하여 못이 될 것이며 메마른 땅이 변하여 원천이 될 것이며 승냥이의 눕던 곳에 풀과 갈대와 부들이 날 것이며 거기에 대로가 있어 그 길을 거룩한 길이라 일컫는 바 되리니 깨끗하지 못한 자는 지나가지 못하겠고 오직 구속함을 입은 자들을 위하여 있게 될 것이라 우매한 행인은 그 길로 다니지 못할 것이며 거기에는 사자가 없고 사나운 짐승이 그리로 올라가지 아니하므로 그것을 만나지 못하겠고 오직 구속함을 받은 자만 그리로 행할 것이며 여호와의 속량함을 받은 자들이 돌아오되 노래하며 시온에 이르러 그들의 머리 위에 영영한 희락을 띠고 기쁨과 즐거움을 얻으리니 슬픔과 탄식이 사라지리로다"(사 35:5~10).

세상 나라가 그리스도의 나라가 되어서 그리스도가 왕 노릇 하시면 눈먼 자, 못 듣는 자, 저는 자, 말 못하는 자가 치유를 받고 메마른 땅도 물의 근원이 됩니다. 전에는 들짐승만 가득했던 곳이 푸른 풀밭이 됩니다.

그러나 모두가 이 새 하늘, 새 땅을 누릴 수 있는 것이 아닙니다. 오직 구속함을 입은 자, 여호와의 속량함을 받은 자만이 그리로 행할 수 있다고 합니다. 즉, 새 하늘, 새 땅은 '구속함을 입은 자들이 믿고 살고 누리는 곳'입니다. 이 '구속함을 입은 자, 여호와의 속량함을 받은 자'는 다시 말하면 자기 죄를 깨닫고 하나님 앞에 회개한 자 아니겠습니까.

이렇듯 우리가 자기 죄를 모르고서 하나님을 아는 것은 불가능합니다. 내 죄가 깨달아진 사람은 환경이 달라지지 않아도 이 땅에서부터 천국의 삶을 연습하고 훈련하며 누립니다. 내 죄가 나의 어떤 고난보다 큰 것을 알기에 세상과 나는 간곳없고 구속한 주만 보이게 되는 것이죠. "황무지가 장미꽃같이 피는 것을 볼 때에 구속함의 노래

부르며 거룩한 길 다니리. 마른 땅에 샘물 터지고 사막에 물 흐를 때 기쁨으로 찬송 부르며 거룩한 길 다니리"라는 찬송처럼, 구속함을 받은 자는 어떤 환경에서도 늘 구원의 노래를 부릅니다. 구속함을 받으면 어떤 것도 문제가 되지 않기 때문입니다. 어떤 문제에도 해를 받지 않기 때문입니다.

만일 늘 문제 앞에서 "어떻게 내게 이런 일이 생길 수 있지? 하나님이 나를 사랑하지 않으시는 거야!" 한다면 그는 그리스도의 나라가 아직 임하지 않은 사람입니다. "내가 병만 나으면 하나님께 영광을 돌릴 텐데", "내가 돈만 벌면 하나님을 높일 텐데" 하는 사람도 그리스도가 왕 노릇 하지 않는 사람입니다. 지금 내게 주신 가난과 외로움도 그리스도의 통치 아래서 이루어지는 일입니다.

예수님은 먼 미래에 왕이 되실 분이 아니라 지금도 왕으로서 우리를 다스리고 계십니다. 그러므로 누구도 구속함을 입은 사람을 해할 수 없습니다. 세상 나라의 가치관으로는 그리스도의 나라가 임하는 이 역사를 결코 깨달을 수 없습니다. 이 땅에서부터 천국을 살고 누리는 연습을 해야 합니다.

누가복음 11장에서 어떤 무리가 예수님을 향해 귀신의 왕 바알세불을 더불어 귀신을 쫓아낸다고 비난하자 예수님이 비유로 말씀하십니다. 그 비유는 이렇습니다. 더러운 귀신이 사람에게서 나갔다가 쉴 곳을 찾지 못하고 다시 그가 나온 집으로 돌아가려 합니다. 그 집이 청소되고 수리된 것을 보고서 자기보다 더 악한 귀신 일곱을 데리고 들어가지요. 그러자 그 사람의 형편이 전보다 더 심하게 됩니다(눅 11:24~26).

여기에서 '수리되었다'는 말을 영어로 보면 'decorated'로 '장식되었다'라는 뜻입니다. "너희는 너희 아비 마귀에게서 났으니"라는 말씀대로 우리도 하나님을 알기 전에는 다 귀신 들린 자 아니겠습니까(요 8:44). 그런 내가 어떤 계기로 예수님을 믿고서 내게서 귀신이 나갔습니다. 그러면 그다음부터는 말씀으로 잘 채워 넣어야 하는데 마치 장식을 하듯이 예수를 믿습니다. 예수를 믿는 자라면 본래 악하고 음란한 자신을 쳐서 복종시키는 자기 부인이 일어나야 합니다(고전 9:27). '어떻게 해야 이 세상을 벗 삼지 않을 수 있을까?' 눈물로 고민하고 기도하며 말씀을 붙잡아야 합니다. 그런데 그저 귀신이 한 번 나간 것, 예수 믿은 것만 좋아하면서 그다음부터는 남에게 보이기 위한 신앙생활을 합니다. 새벽기도나 십일조를 꼬박 드리는 것도 남에게 보이기 위해서입니다. 겉으로는 열심히 믿는 것처럼 보이지만 자기를 쳐서 복종하는 것은 딱 싫어합니다. 이렇게 장식적인 신앙생활만 하니까 그 속에 더 악한 일곱 귀신이 들어앉는 것이죠.

아무리 열심히 믿어도 '진짜'로 믿지 않으면 귀신의 밥이 됩니다. 그래서 안 믿을 때보다 사기도 더 잘 당합니다. 이성 교제를 해도 분별이 안 돼서 상대의 거짓에 홀랑 속아 넘어갑니다. 어떤 분은 망하고서 "예수 열심히 믿고 교회도 열심히 나갔는데 내게 왜 이런 일이 왔느냐"고 원망합니다. 시험에 들고 상처를 받습니다. 형편이 전보다 일곱 배나 안 좋아져서 이제는 교회도 안 나오겠다고 합니다. 신앙생활 열심히 하며 모두에게 박수를 받던 사람이 어느 날 갑자기 돌변해서는 "하나님이 계신다면 나한테 이럴 수 없다"면서 교회를 뛰쳐나갑니다.

반면에 누가복음 13장에는 열여덟 해 동안이나 귀신 들려 꼬부라진 여인이 나옵니다. 예수님이 이 여인을 고쳐 주시자 회당장이 안식일에 병을 고쳤다는 이유로 분을 내지요. 이에 주님은 "열여덟 해 동안 사탄에게 매인 바 된 이 아브라함의 딸을 안식일에 이 매임에서 푸는 것이 합당하지 아니하냐?"고 반문하십니다(눅 13:10~17). 귀신 들려 꼬부라진 여인을 향해 '아브라함의 딸', 곧 '믿음의 딸'이라고 부르십니다.

육이 꼬부라지면 마음도 꼬부라집니다. 우리는 가난해도 꼬부라지고, 환경이 좀 어려워도 꼬부라집니다. 그런데 이렇게 내가 꼬부라진 걸 드러내니 주님이 고치십니다. 18년 동안 꼬부라진 한 사람이 내 가족으로 있으니 그 식구들도 얼마나 말씀을 사모하게 되었겠습니까. 18년 동안 여인을 데리고 예배당을 오가는데도 도무지 낫지 않으니 그들의 심령이 얼마나 가난했겠습니까. 그래도 끊임없이 회당에 데려왔더니 어느 날 여인이 예수님 눈에 딱 보였습니다. 게다가 만인 앞에서 자신의 꼬부라진 모습을 오픈까지 했습니다.

그러니 내 자식, 형제자매, 목장 식구들을 귀신 들려 꼬부라졌다고 함부로 평가 절하하고 무시해서는 안 됩니다. 18년 동안 귀신 들려 있었어도 이 꼬부라진 여인이 믿음의 딸로서 예배를 드렸다는 겁니다. 18년 동안 꼬부라져 있었어도 그녀는 믿음의 딸입니다. 18년간 된 일이 없었기 때문에 이 집이 믿음의 집이 되었습니다.

그리스도의 가치관이 들어오지 않는다면 어떻게 이런 해석을 할 수 있겠습니까? 세상 나라 가치관으로 보면 18년 동안 꼬부라진 여인은 딱 무시당할 대상 아닙니까? 회당장도 예수님께 "왜 안식일에 병을 고치느냐"면서 여자를 천대했잖아요. 짐승이라도 안식일에 물을 먹이는데, 다른 곳도 아닌 교회에서 짐승만도 못한 대접을 받은 것이죠. 우리도 그렇습니다. 옆에 꼬부라져 있는, 형편없는 사람을 보면 무시가 됩니다. 보기도 싫습니다. '저 인간만 없으면 내 인생이 펼 텐데'라고 생각합니다. 그러나 우리가 18년이 아니라 80년을 괴롭힘당하고 고난 받아도 믿음의 딸로 살아갈 수 있다면 그 길을 택해야 합니다. 또 80년 동안 꼬부라진 사람이 곁에 있다 해도 그가 믿음의 자손이라는 것을 볼 수 있어야 합니다. 그것이 그리스도의 나라가 임하는 것입니다. 18년 동안 꼬부라진 여인 한 사람 때문에 온 집안이 거룩해지지 않았습니까?

마태복음 16장에 예수께서 자신의 죽음과 부활을 예고하시자 베드로가 주를 붙들며 "주여 그리 마옵소서"라고 항변합니다. 그러자 주님이 베드로를 향해서 "사탄아, 내 뒤로 물러가라!" 호통하십니다 (마 16:21~23). 이처럼 모든 사람의 뒤에는 사탄이 똬리를 틀고 있습니다. 그러므로 구속함을 입지 않고서는 누구도 하나님 나라를 깨달을 수 없습니다. 제 설교를 듣고서 논리가 없다고 비난하는 분도 종종 계십니다.

그런데 보세요. 18년 동안 귀신 들려 꼬부라져 있던 여인을 향해 주님은 믿음의 딸이라고 하시잖아요. 하나님의 말씀은 살아 있고 활력이 있기에 이 구속의 말씀이 깨달아지면, 내 속에 그리스도의 나라가 임하면 주께서 귀신 들린 어떤 식구도 믿음의 자손으로 볼 수 있는 눈을 주실 줄 믿습니다. '꼬부라진 그 한 사람으로 인해 내가 얼마나 주님을 사모하게 되었는가!' 내 안에 이런 가치관이 세워질 때, 비로소 그리스도의 나라로 인도되어 세세토록 예수님의 통치를 받을 것입니다.

그러나 우리가 교회를 다녀도 여전히 잘 먹고 잘사는 것밖에 모르니까 장식적인 신앙생활만 하면서 매너리즘에 빠져듭니다. 또 여기저기 기도를 받으러 다니면서 귀신을 쫓겠다고 난리를 피웁니다. 주님을 만나고 내게서 귀신이 나갔다면 그 자리를 성령의 열매로, 나 자신을 쳐서 복종시키는 십자가 삶으로 채워야 하는데, 그저 육적인 복으로만 채워 넣으려는 것이죠. 그러면 뭐 합니까? 한 귀신이 나오면 또 다른 귀신이 들어옵니다. 이전보다 더 심한 일곱 귀신이 들어옵니다. 배우자에 집착하는 귀신이 나가니까 그보다 더 악한, 자식에게 집착하는 귀신이 들어옵니다.

여러분도 18년 동안 꼬부라져 있는 식구가 내 곁에 있다고 생각해 보세요. 그 한 사람으로 인해 온 가족이 주님을 사모하게 되니, 예수님이 그를 향해 믿음의 딸이라고 부르시는 게 정말 옳지 않습니까? 우리 생각으로는 금세 귀신이 나간 게 축복 같지만, 하나님은 18년 동안 귀신이 나가지 않은 그 가정을 믿음의 가정이라고 축복하십니다.

이런 이야기를 하면 "귀신이 나하고 무슨 상관이야? 꼬부라진 것이 나와 무슨 상관이야?" 하는 분들도 있을지 모르겠습니다. 문자 그대로 정말 귀신이 들려 꼬부라진 사람도 있겠지만, 근본적으로 우리는 모두 귀신 들린 자들입니다. 사탄이 늘 내 옆에 있습니다. 앞에서 이 세상 나라가 마귀의 소유라고 했잖아요. 내가 구속함을 입지 않으면 세상 어디서나 도사리는 사탄의 밥이 되고 맙니다.

우리는 피아노를 잘 치는 사람에게 "하나님처럼 잘 치네"라고 하지 않습니다. "귀신같이 잘 치네" 하지요. 수학 박사에게도 "수학을 귀신같이 잘하네"라고 합니다. 이렇게 내가 잘하는 것 하나만 있어도 귀신이 들어가서 하나님이 없다고 외치는 게 인간의 특징입니다. 그 속에 귀신이 똬리를 틀고 있기에, 나 잘난 맛에 사느라고 내 죄가 안 보입니다. 그래서 소위 잘난 사람들이 얼마나 말씀을 비웃는지 모릅니다. 비판과 분석의 대가들입니다. 하나님을 모르는 사람은 무언가를 잘하면 잘할수록 속이 꼬였습니다. 그런 사람은 세상 나라가 그리스도의 나라로 바뀔 수가 없습니다. 그러니 황무지가 장미꽃같이 피는 기쁨을 어찌 알겠습니까?

18년 동안 꼬부라져 있는 사람을 믿음의 자손으로 바라보기란 쉽지 않지요. 회당장도 무시했는데 우리라고 다를 것 있겠습니까. 오히려 우리는 문제없는 사람더러 '믿음이 좋다'고 합니다. 그러나 구속사의 눈으로 바라보면 겉으로는 보이지 않던 것들이 보이기 시작합니다. 예수님만이 왕 노릇 하시는 삶을 살면 어떤 귀신 들린 자도 애정 어린 시선으로 바라보게 됩니다.

우리 목장에 귀신 들린 사람이 있습니까? '저 사람만 목장에 안 나오면 소원이 없겠다' 합니까? 그러나 18년 동안 꼬부라진 한 사람을 내가 견디고 인내하는 모습을 보고서 지금도 누군가가 하나님 앞으로 돌아오고 있습니다. 내가 잘 먹고 잘사는 걸 보고 누가 돌아오겠습니까? 고난 가운데서 내가 용서하고 인내하는 만큼 하나님의 뜻이 이루어지고 하나님 나라가 완성되도록 만세 전부터 정하신 줄 믿습니다. 그렇게 세상 나라가 그리스도의 나라로 바뀐 자, 구원의 확신이 있는 자가 하나님 나라를 봅니다. 여전히 이 말씀이 들리지 않는다면, 내 속에 귀신이 똬리를 틀고 있기 때문입니다.

● 우리 가정에, 목장에 몇 년째 귀신 들린 사람이 있습니까? 아무리 기도해도 여전히 말씀을 대적하고, 음란과 중독에 빠져 있는 한 사람은 누구입니까? 그 한 사람을 내가 인내하며 예수 믿게 하는 것이 하나님 나라를 이루는 길임을 압니까?

감사로 결론이 나는 나라입니다

16 하나님 앞에서 자기 보좌에 앉아 있던 이십사 장로가 엎드려 얼굴을 땅에 대고 하나님께 경배하여 17 이르되 감사하옵나니 옛적에도 계셨고 지금도 계신 주 하나님 곧 전능하신 이여 친히 큰 권능을 잡으시고 왕 노릇 하시도다_계 11:16~17

이십사 장로는 구약의 열두 지파, 신약의 열두 사도를 합친 수로 구원 받은 모든 성도를 의미합니다. 이 이십사 장로가 엎드려 얼굴을 땅에 대고 하나님을 경배하며 감사와 영광을 돌립니다. 이처럼 하나님께 감사하는 사람, 구속함을 입은 사람은 귀신 들린 자, 천대 받는 자에게도 절하고 굽힐 수 있습니다.

이십사 장로들은 하나님을 가리켜 "옛적에도 계셨고 지금도 계신 주 하나님 곧 전능하신 이"라고 합니다. 지난 1장 8절에서는 "주 하나님이 이르시되 나는 알파와 오메가라 이제도 있고 전에도 있었고 장차 올 자요 전능한 자라 하시더라"고 했지요. 이 말씀과 본문 17절 말씀을 비교할 때 무엇이 달라졌습니까? 본문에서는 "장차 올 자"라는 말이 빠졌습니다. 이는 전능하신 그분이 이미 오셨다는 의미입니다. 즉, 하나님이 이미 우리 삶 속에 오셨다는 뜻이죠. 그래서 하나님은 자신을 가리켜 "I AM WHO I AM", "스스로 있는 자"라고 표현하셨습니다(출 3:14). 당시 로마의 핍박 아래서 고통당하는 성도들에게 '하나님은 시공간을 초월하여 우리와 함께 계시며 전능하신 분'이라는 이 말씀이 얼마나 현실적인 위로가 되었겠습니까? 이처럼 말씀이 우리를 살아나게 합니다.

전능하신 하나님이 나의 고통을 알고 계십니다. 하나님이 시작하셨기에 하나님이 끝내실 것입니다. 이것을 알아야 감사할 수 있습니다. 전능하신 하나님이 무엇을 못하시겠습니까. 그런데 우리는 뭐 그리 편하게 살겠다고 '이 사건이 언제 끝나나', '하나님이 끝내지 않으시는 이유는 뭘까'에만 집중하면서 하나님을 원망합니다. 감사하지 못합니다. 하나님은 나를 사용하기 원하시지만 내가 쓰임 받기에 합당하지 못해서 주님이 아직 고난을 끝내지 않으시는 겁니다. 이것도 모르고 우리가 불평불만 하는 것이죠. 하나님의 뜻을 깨달아야 진정한 감사도 할 수 있습니다.

어떤 분이 남편이 교회도 못 가게 하고 아무도 못 만나게 해서 너무 외롭다고 합니다. 자기를 찾아오는 사람이 아무도 없다고, 그래서 불행한 삶을 살고 있다고 합니다. 저도 똑같이 남편의 억압 아래 문밖 출입도, 교제도 못 했지만 그것 때문에 오늘날의 제가 되지 않았습니까? '내 고난은 누구도 모를 거야' 하지만, 이 세상에서 나만 당하는 고난은 없습니다. 저라고 곁에 사람이 있었겠습니까? 그렇지만 내게 주어진 그 자리에서 하나님을 찾고 사명을 찾고 사람을 살리다 보니까 하나님이 생각지도 못한 곳에서 사람을 많이 보내 주셨습니다.

"교회가 나를 몰라줘", "자식이 몰라줘", "남편이 몰라줘", "아내가 몰라줘", "목장 식구들이 몰라줘" 하지 마세요. 그들이 나를 몰라주는 건 다름 아닌 내 삶의 결론입니다. 예수님의 보혈로 나를 제사장 삼아 주셨기에, 우리는 원망하지 말고 주님이 고난을 끝내실 때까지 감사하면 됩니다. 갇힌 환경에서도 사명을 찾으니 제게 이런 믿음이 생겼습니다. 팔십 평생 고난의 행군이라도 영생의 시간에 비하면 짧지 않습니까? 그런데 그 팔십 년 중에 이미 몇십 년을 지냈으니 또 얼마나 감사합니까. 최고로 좋은 하나님 나라로 갈 날이 얼마 안 남았습니다. 제가 이 땅에서 하나님 나라를 누리다 보니까 천국이 있다는 게 확실히 믿어집니다. 감사할 수 없는 일에도 감사하니까 천국은 정말 있는 게 맞습니다.

하나님 나라가 임한 자의 가장 큰 특징은 감사가 넘친다는 것입니다. 우리 입에 감사가 없는 것은 아직 하나님 나라를 누리지 못하기 때문입니다. 누구나 태어나면서부터 죽음을 향해 달려갑니다. 인생의 시계가 죽음을 향해 째깍째깍 가는데 그동안 고난뿐이라 해도 주님이 나를 자녀 삼아 주신 것만으로, 하나님 나라 백성 삼아 주신 것만으로 얼마나 감사할 일입니까!

누가복음 15장에 탕자의 비유를 보면 집 나간 동생이 돌아와도 형인 맏아들은 기뻐하지 않습니다. 아버지가 동생을 위해 잔치를 베풀자 도리어 "내게는 염소 새끼 한 마리도 주지 않더니…… 도대체 아버지가 내게 해 준 게 뭡니까!" 하며 화를 냅니다. 이것만큼 아버지를 슬프게 하는 일이 어디 있겠습니까. 저도 이 맏아들처럼 '부모님이 나한테 해 준 것이 무엇인가. 나는 스스로 벌어서 공부했어'라고 생각했습니다. 그러나 설령 부모님이 해 준 것이 정말 없더라도 자녀로서 이렇게 말해 보면 어떨까요?

"부모님 때문에 제가 예수를 믿었습니다. 부모님의 좋은 점을 닮게 해 주셔서 감사합니다."

거듭나면 언어도 할례를 받아서 달라지게 마련입니다. 자녀의 이런 말에 부모는 얼마나 감격하겠습니까? 하나님 아버지도 이런 자녀들을 더욱 기뻐하지 않으실까요? 그래서 저도 생각이 바뀌었습니다. 이제는 저를 낳아 주신 부모님께 얼마나 감사한지요. 제가 많은 분께 사랑을 받는데 지금 제 모습은 곧 부모님의 작품 아닙니까? 그것만으로도 부모님은 이 땅에서 정말 큰일을 하셨습니다.

이 맏아들이 얼마나 열심히 살았습니까? 동생이 방탕하게 살 동안 탈선하는 법도 없이 아버지 곁에서 열심히 일했잖아요. 우리도 그렇습니다. 열심히 예배드리고, 십일조도 꼬박 드리고, 목장 식구들을 열렬히 섬깁니다. 그러면서도 밤낮 "하나님이 나에게 해 준 게 뭐냐!"가 주제입니다. "우리 애가 공부를 잘하기를 하나, 내가 돈이 많기를 하나…… 하나님은 내게 염소 새끼 한 마리도 안 주셨구나" 이런 말을 입에 달고 살지는 않으세요? 우리들교회의 한 여집사님은 부부목장을 섬기는 것이 그렇게 생색이 난답니다. "내가 목장 식구들에게 그렇게 밥을 해 먹였는데 왜 변하는 사람이 한 명도 없지? 남편은 목자랍시고 하는 게 뭐야. 청소도 안 하고 밥도 내가 다 하는데 몇 시간 목장 예배만 딱 인도하면서 혼자 영광은 다 받고……."

우리 인생의 주제가는 자나 깨나 '염소 새끼 한 마리 안 준다'입니다. 맏아들의 인생 주제 역시 돈입니다. 그래서 죽기 살기로 일만 합니다. 세상 재리(財利)에만 관심이 있어서 동생이 집을 나가도 나 몰라라 하며 어떻게 지내는지 궁금해하지도 않고 돌아와도 기뻐하지 않습니다. 그저 아버지가 나에게 염소 새끼 안 준 것만 불만입니다. 맏아들이나 둘째 아들이나 탕자이기는 마찬가지이지만, 맏아들은 도무지 자기 모습을 보지 못합니다. 진짜 무서운 사람은 자기 모습을 못 보는 맏아들 탕자입니다.

그런데 거꾸로 생각해 보세요. 하나님이 건강을 주셨으니 교회에도 오고, 목장도 섬길 수 있는 것 아닙니까? 하나님이 재물을 주셨으니 적은 돈이라도 십일조를 드릴 수 있는 것 아닙니까? 하나님이 재능을 주셨으니 맛있는 밥을 지어서 목장 식구들을 대접할 수 있잖아요. 미약하게나마 하나님께 나의 재능과 재물을 드릴 수 있으니 얼마나 감사합니까? 이렇게 매사 감사하면 더욱 부해질 것입니다. 그런데 베풀면서도 생색내고 '나는 이렇게 섬겼는데 하나님은 내게 해 준 것이 뭐냐'고 자꾸 불평하면 하나님이 있던 것도 빼앗아가실 수 있습니다.

내 인생에 그리스도가 왕 노릇 하지 않으면 감사의 고백이 나올 수 없습니다. 18년 동안 꼬부라진 가족이 있어야 저절로 나오는 것이 감사 고백입니다. 그런 가족과 살면 일주일 내내 예배를 두고 싸움하지 않겠습니까? 꼬부라진 여인 한 명을 예배드리게 하려고 18년간 온 식구가 하루하루 얼마나 깨어서 살아 냈겠습니까. 혹시 내가 무엇을 잘못해서 교회에 안 간다고 할까 봐 늘 조심하고, 어떻게든 양육훈련을 받게 하려고 얼마나 사투를 벌였겠습니까. 그러면서 온 가족이 겸손해졌습니다. 그 모든 싸움을 주님이 보십니다.

꼬부라져 있는 내 가족이 교회에 와서, 목장에 가서 거룩해질 것을 생각하면 그까짓 목장을 섬기는 게 무슨 생색이 나겠습니까. 오히려 날마다 감사하지 않을까요? 그래서 18년 동안 꼬부라져 있는 사람이 있어야 합니다. 바로 고쳐지면 꼬부라졌던 사람도, 곁에 식구들도 금세 딴청 부립니다. 그러니 18년 동안 꼬부라진 여인이 주의 일을 한 것이 정말 맞지요. 모두에게 조롱 받고 짐승보다 못한 취급을 당하는 그 여인을 하나님이 믿음의 딸이라고 말씀하시는 이유가 바로 이것입니다. 하나님 나라의 가치관은 우리의 가치관, 세상 가치관과는 정말 다릅니다.

속 썩이는 내 가족을 믿음의 딸로 볼 수 있어야 합니다. "저것 때문에 내 인생이 안 풀린다" 할 것이 아니라 "저 가족 때문에 내가 하나님 옆에 붙어 있구나. 오늘도 내가 하나님께 예배드릴 수 있구나" 해야 합니다. 집집마다 꼬부라진 한 사람이 꼭 있는 것이 하나님의 사랑입니다. 가족 중에 꼬부라진 사람이 한 명도 없다면 내게 구원의 확신이 있는지 점검해 보기 바랍니다. 하나님은 귀신을 18년 동안 머물게 해서라도 우리를 훈련하기 원하십니다. "나의 믿음에 감사가 있는가"를 통해 내게 하나님 나라가 임했는지를 알 수 있습니다.

인간에게는 선한 것이 없습니다. 제가 부잣집에 시집가서 고생하며 문밖출입도 못 했잖아요. 그런데도 누가 저를 자기 별장에 초대해 주면 기분 나빠서 가지 않았습니다. 나는 별장이 없잖아요. 그만큼 제가 감사하지 못했습니다. 꼬부라져 있었습니다. 열등감으로 가득 차서 꼬부라졌습니다. 그러다 예수 믿고 나서 가치관이 변하니까 감사가 넘치게 되었습니다. 설악산도 내 것이고, 한라산도 내 것이고, 그랜드캐니언도 내 것인데 다만 시간이 없어서 못 갈 뿐입니다. 유감입니다. 생각하기에 따라서 이렇게 감사할 것이 넘칩니다. 마음이 꼬부라져 있으면 무엇에도 감사하지 못합니다. 어떤 사람들은 어마어마한 부자인데도 형제끼리 재산 문제로 싸우고 소송하느라 시간을 허비합니다. 돈이 있어도 마음이 가난합니다.

생각을 조금만 바꾸면 마음이 굉장히 부유해집니다. 저도 옛날에는 이것이 참 안 됐습니다. 시댁 식구와 남편에게 온갖 구박을 받으면서도 귀신이 제 속에 똬리를 틀고 있으니까 잘난 척을 했습니다. 그러니 특별한 초대를 받아도 괜한 자존심을 세우며 '아니 별장도 없는 나를 왜 초청해' 하면서 안 갔지요. 지금은 팔도강산이 다 제 것 아니겠습니까. 다 제 것같이 여러분에게 빌려드릴 테니까 가서 즐기기 바랍니다. 마음을 넓게 먹고 꼬인 것에서 나오기 바랍니다. 내가 어디가 꼬였나, 마음과 육을 잘 살펴보고 벗어나기 바랍니다. 매사 욕하고 비판하고 분석하면서 따지려 들면 하나님 나라가 임하려다가도 도망갑니다. 이 얼마나 불쌍한 인생입니까.

- 부모가 나에게 해 준 것이 무엇인가, 남편이, 아내가, 자식들이 내게 해 준 게 무엇인가 하면서 매사 불평합니까?
- 돈이 있어도 마음이 가난한 사람으로 살고 있습니까, 가진 것은 없어도 팔도강산이 내 것이라고 생각하며 부요한 마음으로 살아갑니까? 나의 믿음은 감사로 결론이 납니까?

최후의 심판이 있어야 세워지는 나라입니다

이방들이 분노하매 주의 진노가 내려 죽은 자를 심판하시며 종 선지자들과 성도들과 또 작은 자든지 큰 자든지 주의 이름을 경외하는 자들에게 상 주시며 또 땅을 망하게 하는 자들을 멸망시키실 때로소이다 하더라_계 11:18

영이 세워지려면 육이 무너져야 합니다. 최후의 심판이 있어야 하나님 나라가 세워집니다. 아무리 고난이 와도 그것이 나에게 한계

상황, 최후의 심판으로 다가오지 않으면 내 안에 하나님 나라가 세워질 수 없습니다.

15절에서 일곱째 천사가 나팔을 불자 그리스도의 나라가 임하고 18절에서는 최후 심판이 이루어집니다. 그러므로 일곱째 나팔 재앙이 하나님 나라의 완성이라는 해석이 맞습니다. 최후 심판이 있어야 세상 나라가 종결되고 하나님의 나라가 완성되는 것입니다.

그런데 그때 벌과 상이 있다고 합니다. 주의 진노가 내려 죽은 자를 심판하시고, 주의 이름을 경외하는 자들에게는 상을 주겠다고 하십니다. 이미 죽은 자라도 심판하신답니다. 인간이 죽으면 완전히 소멸된다고 믿지만 그렇지 않습니다. 계시록 20장 13절에 "바다가 그 가운데에서 죽은 자들을 내주고 또 사망과 음부도 그 가운데에서 죽은 자들을 내주매 각 사람이 자기의 행위대로 심판을 받고"라고 합니다. 요한복음에서 주님도 "선한 일을 행한 자는 생명의 부활로, 악한 일을 행한 자는 심판의 부활로 나오리라" 말씀하셨습니다(요 5:29). 바울도 "그들이 기다리는 바 하나님께 향한 소망을 나도 가졌으니 곧 의인과 악인의 부활이 있으리라"고 했죠(행 24:15). 결코 죽음이 끝이 아닙니다. 의인뿐만 아니라 악인도 부활하여 자기 행위대로 심판을 받을 것입니다.

악인에게 임할 심판의 부활은 무엇입니까? 마태복음 10장 28절에서 주님은 "몸은 죽여도 영혼은 능히 죽이지 못하는 자들을 두려워하지 말고 오직 몸과 영혼을 능히 지옥에 멸하실 수 있는 이를 두려워하라"고 말씀하십니다. 또 마가복음 9장에서는 우리의 손과 발이 범죄하거든 찍어 버리라고 하시면서 "그것이 지옥, 곧 꺼지지 않는 불에 들어가는 것보다 나으리라…… 거기에서는 구더기도 죽지 않고 불도 꺼지지 아니하느리라"고 말씀하시죠(막 9:43, 48). 이처럼 지옥, 곧 결코 꺼지지 않는 불 속에서 육체가 살라지지 않고 영원히 고통을 당하는 것이 악인에게 임할 심판입니다.

그렇다면 의인에게 임할 생명의 부활 즉, 의인이 받을 상은 무엇일까요? 어떤 교회를 보니 '짚신 신고 와서 구두 신고 나가는 교회, 지하실 살다가 3층 집 짓고 나가는 교회'를 표어로 내걸었더군요. 이것이 우리가 받을 상일까요? 하나님이 우리에게 주시는 상은 그 무엇이 아니라 '구원'입니다.

"이기는 그에게는 내가 하나님의 낙원에 있는 생명나무의 열매를 주어 먹게 하리라…… 이기는 자는 둘째 사망의 해를 받지 아니하리라…… 이기는 그에게는 내가 감추었던 만나를 주고 또 흰 돌을 줄 터인데…… 이기는 자와 끝까지 내 일을 지키는 그에게 만국을 다스리는 권세를 주리니…… 이기는 자는 내 하나님 성전에 기둥이 되게 하리니…… 이기는 그에게는 내가 내 보좌에 함께 앉게 하여 주기를 내가 이기고 아버지 보좌에 함께 앉은 것과 같이 하리라."

지난 계시록 2~3장에서 우리에게 주신 말씀입니다. 어떻습니까? 말씀을 보니 우리가 간절히 고대하는 그 상, 이 땅에서 잘 먹고 잘 사는 상급은 없습니다. 오직 구원의 상급뿐입니다. 그런데 여러분은 무엇을 바라며 교회에 나옵니까? 하나님에게 무엇을 기대합니까? 내가 빗나간 것을 바라면서 예배, 봉사에 열심을 낸다면 헛수고 아니겠습니까. "믿음이 없이는 하나님을 기쁘시게 하지 못하나니 하나님께 나아가는 자는 반드시 그가 계신 것과 또한 그가 자기를 찾는 자들에게 상 주시는 이심을 믿어야 할지니라"(히 11:6).

계시록은 요한이 갑자기 직통 계시를 받아서 쓴 책이 아닙니다. 많은 부분을 구약을 인용해서 썼습니다. 본문인 계시록 11장 15절에서 18절도 시편 2편 말씀을 주석한 것입니다.

"어찌하여 이방 나라들이 분노하며 민족들이 헛된 일을 꾸미는가…… 그때에 분을 발하며 진노하사 그들을 놀라게 하여 이르시기를 내가 나의 왕을 내 거룩한 산 시온에 세웠다 하시리로다…… 여호와를 경외함으로 섬기고 떨며 즐거워할지어다 그의 아들에게 입 맞추라 그렇지 아니하면 진노하심으로 너희가 길에서 망하리니 그의 진노가 급하심이라……."

하나님의 통치에 반역하는 자들에게 임하는 진노와 심판. 이 시편 2편과 본문 말씀의 주제가 똑같습니다. 그런데도 여전히 이 계시록을 이상 망측하게 해석하고 맨날 날짜 계산이나 하면서, 잘 믿으면 이런저런 육적인 상이 있다고 말한다면 그게 이단이 아니고 뭐겠습니까. 성경에 근거해 예수 그리스도의 계시를 쓴 책이 요한계시록입니다. 늘 성경에서 뭐라고 말씀하시는지가 중요합니다.

• 내가 지금 구하는 상은 무엇입니까? 아직도 부와 권세만을 상이라고 생각하면서 하나님 앞에 육적인 상급만 구하지는 않습니까?

언약궤가 보이는 나라,
약속의 말씀대로 이루어지는 나라입니다

이에 하늘에 있는 하나님의 성전이 열리니 성전 안에 하나님의 언
약궤가 보이며 또 번개와 음성들과 우레와 지진과 큰 우박이 있더
라_계 11:19

이십사 장로가 경배하기를 마치자 하나님의 언약궤, 곧 하나님
나라의 약속이 들어 있는 궤를 보여 주십니다. 이때 번개가 치고 요란
한 음성들과 우렛소리가 나고 지진이 일며 우박이 내리칩니다. 이 말
씀이 의미하는 바가 무엇일까요? 최후의 심판, 곧 한계상황 앞에서 우
리가 "하나님밖에 믿을 분이 없습니다!" 손들고 나아가니까 하나님께
서 이렇게 말씀하시는 거예요.

"너, 내 나라에 들어왔니? 내가 너를 위해 쓸 무기가 많단다. 번
개와 음성과 우레와 지진과 큰 우박으로 너를 괴롭히는 세력을 내가
무너지게 해 줄게."

할렐루야! 나를 위해 쓰실 무기가 하나님 나라에 가득 쌓여 있습
니다. 하나님이 내 기도를 듣지 않으시는 것 같아도 다 듣고 계십니다.

그런데 의인에게는 번개와 우레 같은 사건이 말씀의 성취이지
만, 악인에게는 문자 그대로 번개와 우레처럼 무서운 심판입니다. 제
남편의 갑작스러운 죽음이 다른 사람들에게는 얼마나 우레 같은 사
건이었겠습니까? 그러나 제게는 말씀이 성취되는 사건, 능력의 사건

이었습니다. 그야말로 하나님의 성전이 열리고 언약궤가 보이는 사건이었습니다. "그가 스스로 헤아려 돌이키고 모든 죄악에서 돌이켜 떠났으니 반드시 살고 죽지 아니하리라"는 약속의 말씀까지 제게 주셨잖아요(겔 18:28). 남편이 구원됐다고 하나님이 도장을 쾅쾅 찍어 주신 것이죠.

그런데 제가 이런 간증을 하니까 한 초신자 할머니는 "새댁이 착한 줄 알았는데 무슨 죄를 지었누?" 하시고, 어떤 분은 "집사님같이 믿음 좋은 분의 남편을 데려가시다니…… 무서워서 이제 교회를 나가면 안 되겠어요"라고도 하셨습니다. 또 한 선배 집사님은 "얘, 말은 바로 하자. 그게 뭐가 축복이니?" 하시더군요. 세상 가치관으로는 도무지 이해할 수 없는 간증인 것이죠.

저처럼 우레 같은 사건이 능력의 사건이 된 한 집사님의 간증입니다. 마흔 살의 돌싱남인 이분이 이혼 후 우리들교회에 왔습니다. 위로 좀 받으려고 교회에 왔는데, 담임목사가 허구한 날 "이혼하지 말라"고 하는 것도 모자라 모든 것은 내 삶의 결론이라면서 "내 죄를 보라"고 하니 이분이 화가 단단히 났습니다. '바람난 아내가 이혼하자길래 그저 동의해 준 것뿐인데…… 나는 피해자잖아. 그런데 어쩌란 말이야!' 했답니다. 그래도 이분이 교회를 등록하고서 꾸준히 예배를 나왔습니다. 매 주일 "인생의 목적은 행복이 아니라 거룩이다", "별 인생 없다", "하나님보다 우선순위에 두는 것은 다 우상이다" 하는 설교말씀이 이분에게는 낯설기가 그지없었죠.

그런데 교회에 붙어 있으며 말씀을 듣다 보니 차츰 자기 죄가 보이더랍니다. 하나님보다 아내를 우선순위에 두고 우상처럼 섬겼던 죄가 깨달아진 것입니다. 그러므로 아내가 떠나 버린 건 반드시 있어야 할 사건이라는 고백까지 했습니다. 이분이 드라마에나 나오는 영원한 사랑을 꿈꾸면서 아내에게 멋진 남자로 보이고자 최선을 다했는데 그 아내가 바람을 피우고 나가 버린 겁니다. 집사님은 만약 아내가 떠나지 않았다면 자신은 하나님을 만날 수 없었을 거라고 고백했습니다. 이렇게 자기 모습을 본 뒤부터 이분이 제 간증을 들을 때마다 눈물이 많이 났답니다. 제게 남편이 그렇듯, 하나님이 자신을 훈련하시고자 바람난 아내를 붙여 주셨다는 것을 깊이 깨달았습니다. 아내에게 무릎 꿇고 사과했어야 했는데 그러지 못해서 안타깝답니다. 좋은 남편으로 포장하려는 자신의 욕심이 아내를 얼마나 숨 막히게 했을까 너무 미안하다면서요. 이분이 이제야 말씀이 들리기 시작했습니다.

또 다른 집사님의 간증입니다. 이분은 2년 전 위암 수술을 받은 후부터 백혈구 수치가 떨어지면서 건강이 급격히 나빠졌습니다. 면역력이 떨어지다 보니까 가벼운 감기도 잘 낫지 않고 고통스러운 시간만 계속되었습니다. 3년 전 위암 판정을 받았을 때 목자님이 "이 땅에서 아직 사명이 남아 있으니 하나님이 데려가지 않으실 거예요"라고 격려해 주었는데, 그때는 이분이 자기 사명이 무엇인지 몰랐다고 합니다. 그런데 요새 죽을 것같이 아프니까 처음으로 '나같이 힘든 사람들에게 내 약재료를 나누고 같이 아파하는 일이야말로 내게 주신 사명이구나' 깨달아졌답니다. 이 사명을 따라 사는 것이 자신의 꺼져 가는 생명을 다시 살리는 길이라는 생각이 들었다고요.

주님이 십자가에 달려 죽으신 지 삼일 만에 다시 사신 것은 기적이 아니라 성경에 이미 기록된 사실입니다. 예수님께서 이 땅에 오셔서 거듭해 전하신 말씀이 그대로 이루어졌을 뿐입니다. 우리는 부활의 의미를 거창하게만 생각합니다. 그러나 부활이 다른 게 아닙니다. 기록된 말씀을 통해 내 죄를 깨닫고 회개의 눈물을 흘리는 것도 죽어 있던 내 영성이 다시 살아나는 부활의 사건입니다. 또 회개를 통해서 삶이 재해석되고 주변 사람들과 관계가 회복된다면 그것 역시 놀라운 부활의 사건입니다. 날마다 말씀을 묵상하며 나의 죽어 있는 영성을 깨운다면, 이 땅에서의 회복도, 하나님 나라도 어느새 가까이 다가와 있지 않겠습니까.

하나님 나라는 세상 나라가 그리스도의 나라가 되는 것입니다. 하나님 나라는 구속함을 받은 자의 나라입니다. 구속사가 깨달아지는 나라입니다. '감사하옵나니'라는 고백이 넘치는 나라입니다. 최후의 심판이 있어야 세워지는 나라입니다. 하나님 나라는 상벌이 있는 나라입니다. 언약궤가 보이는 나라, 약속의 말씀대로 이루어지는 나라입니다. 우리 가정이, 내가 있는 모든 곳이 하나님 나라가 되기를 소원합니다.

- 번개와 우레같이 무서워 보여도 나에게 말씀이 이루어진 사건은 무엇입니까?
- 날마다 말씀을 통해 내 죄를 보며 죽어 가는 영성을 깨우고 있습니까?

부활이 다른 게 아닙니다.
기록된 말씀을 통해 내 죄를 깨닫고
회개의 눈물을 흘리는 것도
죽어 있던 내 영성이 다시 살아나는
부활의 사건입니다.

우리들 묵상과 적용

결혼 전까지 저는 교회에서 성가대와 학생부 반주자, 교사로 기쁘게 섬겼습니다. 그래서 제 믿음이 좋다고 생각했습니다. 그러나 세상 나라의 가치관을 따라 살았기에 권사님의 아들, 돈 많은 집안이라는 조건만 보고 남편과 결혼했습니다. 이후 남편을 따라 미국으로 건너가 시어머니와 시아주버니를 모시며 신혼생활을 하게 되었습니다.

그러다 남편의 사업이 어려워지자 그것을 핑계 삼아 시집살이를 마치고 한국으로 돌아왔습니다. 남편은 중국에서 또다시 사업을 벌였지만 완전히 망했습니다. 이후 남편과 함께 다닐 교회를 찾던 중 지금의 담임목사님이 생각났습니다. 20대 때 미국에서 공부하던 중, 대학교 오리엔테이션에서 목사님의 간증을 들었습니다. 당시 목사님은 사부님이 천국에 가신 지 5년이 되었다고, 하나님을 전하는 곳만 있으면 어디든 기쁘게 갔다고 간증하셨습니다. 저는 그 간증을 떠올리며, 자연스레 목사님이 계신 교회에 나가게 되었습니다. 당시 남편은 알코올중독에, 저는 무기력에 빠져 있었습니다. 그렇기에 하나님이 우리 부부를 일으켜 세워 주시려고 의지할 공동체를 허락해 주신 것만 같았습니다.

그렇게 말씀을 듣고 양육을 받으면서, 능력 있는 사람과 남편을 비교하고 무시하던 저의 죄를 보게 되었습니다. '우리 가정이 망한 것은 다 남편 때문이야'라고 원망하던 마음도 회개하게 되었습니다. 또한 평생 교회를 다녔어도 잘 먹고 잘살려고 예수님을 믿고 남편을 우상으로 섬긴 것도 인정하게 되었습니다. 그러자 번개와 우레처럼 무서워 보였던 사건이 저의 구원을 위해 주신 사건임이 인정되면서 하나님의 언약궤를 볼 수 있었습니다(계 11:19).

하지만 요즘 남편은 또다시 교회를 나오지 않고 술에 취해 지냅니다. 제가 가정의 머리인 남편에게 복종하지 못하니 하나님이 책임을 물으시는 것 같습니다. 그럼에도 하나님은 제가 영적 매너리즘에 빠지지 않고 기도하도록 교회의 목자들을 인도하는 중직자로 세워 주셨습니다. 그런 하나님 앞에 저의 믿음 없음을 회개하게 됩니다.

은혜를 받아도 변하지 않는 꼬부라진 저를 위해 남편이 계속 수고하는 것 같습니다. 이런 남편을 잘 섬기기를 원합니다. 또한 저와 같은 지체들의 마음을 공감하고, 그들이 하나님께 돌아올 때까지 기도하겠습니다. 세상 나라에 살던 저를 이제는 하나님 나라에 살게 하시니 감사합니다(계 11:15).

영혼의 기도

하나님 아버지, 주께서 안타까운 음성으로 하나님 나라에 꼭 오라고 말씀하십니다. 육이 무너지지 않으면 영이 세워질 수 없다고 말씀하십니다. 하나님 나라는 구속함을 받은 사람만이 가는 나라인데 우리는 교양을 떨면서 예수를 믿습니다. 나도 모르는 사이에 장식적인 신앙생활을 하면서, 내 뜻대로 되지 않으면 '하나님이 나에게 어떻게 이러실 수 있느냐'고 불평합니다. 내 속에 일곱 귀신이 똬리를 틀고 있어서 원망과 불만만 가득합니다. 용서하여 주옵소서.

18년 동안 귀신 들려 꼬부라진 여인을 가리켜 하나님은 아브라함의 딸이라고 말씀하십니다. 귀신 들려 꼬부라진 한 사람 때문에 우리가 얼마나 수고하는지 주께서 보십니다. 꼬부라진 한 사람으로 인해 우리 가정이 얼마나 예배를 사모하게 되었는지 주께서 다 보았다고 하십니다. 행복만 바라던 우리 가정이 꼬부라진 한 사람을 섬기며 거룩한 길로 다니는 것을 보았다고 하십니다.

주님, 18년 동안 귀신이 떠나지 않은 그 한 사람을 믿음의 자녀로 볼 수 있는 눈을 우리에게 허락하여 주옵소서. 이 세상 나라가 그리스도의 나라로 바뀔 수 있는 가치관을 허락하여 주시옵소서. 18년 동안 귀신 들려 꼬부라진 한 사람 때문에 내가 예수를 믿게 되었는데, 하나님이 그를 고쳐 주시지 않겠습니까! 이러한 믿음으로 우리가 눈물을 흘리며 다른 사람들을 위해 기도할 수 있도록 인도해 주옵소서. 우리는 이미 믿음의 자녀인 것을 믿습니다.

　육이 무너지는 것만큼 영이 세워지는 것을 알게 하여 주옵소서. 날마다 구원의 상을 구하면서 이기게 도와주옵소서. 언약궤가 열려서 어떤 사건도 말씀으로 해석하며 나아갈 때 하나님 나라가 도래할 줄 믿습니다. 우리 삶에 하나님 나라가 임하기를 원합니다. 예수님 이름으로 기도드립니다. 아멘.

PART 2

즐거워하라

큰 이적

요한계시록 12장 1~6절

05

하나님 아버지,
이적의 진정한 의미가 무엇인지 깨닫기를 원합니다.
말씀해 주시옵소서. 듣겠습니다.

한 인터뷰 기사를 읽었습니다. 134센티미터의 작은 키에 척추장애를 앓는 기사의 주인공은 그 인생에도 우여곡절이 참 많았더군요. 가난한 집의 맏딸로 태어난 이분은 초등학교만 졸업하고 열네 살부터 남의집살이를 했습니다. 그러다 비참한 삶을 벗어나고자 직업훈련원에서 편물 기술을 배우기 시작했습니다. 얼마나 기술을 갈고 닦았는지 세계 장애인 기능경기대회에서 기계편물 부문 세계 1위를 차지하기도 했죠. 이 일로 그녀는 능력을 인정받고 일본계 편물회사에 취직하여 평탄한 날을 보내는 듯했습니다. 그런데 어느 날 이유도 없이 쓰러져 죽음 앞까지 가는 고비를 겪고서 그녀는 '내가 진정 원하는 것이 무엇인가' 고민하기 시작했습니다. 이후 그녀는 사회봉사에 비전을 품고 14년간 아프리카 보츠나와에서 편물 교사로 섬겼습니다. 그리고 사회복지를 더 전문적으로 배우겠다는 결심으로 2003년 미국에 건너가 열심히 공부한 끝에 컬럼비아대학교 국제사회복지대학원 석사학위를 받았습니다.

그 주인공은 바로 『청춘아, 가슴 뛰는 일을 찾아라』의 저자, 김해영 선교사님입니다. 이분의 이야기를 읽으면서 큰 은혜를 받았습니다. '하나님 나라의 일원으로 살게 하려고 하나님이 이분을 친히 인도하셨구나. 이야말로 큰 이적의 인생이구나!' 절로 깨달아졌습니다.

계시록 12장부터 14장까지는 세 번째 중간계시입니다. 이는 일곱 나팔 재앙과 16장의 일곱 대접 재앙을 연결해 주는 말씀으로, 적그리스도의 교회 박해가 본격적으로 시작될 것을 알려 줍니다. 그러나 교회를 끝까지 보호하시겠다는 하나님의 위로도 함께 담겨 있습니다.

이제 가장 극심한 환난인 7년 대환난이 등장합니다. 12장이 그중 앞 3년 반의 온건한 재앙에 관한 기사라면, 13장은 뒤 3년 반의 혹독한 재앙을 기록하고 있고, 14장은 그 가운데도 인침 받은 십사만 사천은 어린 양의 노래를 부르며 구원을 받으리라고 선포합니다.

이 세상은 사탄의 손아귀에 있습니다. 악하고 음란합니다. 돈, 성공, 명예를 얻는 것만 이적인 시대입니다. 그런데 과연 이런 것들이 우리 삶을 구원해 줄 이적일까요? 진짜 이적은 무엇일까요? 네 가지로 살펴봅시다.

교회의 영광이 보이는 삶이 이적입니다

하늘에 큰 이적이 보이니 해를 옷 입은 한 여자가 있는데 그 발아래에는 달이 있고 그 머리에는 열두 별의 관을 썼더라 _계 12:1

해, 달, 별은 우리 눈에 보이는 것 중에서 가장 최고라고 여겨지는 대상입니다. 그래서 하나님도 해, 달, 별로 하나님 나라의 영광을 보여 주십니다. '한 여자'는 메시아 예수를 기다리는 신실한 백성, 즉 교회를 상징합니다.

"너희는 택하신 족속이요 왕 같은 제사장들이요 거룩한 나라요 그의 소유가 된 백성이니 이는 너희를 어두운 데서 불러내어 그의 기이한 빛에 들어가게 하신 이의 아름다운 덕을 선포하게 하려 하심이라"(벧전 2:9).

이 말씀처럼 주님은 교회, 곧 성도를 가장 영광스럽고 아름다운 신분으로 세워 주셨습니다. 하나님 보시기에 얼마나 아름다운지 계시록 21장에는 교회와 성도를 가리켜 예쁘게 단장한 신부 같다고 표현하십니다.

"또 내가 보매 거룩한 성 새 예루살렘이 하나님께로부터 하늘에서 내려오니 그 준비한 것이 신부가 남편을 위하여 단장한 것 같더라"(계 21:2).

그런데 아름다운 신부인 그리스도인들이 로마의 박해를 받으면서 위축이 되었습니다. 목숨 걸고 믿음을 지켜도 그들에게 돌아오는 것은 조롱과 멸시뿐이었습니다. 그러니 지금 하나님이 "얘, 악은 망한다. 조금만 참고 더 힘을 내라. 너희는 내가 사랑하는 신부야. 너희야말로 천국의 주인이야. 그걸 기억해라"라고 위로해 주시는 것입니다.

이 주님의 신부, 한 여자의 모습이 어떻습니까? 해를 옷 입고, 발 아래에는 달을 두고, 머리에는 열두 별의 관을 썼다고 합니다. 이는 마치 "그의 오른손에 일곱 별이 있고…… 그 얼굴은 해가 힘 있게 비치는 것 같더라"고 묘사된 예수님의 모습, 그리스도의 영광과 닮았습니다(계 1:16). 해를 옷 입었다는 것은 이 땅의 교회가 그리스도의 모든 존귀와 영광을 한 몸에 받고 있다는 의미입니다. 그 발아래에 달이 있다는 것은 지금은 불신 세력에게 억압을 받지만 앞으로 성도가 세상을 지배하게 되리라는 뜻입니다. 또 머리에 쓴 열두 별의 관은 열두 지파로 이루어진 이스라엘 민족을 상징하는 것으로, 교회가 얻을 최후 승리를 의미합니다.

이렇듯 교회를 상징하는 여자가 해, 달, 별을 입고서 큰 이적을 보였다고 하니, 이 땅의 교회와 성도도 같은 역할로 주님께 뽑힌 것 아니겠습니까. 그러므로 어떤 때도 해, 달, 별의 큰 이적을 보고, 또 보여야 할 사명이 우리에게 있습니다. 그런데 여러분은 지금 무엇을 보고 있습니까? 자녀들의 수능시험 결과에서 '뉘 집 아들은 몇 점 받았다는데, 우리 집 애는 왜 이 점수밖에 못 받았나' 이런 것만 보입니까? 누가 대학에 붙고 떨어지느냐가 중요한 게 아닙니다. 그 시험 가운데서 누가 '교회의 영광'을 보이느냐가 중요합니다. '누가 내가 믿는 대단한 하나님을 전하는가' 이것이 보여야 합니다. '우리 아들이 대학에 떨어지긴 했어도 이 사건으로 하나님을 전했구나' 이것을 보아야 합니다. 이런 해, 달, 별의 영광을 보는 사람은 능력의 인생을 살게 될 줄 믿습니다. 예수를 믿어도 여전히 세상에 눈을 못 떼서, 하나님 나라가 보이지 않아서 절망하고 슬퍼하는 것입니다.

요즘 부모들은 자녀 교육에 불을 켜지만, 제가 교회를 섬기는 청년들을 보니 상당수가 학벌이 없는 청년이더군요. 그러니 신앙과 학력은 전혀 상관없는 것이 맞습니다. 교회를 성심껏 섬길수록 말씀도 훨씬 잘 깨닫고 그 인생이 해, 달, 별 같게 되는 것을 제가 자주 보았습니다. 그런데 학력이 높은 사람들은 겸손해지기가 어렵다 보니 교회 봉사를 꺼립니다. S대 출신이라는 얄량한 자존심 때문에 제가 주님께 돌아오기까지 인생이 얼마나 고됐습니까. 이렇게 예수 믿는 데도, 목회하는 데도, 교회를 섬기는 데도 방해가 되는데 왜 앉으나 서나 모두 학벌만 좇는지 모르겠습니다.

그렇다고 고학력이 나쁘다는 건 아닙니다. 사명을 이루기 위해 때로는 좋은 학벌도 필요하지요. 다만 세상에서 더 높이 올라가기 위해 학벌을 쌓는 거라면, 학력은 되레 주님께 가는 길을 막는 장애물이 될 뿐입니다. 교만하면 아무리 오래 교회를 다녀도 말씀을 깨닫지 못합니다. 그러니 세상 영광만 쳐다보고 있는 그 자리에서 이제는 내려오십시오. 참성도라면 교회의 영광이 보이는 자리를 사모하면서 세상은 좀 차단할 필요가 있습니다. 주일예배, 수요예배, 목장예배를 드리는 만큼, 큐티하는 만큼 세상이 차단되고 하나님 나라가 보입니다.

우습게도 세상은 아프리카를 한 번도 가 보지 않은 사람이 가 본 사람을 이깁니다. 아프리카 대륙에 발도 들여 보지 못한 사람이어도 "아프리카 너무 춥잖아" 들입다 우겨 대면 그를 이길 장사가 없습니다. 마찬가지로 교회 공동체에도 세상이 들어와서 하나님 나라를 보지 못한 사람이 본 사람을 이겨 먹습니다. 세상에서 잘돼야 영광을 입은 것이라면서 고난 받는 성도들을 현혹하고 낙심시킵니다. 그러니 이런 핍박이 있을 것을 알고 가십시오.

제게도 여전히 "큐티만 하면 다냐!"라고 으름장을 두는 분이 많습니다. 죽어 가던 제가 말씀을 묵상하고서 살아났다는데도, 목회를 하면서 많은 사람을 살리고 있는데도 여러 고정관념 때문에 저를 인정하지 않으시는 것이죠. 그러나 인정하든 안 하든 저는 고난 가운데서 해, 달, 별을 입고 주님의 영광을 본 사람입니다.

계시록 당시 그리스도인들도 그렇습니다. 로마의 핍박 아래 목숨을 다해 믿음을 지키면서도 한편으로는 자신들과 달리 잘 먹고 잘 사는 로마를 보며 얼마나 큰 괴리감을 느꼈겠습니까. 그래서 지금 하나님이 "세상 로마의 영광이 대단해 보이지만 그와 비교할 수 없는 해, 달, 별의 영광을 너희가 입었다!" 이 말씀을 하시는 겁니다.

큰 이적은 최후의 심판에서 하나님 나라가 보이는 것입니다. '모 집사 자녀가 수능시험에서 고득점을 했다더라', '모 집사네 부동산 투자가 대박 났다더라' 이런 것이 보이는 게 아니라, 고난 가운데서도 해, 달, 별의 영광을 입은 성도가 보이는 게 큰 이적입니다. 또한 나도 그런 성도를 따라 어떤 문제에서도 하나님의 영광을 보이며 가는 것이 큰 이적입니다.

- 교회 안에서도 누가 성공했나, 누가 잘사나, 누가 결혼을 잘 했나 이런 것만 보고 있지는 않습니까?
- 고난 가운데서도 해, 달, 별을 입은 지체들의 영광이 내게도 임하기를 간절히 소원하며 기도합니까?

해산의 고통이 이적입니다

이 여자가 아이를 배어 해산하게 되매 아파서 애를 쓰며 부르짖더라_계 12:2

여자가 아이를 배고 해산의 때가 차자 아파서 애를 쓰며 부르짖습니다. 12장 5절에 마침내 여자가 아들을 낳는데 그는 곧 예수 그리스도를 상징합니다. 주님이 이 땅에 오셨을 때 정말 해산의 고통이 있었습니다. 당시 이스라엘은 로마의 압제 아래 정치적 탄압과 경제적 착취를 당하며 큰 환난을 겪고 있었습니다. 게다가 대제사장과 서기관 같은 종교 지도자들이 거짓된 가르침을 설파하면서 백성은 목자 없는 양 같은 신세였습니다. 그야말로 너무 아파서 하나님만 부르짖을 수밖에 없는 상황이었습니다.

과거에도 이스라엘은 큰 고통을 겪었습니다. 애굽의 학대 아래서 갓 태어난 아이들이 죽임당하고 고된 노역을 담당해야 했습니다. 그러나 하나님이 이스라엘의 고통 소리를 들으사 모세를 보내셔서 그들을 애굽으로부터 구원해 내셨습니다. 이천 년 전에도 하나님은 아파하며 애써 부르짖는 이스라엘의 소리를 외면하지 않으셨습니다. 하나님의 백성을 위해, 아파하는 우리를 위해 아들이신 예수님을 보내 주셨습니다. 높고 높으신 예수님이 낮고 낮은 이 세상 가운데로 내려오셨습니다. "여자의 후손이 뱀의 머리를 상하게 하리라"는 창세기 말씀대로(창 3:15), 주님이 우리를 죄에서 구원하시고자 캄캄한 여인의 자궁 속으로 들어오셨습니다. 해산의 고통을 통해 예수 그리스도께서 우리에게 오셨습니다. 이 얼마나 대단한 사랑입니까!

이처럼 가장 큰 이적은 예수 그리스도가 나에게 오시는 것입니다. 내가 오늘 기도하면 예수 그리스도가 나를 찾아오십니다. 이것이 가장 놀라운 이적, 최고의 이적입니다.

해, 달, 별을 입은 여자의 역할은 아이를 해산하는 것입니다. 해산하려면 애써 부르짖을 수밖에 없습니다. 아기를 낳아 본 분들은 잘 아시지요? 누가 옆에서 힘을 주라고 강요해서 힘주는 게 아닙니다. 저절로 힘이 주어집니다. 믿음도 마찬가지입니다. 내가 '주님을 잘 믿어 봐야지' 마음을 먹는다고 믿음이 생기는 게 아닙니다. 환난 가운데 아파서 저절로 주님을 애써 부르짖게 되는 것, 이것이 믿음의 원리입니다. 해산할 때 힘이 주어지지 않으면 굉장한 위기 아니겠습니까? 우리도 그렇습니다. 어떤 때도 내가 주님께 부르짖지 않는다면 그야말로 위기 중의 위기입니다. 구원 때문에 아프지도, 애통하지도 않는다면 나는 영적으로 아이를 배지도, 해산하지도 못하는 자입니다.

위기가 찾아와도 "사람 사는 게 다 그런 거지" 하며 넘겨 버리는 사람들이 있죠. 이것이 믿음 좋은 게 아니라는 말입니다. 내가 아파서 애써 부르짖는 일이 있어야 합니다. 만일 부르짖지 않는다면 내 믿음을 한번 점검해 보기 바랍니다. 너무 아파서 부르짖는 일이 있어야 우리 집에 예수님이 오십니다. 그러니까 아파서 애를 쓰며 부르짖는 것이 축복입니다.

아파서 애를 쓰며 부르짖는 사람들끼리는 딱 통하는 게 있습니

146

다. 그런데 배우자도, 자녀도 내 속 안 썩이고 인생이 그저 평탄하기만 한 사람은 어떻습니까? 아파서 부르짖을 일이 없으니까 남을 위해 봉사하는 것도 생색나고 인간관계 맺는 것도 귀찮습니다. 반면에 배우자가 바람피우고 자식이 힘들게 해 보세요. 너무 아파서 애써 부르짖지 않고는 못 견디지 않겠습니까. 그러다 보니 저절로 겸손해집니다. 봉사가 즐겁고 사모됩니다. 이렇게 아파서 애를 쓰며 부르짖는 그 한 사람 때문에 하나님 나라가 확장됩니다. 하나님 나라와 세상 나라는 정반대입니다. 세상은 고통당하지 않는 것이 이적이지만 하나님 나라는 해산의 고통이 이적입니다.

- 주님께 부르짖지 않고 내 힘으로 해결하려는 일은 무엇입니까?
- 내게 찾아온 문제 앞에 애를 쓰며 주님께 간절히 부르짖고 있습니까?

사탄의 삼킴이 보이는 것이 이적입니다

하늘에 또 다른 이적이 보이니 보라 한 큰 붉은 용이 있어 머리가 일곱이요 뿔이 열이라 그 여러 머리에 일곱 왕관이 있는데_계 12:3

하늘에서 해를 옷 입은 한 여자가 메시아를 낳기 위해 해산의 수고를 합니다. 그런데 그때 한편에서 붉은 용, 곧 마귀가 그 아들을 죽이고자 음모를 꾸밉니다.

동양에서는 용을 신비한 동물로 여기고 숭배의 대상 삼습니다. 왕의 얼굴을 용상(龍象), 왕이 입던 옷을 용포(龍袍)라고 하며 왕을 용에 비유하기도 했지요. 그러나 성경에서 용은 좋은 의미가 아닙니다. 용은 뱀의 일종입니다. 뱀은 마귀를 상징하는데 용은 뱀 중에서도 가장 높은 위치입니다.

그런데 말씀을 자세히 보세요. 이 붉은 용이 꼭 예수님 같은 모습을 하고 있습니다. 1절에서 여자가 머리에 열두 별의 관을 썼다고 했는데 용은 머리에 일곱 왕관을 썼습니다. 이 모습이 얼마나 대단한지 예수님의 영광을 큰 이적이라 한 것처럼 용을 가리켜 '또 다른 이적'이라고 합니다. 그야말로 이적 같게 보이는 겁니다. 게다가 용의 머리가 일곱 개라고 합니다. 앞에서 세상 나라가 마귀의 소유라고 하지 않았습니까. 그 마귀의 머리가 일곱 개라는 겁니다. 성경에서 7은 완전수로 그만큼 머리가 좋고 간사하다는 뜻입니다. 아담과 하와도 뱀의 유혹을 이기지 못하고 홀랑 넘어갔잖아요. 또한 용의 뿔이 열이라고 합니다. 뿔은 권세를 상징하는 것으로 마귀가 막강한 힘으로 세상을 사로잡고 있다는 의미입니다.

당시 로마의 권세가 얼마나 막강했습니까? 많은 나라를 정복하고 광대한 제국을 이루었습니다. 그러나 아무리 큰 권세를 누렸다고 해도 로마는 마귀의 앞잡이요, 종이었습니다. 로마 황제의 손에 얼마나 무수한 기독교인이 죽임을 당했습니까. 믿는 자라면 역사도 믿음의 눈으로 바라볼 수 있어야 합니다. '아, 과거 로마가 강력한 나라였구나'라는 표면적인 앎에서 더 나아가 그 뒤에 마귀가 역사했다는 사실을 알아야 합니다.

> 그 꼬리가 하늘의 별 삼분의 일을 끌어다가 땅에 던지더라 용이 해
> 산하려는 여자 앞에서 그가 해산하면 그 아이를 삼키고자 하더니
> _계 12:4

로마의 권세, 곧 열 뿔을 단 용의 권세가 얼마나 강력한가 보니, 하늘의 별 삼분의 일을 끌어다가 땅에 던질 수 있을 정도랍니다. 이는 로마가 주의 종 삼분의 일을 땅에 던졌다는 의미입니다. 이처럼 한 나라의 임금이 예수 믿는 수많은 사람을 해하기도 합니다. 만약 우리에게도 이런 일이 일어나면 어떨까요? 예수 믿기 싫다면서 모두 도망가지 않겠습니까.

성경에도 이런 이야기가 나옵니다. 북이스라엘의 아달랴가 남유다 왕가로 시집을 갔습니다. 아달랴는 북이스라엘의 왕 아합과 그 아내 이세벨 사이에서 난 딸입니다. 친정아버지뿐만 아니라 친할아버지, 시아버지도 왕인 데다가 남편과 아들까지 왕으로 만든 최고의 여인입니다. 이 시대라면 장한 어머니상을 받을 감 아니겠습니까. 집안, 학벌, 재력 모두 갖췄습니다.

그런데 아달랴는 그 정도로는 성에 차지 않았는지 아들 아하시야가 죽자 자기가 왕이 되고자 손자들을 몰살시켜 버렸습니다. 유다는 예수님의 계보를 이어야 할 나라인데, 이때 대가 끊길 뻔했습니다. 다행히 아하시야의 누이 여호세바의 도움으로 요아스가 살아남았

지만, 자칫 예수님이 못 오실 뻔했죠(왕하 11:1~3). 신약시대에 와서는 예수님의 탄생 소식을 접한 헤롯 왕이 베들레헴 내에 어린아이를 모조리 살육하면서 예수가 오시는 데 또다시 위기를 맞기도 했습니다(마 2:16). 사탄의 권세가 정말 만만치 않습니다. 예나 지금이나 주의 종을 위협하며 그리스도가 오시는 길을 방해합니다.

그런데 우리는 1, 2절에서 하나님 나라를 보았잖아요. 해, 달, 별을 입은 하나님 나라의 영광, 주의 영광, 교회의 영광, 성도의 영광을 보았습니다. 이렇게 하나님 나라의 영광을 본 자들은 사탄도 잘 보입니다. 똑같이 이적 같아 보여도 무엇이 하나님 나라인지 사탄의 역사인지 분별합니다. 반면에 하나님 나라를 보지 못하면, 둘 다 너무 비슷해 보이니까 하나님을 믿을지 사탄을 믿을지 분별이 안 됩니다. 그래서 예수가 못 오실 뻔한 가정이 얼마나 많은지 모릅니다.

정말 사탄의 세력이 만만치 않습니다. 내가 열심히 예수 믿어 보겠다는데 만만치 않은 남편, 아내가 딱 버티고 서서는 "예수 믿는 게 밥 먹여 주냐", "예수의 예 자도 꺼내지 말라"며 방해합니다. 이 외로운 싸움이 오래되면 낙심이 되어서 또 만만치 않습니다. 거기에 배우자가 돈까지 있어 보세요. 권세로 나를 먹이고 입혀 주는데 그런 사람을 어찌 배반하겠습니까. 그러니 하나님을 믿어야 할지 돈 많은 배우자를 믿어야 할지 분별이 안 됩니다.

그러나 배우자가 재벌을 넘어 대통령이라도, 제아무리 열 뿔과 일곱 머리의 권세를 가졌어도 예수 안 믿으면 지옥에 가는 겁니다. 뭐니 뭐니 해도 우리가 다 천국에서 만나는 것, 천국 동창생이 되는 것이 최고 아닙니까? 그러니 제발 이래서 못 믿겠다, 저래서 못 믿겠다 하지 좀 마십시오. 누구라도 세상 권세가 있으면 얼마나 있겠습니까? 배우자가, 시부모가, 장인 장모가 권세로 짓누른다고 "교회에 안 가겠다" 하지 말고 "죽으면 죽으리라!" 해 보세요. 그들의 권세가 하나님보다 더 커 보인다고 예수 믿는 걸 타협한다면 그것이야말로 사탄의 궤계(詭計)에 넘어가는 것입니다.

우리가 주님의 영광, 교회의 영광이 아니라 세상 권세만 쳐다보고 있기에 여전히 내려놓지 못하는 게 많습니다. '집안이 좋은 배우자를 만나야 해', '일류 기업에 취직해야 해', '명문대학에 들어가야 해!' 뭐 그리 해야 할 것이 많은지……. 예수를 믿으면서도 붉은 용을 또 다른 이적이라고 생각하기에 그렇습니다. 이런 가치관이 예수를 낳는 것을 끊임없이 방해합니다.

용이 해산하려는 여자가 아니라 그 여자가 해산한 아이를 삼키려 한다고 했습니다. 한마디로 예수 씨를 삼키려는 것입니다. 사탄은 하나님 나라가 확장되는 것을 가장 싫어합니다. 그래서 우리의 전도를 방해하고, 예수 씨가 퍼져 나가는 걸 방해합니다. 내가 거듭나는 걸 방해합니다. 그런데도 용 같은 배우자가 내게 돈을 벌어다 주고 유익을 가져다주면서 또 다른 이적을 보여 주니까 우리가 분별이 안 되는 겁니다.

어떤 분은 병을 고쳐 보겠다면서 여기저기 안수를 받으러 다닌답니다. 제발 그런 데 속지 마십시오. 이단도 병을 고칩니다. 본문에서 사탄도 또 다른 이적을 행한다고 하지 않습니까? 이런 사탄의 궤계를 제대로 분별할 줄 아는 것이 이적입니다. '이 일은 나를 삼키려는 사탄의 궤계이다. 어마어마한 권세로, 돈으로 예수 믿는 걸 방해하려는 것이다' 깨달아지는 것이 진짜 이적이라는 말입니다.

한 분이 제게 메일로 상담을 요청했습니다. 이분은 모태신앙인이지만 학창 시절 예수를 믿지 않았습니다. 그러다 불신 결혼을 하고서 힘든 결혼생활을 버티지 못해 이혼했습니다. 그러나 해방감도 잠시, 이혼 후 생활이 더 고통스러웠답니다. 이 일로 이분이 예수님께 다시 돌아왔습니다. 그렇게 한 귀신이 나갔죠. 그런데 얼마 후 결혼생활이 다시 그리워지더랍니다. 이번에는 목사를 만났습니다. 유부남에 아내와는 별거 중이었지만 '목사니까 신 결혼 아니겠어?' 하면서 재까닥 결혼했습니다. 그런데 이 두 번째 결혼이 이분에게 천만 배의 아픔을 가져다주었답니다. 분별하지 못해서 한 귀신이 나가고 일곱 귀신이 들어온 셈입니다. 목사라면 유부남이라도 괜찮습니까? 목사라는 겉만 보고 묻지도 따지지도 않으려 한 게 사탄의 궤계인 걸 알았어야지요.

해, 달, 별을 입은 주님의 영광이 보여야 그보다 낮은 권세도 보입니다. 우리가 잘못 결혼하고 진로를 잘못 정하는 것은 여전히 세상 마귀의 영광밖에 안 보여서 그렇습니다. 마귀의 이적밖에 몰라서 그렇습니다. 하나님의 영광은 마귀의 권세와는 비교할 수 없습니다. 겉보기에는 비슷해 보이고 마귀의 권세가 더 좋아 보여도, 그 무엇도 하나님의 영광에 비할 수 없습니다.

그러므로 우리는 끊임없이 예수 씨를 삼키려 하는 마귀의 궤계를 잘 분별해야 합니다. 어떻게 분별합니까? 성경에서 마귀를 대처하는 법을 무궁무진하게 알려 주잖아요. 그런데 성경을 제대로 안 읽으니까 날마다 이곳저곳 가서 머리 디밀고 안수기도만 받습니다. 특별히 자녀 일에는 더 보이는 게 없습니다. 교양 있게 믿다가도 자녀가 어디 아프기라도 하면 물불 안 가리고 병을 고쳐 준다는 곳을 찾아다닙니다. '기도 받고서 병이 나았다', '몇 시간 기도했더니 병이 나았다' 하는 곳은 조심하기 바랍니다. 말씀의 본질을 놓치고 있는 곳이 참 많습니다.

결혼도 잘 하려면 먼저 내가 주의 영광, 교회의 영광을 볼 수 있어야 합니다. 자녀에게 진로를 제시해 줄 때도 늘 말씀이 기준이어야 합니다. 말씀을 기초로 어떤 삶을 살아야 하고, 인생의 방향을 어떻게 정해야 하는지 어릴 때부터 가르쳐야 합니다. 그저 "'사' 자 들어간 직업을 가져라" 하지 마시고요. 자녀들이 성경적인 선택을 할 수 있도록 가르치십시오.

- 조건 좋은 배우자와 결혼하고, 일류 기업에 취직하는 것이 이적이라고 생각하지 않습니까?
- 배우자가 가져다주는 돈, 편안한 환경이 좋아서 믿음 생활을 타협하고 있지는 않습니까? 내가 사탄의 궤계에 넘어가고 있는 일은 무엇입니까?

광야가 하나님의 예비하신 곳임을 깨닫는 것이 이적입니다

여자가 아들을 낳으니 이는 장차 철장으로 만국을 다스릴 남자라 그 아이를 하나님 앞과 그 보좌 앞으로 올려가더라_계 12:5

여자가 마침내 아들, 곧 예수 그리스도를 낳습니다. 이 예수님은 장차 철장으로 만국을 다스리실 분, 세상을 통치하실 분입니다. 그러므로 우리가 예수를 믿는 것은 곧 세상을 통치하는 것과 같습니다. 또한 하나님 앞과 그 보좌 앞으로 금세 올려 가신 예수님처럼 우리도 하나님의 보좌 앞으로 올림을 받는 인생입니다.

그 여자가 광야로 도망하매 거기서 천이백육십 일 동안 그를 양육하기 위하여 하나님께서 예비하신 곳이 있더라_계 12:6

여자가 도망하여 광야로 갑니다. 이 광야는 하나님이 여자를 양육하기 위해서 예비하신 곳입니다. 그런데 성경을 자세히 묵상해 보세요. 여자가 왜 광야로 도망갔습니까? 일곱 머리와 열 뿔을 가진 붉은 용의 핍박을 피해서 달아났습니다. 즉, 여자가 하나님이 예비하신 광야로 가도록 붉은 용이 그 통로 역할을 한 것입니다. 출애굽 때도 애굽이 학대해 주니까 이스라엘이 가나안으로 떠났잖아요. 이스라엘을 향한 하나님의 약속이 성취되는 데 애굽이 통로 역할을 했습니다. 우리의 구원 여정도 그렇습니다. 배우자, 부모, 자녀, 상사가 붉은 용을 자처하면서 나를 괴롭혀 주니까 우리가 하나님 앞으로 나아갑니다.

붉은 용으로 상징되는 사탄의 목표는 여자가 낳은 아이를 삼키는 것입니다. 그래서 여자가 해산하기 전까지는 여자에게 위해를 가하지 않았습니다. 마찬가지로 우리가 예수를 낳지 못하면 사탄도 위협해 오지 않습니다. 그런데 아이를 삼키려는 계획이 실패하자 이제는 용이 아이를 낳은 여자도 가만두지 않습니다. 아이와 더불어 여자까지 공격 대상이 됩니다. 내가 예수를 믿고서 사람들을 전도하면, 전도한 나까지 미움의 대상이 됩니다. 전도의 열매가 보이기 시작하면 핍박이 따라옵니다. 그러나 우리가 두려워하지 않고 핍박도 감내할 수 있는 것은 하나님 나라의 영광이 크기 때문입니다.

중요한 것은 하나님이 교회를 양육하고자 예비하신 곳이 왕궁이 아니라 '광야'라는 점입니다. 우리를 양육하고자 세상으로부터 차단하시는 것이 주님의 보호하심입니다. 하늘에서 떨어진 별 신세가 되어서, 무저갱의 연기로 햇빛마저 보이지 않는 그 사건 때문에 우리가 예비하신 광야에서 주님의 훈련을 받습니다. 처절하게 외로운 광야, 밧모섬으로 우리를 이끄신 것은 절묘한 하나님의 세팅입니다. 그 자리가 하나님이 예비하신 곳입니다.

이런 말씀을 딱 알아듣고 자기 환경에 순종하며 양육 받기로 작정한 분들을 보면 제가 얼마나 기쁜지 모릅니다. 반면에 말씀이 안 들려서 영적으로 좀체 통하지 않는 분을 보면 안타깝기가 그지없습니다. 대부분 여러모로 부유한 분들이 말씀이 잘 안 들리더군요. 누가복음 16장에도 보면 주님이 "하나님과 재물을 겸하여 섬길 수 없느니라" 하셔도 바리새인은 돈을 좋아하는 자들이라 예수님 말씀을 듣고 비웃었다고 했습니다(눅 16:13~14). 겉으로 경건하면 뭐 하겠습니까. 교회 열심히 다녀도 인본주의에서 못 벗어나고, 성경을 촬촬 외워도 말씀 적용은 하나도 못 하는 사람에게 무슨 매력이 있겠어요.

'하나님이 왜 나를 광야에 두시는가' 이 물음에 대한 바른 지식이 있어야 합니다. 악하고 음란한 세상에서 광야로 보내시는 것, 이것이 주님의 보호막이란 말입니다. 사업이 망하고 배우자가 난리 피우고 자녀가 속 썩이면서 광야로 갈 길을 열어 주니까 우리가 교회로 딱 피하게 됩니다. 비로소 말씀이 듣고 싶어집니다. 사탄이 방해하지 않으면 우리가 왜 말씀을 사모하며 교회에 앉아 있겠습니까.

수년 전 손양원 목사님의 이야기를 담은 창작 오페라를 관람했습니다. 오페라의 내용에도 은혜를 받았지만, 마지막에 찬송가 〈눈을 들어 산을 보라〉가 울려 퍼질 때 큰 감동이 밀려왔습니다. 익숙한 찬송가를 그곳에서 들으니 더욱 감동되고 눈물이 찔끔 나왔습니다. 이런 생각이 들더군요. '우리가 천국에 모여 모두가 아는 찬양을 함께 부르면 얼마나 감동적일까!'

더 나아가서 천국에서 우리들교회 교인들을 만난다면 정말 눈물이 날 것 같습니다. 얼마나 반갑겠어요. 만나는 사람마다 너무 반가워서 "어머, 오셨네요!", "못 오실 줄 알았는데 이렇게 뵈니 기뻐요!" 하며 두 손 꼭 붙잡고 제가 문안할 것이에요. 그 장면을 생각만 해도 눈물이 앞을 가립니다. 하나님의 마음도 그렇습니다. 다 같이 천국에서 만나자고 우리를 광야로 보내시는 것이죠. "거기서 훈련 잘 받고 나랑 천국에서 만나자!" 말씀하시는 거예요. 말씀을 통해 해, 달, 별을 입은 하나님 나라의 영광을 시각적으로 보이시는 것도 결국 천국의 영광을 알려 주시기 위함입니다. 이 좋은 천국에 오라고 우리를 부르시는 겁니다.

서두에서 이야기한 김해영 선교사님의 인터뷰 내용을 더 소개하고자 합니다. 이분도 광야의 삶을 사셨지만, 하나님이 얼마나 해, 달, 별의 영광을 입혀 주셨는지 모릅니다. 그녀의 고난은 태어나면서부터 시작됐습니다. 첫아이가 딸이라는 이유로 아버지가 내동댕이치는 바람에 척추장애를 입은 것입니다. 그로 인해 그녀는 134센티미터의 왜소한 체구와 균형이 맞지 않는 다리로 평생을 살게 되었습니다. 지금까지도 척추 통증이 심해서 늘 복대를 둘러야만 하고, 앉아 있기가 힘들어서 공부도 엎드려서 한답니다.

그러나 고통은 여기서 끝이 아니었습니다. 아버지는 스스로 목숨을 끊으셨고 어머니는 정신질환을 앓으시는데 네 명의 동생까지 줄줄이 딸려 있으니 맏딸인 그녀가 가족의 생계를 책임지게 되었습니다. 그래서 초등학교만 졸업하고 어쩔 수 없이 남의집살이를 시작했습니다. 그때 그녀는 고작 열네 살이었습니다. 그러나 배움에 대한 열망만은 포기할 수 없어서 직업훈련학교에 들어가 편물 기술을 배웠습니다. 다른 사람들처럼 대학에 가기 위한 공부가 아니라 살기 위해 시작한 공부였습니다. 그녀는 그야말로 악착같이 공부하여 세계 장애인 기능 경기대회 기계 편물 부문에서 1위를 차지하기도 했습니다.

그녀가 예수님을 만난 것은 직업훈련학교에 다니던 때라고 합니다. 부모조차 자신에게 관심을 기울이지 않았는데, 학교 사람들이 따듯하게 돌봐 주고 앞날까지 걱정해 주니 그게 좋아서 그들을 따라 교회를 다녔답니다. 이런 이야기만 보아도, 정말 환경이 겸손한 사람이 예수 믿기가 훨씬 쉬운 것 같습니다.

이후 어떤 직업을 가져야 할까 고민하던 그녀는 우연히 한 교장 선생님이 쓴 '직업 선택 십계명'이라는 글을 읽고서 아프리카 보츠나와로 향할 결심을 했습니다. "아무도 가지 않는 쪽으로 가라", "한가운데가 아니라 가장자리로 가라", "내가 원하는 곳이 아니라 나를 필요로 하는 곳을 택하라"라는 말이 가슴을 파고들면서, 최빈국인 보츠나와가 자신을 필요로 한다는 확신이 들더랍니다. 당시 월급을 많이 주는 좋은 직장에 취직할 수 있었지만 그녀는 모든 것을 버리고 아프리카로 떠났습니다. 자신처럼 비참한 어린 시절을 보내고 있는 아이들에게 교육의 기회를 제공해 주고 싶었기 때문입니다.

그렇게 그녀는 14년 동안 보츠나와 아이들을 섬겼습니다. 그 땅을 밟은 지 4년째 되던 해에 봉사하던 학교가 폐교되면서 떠나려고 했지만, 현지 아이들이 그녀를 붙잡고 놓아주지 않았습니다. 인터뷰 기자가 아이들을 매료시킨 비결이 무엇인지 물으니, 대부분 고압적인 자세로 원주민들을 가르치려 하는데 자신은 한국의 제도권 교육을 제대로 받지 못해서 그런지 그럴 일이 없었다는 겁니다. 실제로 그녀는 현지인들보다 자신이 옳고 뛰어나다는 생각을 한 번도 해 본 적이 없다고 합니다. 자신은 그림자이고 원주민이 주인공이라는 생각을 늘 했다고 합니다. 또 의식주도, 치안도 열악한 환경에서 어떻게 견뎠느냐고 묻자, "내가 키도 작고 볼품없게 생겨서 아무도 건드리지 않던데요" 우스갯소리도 던졌습니다. 어린 시절부터 온갖 험한 일을 겪어서 두려운 것이 별로 없고, 남보다 잘난 것은 없지만 하나님께서 날마다 살아갈 지혜를 주셨답니다.

이후 그녀는 사회복지에 대해 더 전문적으로 공부하고 싶다는 열망으로 미국으로 향했습니다. 그리고 뉴욕의 나약대학교를 거쳐 컬럼비아대학교 국제사회복지대학원에 입학하여 석사학위까지 취득했습니다. 학력이라고는 초등학교 졸업이 전부인 그녀가 어떻게 명문 대학원에 진학할 수 있었을까요? 보츠나와가 최빈국이긴 해도 영어를 쓰는 곳이랍니다. 그래서 영어 공부가 저절로 되었던 것이죠. 대학 생활 내내 고학점을 유지했다는 그녀에게 기자가 그 비결을 묻자, 학교 공부에 필요한 집중력과 학습력은 기계 편물 일을 할 때 이미 다 배웠다면서 하나님이 온몸에 장애를 주셨지만 오직 손에 힘을 주셔서 손으로 하는 일은 뭐든지 잘한답니다. 그보다 등록금이 문제였는데, 모든 학업을 마치기까지 7년 동안 누군가를 통해서 빠짐없이 등록금을 공급 받았답니다. 해, 달, 별의 영광을 입는 것이 바로 이런 것 아니겠습니까. 이때 그녀는 '아, 내가 하는 공부가 결코 나를 위한 것이 아니구나. 가난한 나라의 아이들에게 나를 선물로 보내시려는 것이 하나님의 뜻인가 보다' 깨달았다고 합니다.

또 기자가 구제만 열심히 해도 될 텐데 왜 굳이 컬럼비아대학원까지 가서 석사과정을 밟았느냐고 묻자, 아프리카에서 생활하며 저

개발국가일수록 네트워크를 중심으로 일하는 것이 효율적이라는 사실을 배웠다면서 장애인인 데다 내세울 만한 배경이 없는 자신에게 컬럼비아대학만큼 확실한 배경이 없었다고 합니다.

그러고 보면 이분과 제가 닮은 구석이 많습니다. 저도 내놓을 배경이 없잖아요. 그래서 하나님이 할 수 없이 S대 출신이라는 이름을 제게 붙여 주신 것 같습니다. 그러지 않으셨다면 온 세상이 저를 무시하지 않았겠습니까? 이렇게 우리가 이적의 인생을 살도록 만세 전부터 계획해 놓으신 하나님입니다.

가난도, 타지 생활도 잘 견딘 해영 씨를 가장 힘들게 한 것은 그녀의 어머니였습니다. 어머니에게 미움 받는 것만은 견딜 수 없었답니다. 정신질환을 앓는 어머니는 "우리 집이 불행해진 건 너 때문"이라면서 해영 씨를 향해 악독한 말들을 자주 쏟아내곤 했습니다. 친엄마가 어찌 이럴 수 있습니까? 이 정도면 자식이 엇나가도 할 말 없는 것 아니겠습니까. 그러나 해영 씨는 스물네 살에 예수를 믿고서 어머니의 핍박 때문에 자신이 구원을 얻었다는 사실을 깨달았다고 합니다. 어릴 적부터 "아프기만 한 아이 갖다 버려라"는 말을 자주 들었는데, 어머니가 구박해 주니까 집안 식구들이 오히려 자신을 불쌍히 여겨 주었답니다. 그러니까 엄마의 구박이 실은 사랑이었던 겁니다.

해영 씨가 편물 기술자가 된 후 어느 해 명절 집에 갔습니다. 어머니에게 별다른 정도 없고 머쓱하게 앉아 있는데 어머니는 먹지도 않는 음식을 계속 내오더랍니다. 해영 씨가 안 먹는다고 해도 어머니는 음식을 계속 차리고…… 그렇게 아침부터 저녁까지 실랑이를 했습니다. 그러다 그만 눈물이 터져서는 두 시간을 울고서 마침내 엄마가 내준 부침개를 먹었습니다. 그런데 그 부침개가 그렇게 맛있더랍니다. 이후로 해영 씨는 '나도 엄마의 사랑을 깨닫기까지 24년이 걸렸는데 누군가가 내 마음을 몰라준들 어떠한가! 원망하지 말고 끝까지 기다려 주자' 결심했답니다.

몇 년 전 해영 씨의 이야기가 담긴 책이 출간되었습니다. 그녀의 스승인 컬럼비아대학교 모이라 교수가 이런 추천사를 썼더군요.

"그녀는 장애를 부정적인 방식으로 정의하지 않고 많은 사람에게 공감을 불러일으키는 의미 있는 인생으로 창조해 냈다."

주인집 창문 너머로 교복을 입은 아이들을 보며 눈물을 훔치던 열네 살 식모가 이제는 세계를 무대로 활약하는 국제 사회복지가가 되었습니다.

세상 가치관으로 보면 저주 받은 인생인데 어떻게 살아 냈느냐는 기자의 물음에 그녀는 이렇게 답했습니다.

"매일 포기하고 싶었습니다. 그렇지만 내가 오늘 죽고 없어져도 세상은 돌아가지 않습니까. 하나도 바뀌는 것이 없지 않습니까. 내가 죽어도 저 별은 떨어지지 않고 어제와 같이 빛날 텐데 내가 죽는 것이 무슨 소용이겠습니까. 그래서 죽더라도 오늘은 살고 죽자고 생각했습니다."

예수 믿는 사람의 인터뷰는 이래야 한다고 생각합니다. 자기 인생을 이렇게 정리할 수 있어야 합니다. 마지막, 그녀는 이런 말로 인터뷰를 맺었습니다.

"엄마에게 매 맞고 자란 기억, 아버지의 죽음이 내게는 다이아몬드입니다. 거기에 빚을 지고 살고 있어요. 행복한 것은 그냥 지나가지만 아픔과 상처는 지나가지 않고 그 자리에 남아 반짝반짝 빛을 냅니다. 다이아몬드처럼 빛나는 아픔과 상처의 힘으로 내가 계속 살아가고 있다고 생각합니다. 건강한 몸으로 살아간다면 얼마나 좋을까 가끔 아쉽기도 하지만, 그러면 제가 놓치는 것들이 있을 거예요. 내가 견뎌 낼 만한 고통이 있다는 것은 축복 중의 축복입니다."

우리는 힘든 환경을 광야에 빗대곤 합니다. 그러나 광야 같은 곳이 또 어디 있겠습니까? 광야는 정신적·육체적으로 버림 받은 인생을 단단하게 합니다. 하나님께서 우리를 위해 광야를 예비하셨다고 합니다. 그곳에서 우리를 직접 양육하겠다고 말씀하십니다. 주님의 이런 광야 양육 덕분에 해영 씨가 얼마나 빛난 인생이 되었습니까!

내 옆에 아이를 낳지 못하게 하는 능력자는 누구입니까? 배우자입니까, 시부모입니까, 처가 식구입니까, 자녀입니까? 우리가 아파서 애써 부르짖기만 하면 장차 철장으로 만국을 다스릴 예수를 낳게 된다고 합니다. 하나님 보좌 앞으로 올려 간다고 합니다.

이적은 해, 달, 별의 옷을 입은 교회의 영광이 보이는 것입니다. 해산의 고통을 거치는 것입니다. 예수를 삼키려고 하는 사탄의 궤계가 보이는 것입니다. 나의 광야가 하나님이 예비하신 곳이라는 사실을 깨닫는 것입니다. 예수님이 나에게 오시는 것입니다. 해영 씨를 살리신 하나님이 우리도 살리실 줄 믿습니다. 우리 모두가 이런 큰 이적의 주인공 되기를 소원합니다.

● 지금 어떤 광야에 있습니까? 이곳이 하나님께서 나를 양육하고자 만세 전부터 예비하신 곳이라는 사실이 믿어집니까?

우리들 묵상과 적용

중학교 3학년 때, 아버지의 폭행을 견디다 못한 어머니는 집을 나가셨습니다. 아버지는 용돈만 주실 뿐 저를 방치하고 술과 여자를 가까이하셨습니다. 이 사실을 안 교회 친구들은 저를 서서히 피하기 시작했고, 이에 상처를 받은 저는 일탈을 일삼았습니다. 그러던 중 고등학교 선생님의 권유로 무용을 배웠는데, 하나님의 은혜로 원하는 대학에 합격하게 되었습니다. 그러나 기쁨도 잠시, 아버지가 간암으로 돌아가시면서 저는 고아가 되었습니다. 그러자 미워했던 아빠가 그립고 하나님이 원망스러워서 술에 빠져 살았습니다. 광야 고난 가운데서도 저는 하나님 나라를 보지 못했기에 시집을 잘 가게 해 달라는 또 다른 이적만 구했습니다(계 12:3). 제가 기도한 대로 정말 능력 있는 남편과 결혼하게 되자 잘살 거라고 장담했습니다. 그러나 우리 부부는 남편의 잦은 술자리를 이유로 몇 년간 치열하게 싸우다 결국 이혼 서류를 썼습니다. 법원에 제출하지는 않았지만 이후로 남편은 제 곁을 떠났습니다.

한계치의 고난 가운데서 설교를 듣고 또 들으며 하나님께 애를 쓰며 부르짖자 피해의식에 빠져 있던 제 죄가 보이기 시작했습니다(계 12:2). 부모님께 받지 못한 사랑을 남편에게 원하고, 남편 탓을 하며 예수님이 아닌 저 자신이 왕 노릇 하려 했던 죄를 회개하게 되었습니다. 그러던 중, 룻이 믿음의 계보를 잇고자 보아스의 발치 이불을 든 설교말씀을 들었을 때 그와 비슷한 일이 일어났습니다(룻 3:9). 술 취해 집에 들어온 남편에게 자연스레 다가갔다가 둘째 딸을 임신하게 된 것입니다. 이 일로 우리 부부는 이혼의 위기에서 벗어날 수 있었습니다.

그러나 해산의 고통과 같은 이적을 경험하고도(계 12:2), 진짜 이적을 분별하지 못하니 하나님은 자녀 사건으로 저를 찾아오셨습니다. 당시 10살이던 딸은 ADHD 치료를 받고 있었습니다. 그런데 하루는 딸이 라디오에 사연을 보냈다가 채택되지 않자 "지금 무시당한 것 같아서 폭발할 것 같거든요!"라는 내용의 문자메시지를 방송국에 보냈습니다. 그 문자를 보니 평소 제 모습이 떠올랐습니다. 어머니에게 받은 상처가 여전히 남아 있던 저는 걱정 어린 조언조차 무시하는 말로 받아들였습니다. 그러다 보니 무시당한다고 느낄 때마다 분노로 가족을 괴롭혔습니다. 딸의 수고로 이런 제 모습을 직면하자 '왜곡된 생각과 폭언을 끊어야겠다'는 생각이 들었습니다. 이 사건으로 제가 거쳐 온 고난의 광야가 하나님의 세팅이었음을 깨닫게 되었습니다(계 12:6). 더불어 어머니를 전도하여 함께 교회에 다니는 이적을 경험하게 되었습니다. 큰 이적을 행하신 하나님께 영광을 돌립니다.

영혼의 기도

하나님 아버지, 자신을 움직이는 초인적인 힘은 어머니에게 매 맞고 자란 과거와 아버지의 죽음이라고 고백하는 김해영 선교사님의 이야기를 들었습니다. 그는 자신이 겪은 고난이 다이아몬드이고, 그것을 반짝반짝 닦아서 많은 사람을 살리는 데 쓰고 싶다고 말합니다. 자신은 그 고난에 빚진 자라고 합니다.

주님, 우리가 오늘 어떤 환경에 있든지 해, 달, 별의 영광을 입은 성도의 신분이라는 것을 깨닫고 기억하기 원합니다. 그리하여 세상의 영광이 아니라 하나님 나라의 영광을 보고 사모하는 우리가 되게 해 주시옵소서. 나의 모든 환경을 잘 통과하여 본향인 천국에 이르기 위해서는 반드시 해산의 고통을 치러야 한다고 하십니다. 모든 과정이 너무 아프고 힘들지만 그것이 우리 가정에, 나의 삶에 예수가 나시는 고통인 것을 알게 하옵소서. 그래서 하나님의 영광과 감히 경쟁하는 사탄의 또 다른 이적을 분별해 낼 수 있는 능력을 저희에게 주옵소서. 돈의 권세, 명예와 학벌의 권세가 대단해 보여서 하나님보다 의지하고 싶지만, 이것이 이적이 아니라 사탄의 궤계임을 깨닫게 해 주옵소서.

우리는 광야 같은 삶을 살면서 '나는 왜 이렇게 살아야 하는가' 늘 불평합니다. 그러나 하나님이 우리를 양육하고자 광야를 예비하셨다고 합니다. 광야 양육이 계속된다고 하더라도 우리가 그것을 잘 견디고 인내함으로 큰 이적의 주인공이 되기 원합니다. 주님, 이 땅에서 내가 원통하고 한탄할 일이 없다는 것을 알게 하옵소서. 우리 모두 김해영 선교사님처럼 큰 이적을 창출해 내는 주인공이 되도록 역사하여 주옵소서. 예수님 이름으로 기도드립니다. 아멘.

하늘의 전쟁

요한계시록 12장 7~11절

06

하나님 아버지, 우리가 날마다 치르는 전쟁이
하늘의 전쟁이 되기를 원합니다.
말씀해 주시옵소서. 듣겠습니다.

◇◆◇

남북이 휴전한 지 벌써 70여 년이 지났습니다. 6·25전쟁 당시 저는 젖먹이였기에 그 시절을 기억하지 못합니다. 그리고 전쟁을 온몸으로 겪은 분들은 이제 80~90세를 바라보고 있죠. 한 세대가 지나가면서 처참했던 전쟁의 기억이 점점 잊히고 있습니다. 전쟁을 경험하지 못한 요즘 젊은이들이 어찌 그 참담함을 알겠습니까.

한국전쟁은 세계정세와 이념 대립 및 당리당략이 날줄과 씨줄처럼 얽인 복잡한 배경 속에서 발발됐습니다. 1945년 일본 제국주의의 패망과 함께 한반도도 광복을 맞이하지만 삼팔선을 기준으로 북에는 소련군, 남에는 미군이 진주하면서 우리나라 정치가들 사이에도 이념 대립이 일기 시작했습니다. 그러다 결국 1948년 남쪽의 자유민주주의 대한민국과 북쪽의 조선민주주의 인민공화국이라는 각각의 정부를 수립하기에 이르렀죠. 서로 정치적 목적이 달랐기에 이후로도 남북은 삼팔선을 사이에 두고 크고 작은 다툼이 이어졌습니다. 그러다 소련과 중국의 지원을 받은 북한 공산군이 1950년 6월 25일 주일 새벽 4시경 기습적으로 남침을 감행하였고, 이후 3년 1개월간 계속됐던 전쟁은 휴전 체제에 들어가면서 남과 북은 오랜 분단 상태에 놓이게 되었습니다.

남과 북이 또다시 전쟁한다면 우리나라는 어떻게 될까요? 북한은 악하고 남한은 선합니까? 그런 것은 중요하지 않습니다. 또다시 전쟁이 일어나면 우리는 모든 것을 잃게 될 것입니다. 예수를 믿는 자라면 전쟁도 하나님의 관점으로 바라볼 수 있어야 합니다. 성경도 "전쟁은 여호와께 속한 것"이라고 말합니다(삼상 17:47). 이 땅에서 일어나는 전쟁이 하늘의 일과 연관되어 있다는 뜻입니다.

지난 말씀에서 큰 이적이란 무엇인지 네 가지로 이야기했는데, 저는 그것을 한마디로 '전쟁'이라고 정의하고 싶습니다. 우리가 해, 달, 별을 입은 교회의 영광을 볼 눈을 갖기까지 얼마나 수없이 전쟁을 치릅니까. 나에게 예수가 오시기 위해 치르는 해산의 수고도 전쟁과 맞먹는 싸움입니다. 사탄이 삼키려는 것을 막는 일 또한 전쟁 아닙니까? 광야 훈련도 정말 전투와 같습니다. 이런 모든 전쟁 가운데서 가장 무서운 것은 하늘의 전쟁입니다. 적을 잘 알면 백전백승이라는 말처럼 우리가 전쟁을 잘 치르려면 먼저 대적의 실체를 잘 파악해야 하지 않겠습니까? 우리와 싸우고자 덤벼드는 사탄의 정체를 알면 모든 전쟁에서 승리할 수 있습니다.

사탄은 패배자입니다

7 하늘에 전쟁이 있으니 미가엘과 그의 사자들이 용과 더불어 싸울 새 용과 그의 사자들도 싸우나 8 이기지 못하여 다시 하늘에서 그들이 있을 곳을 얻지 못한지라_계 12:7~8

하늘에 전쟁이 있다고 합니다. 땅에 사는 우리는 하늘의 전쟁에 대해 잘 알지 못합니다. 인생을 살다 보면 해석되지 않는 전쟁이 있지요. 그러나 "여호와 하나님이 땅의 흙으로 사람을 지으시고 그 코에 생기를 불어넣으시니 사람이 생령이 되니라"는 말씀처럼(창 2:7), 성경은 영적 세계가 실재한다는 것을 분명히 증거합니다. 다만 우리의 영안이 어두워져서 이 영적 세계가 보이지 않을 뿐입니다. 열왕기하 6장에서 아람 군대보다도 더 많은 하나님의 불말과 불병거가 엘리사 눈에는 보이는데 사환은 보지 못하는 것처럼 말입니다(왕하 6:14~17).

그런데 사람들은 영적 세계를 보지는 못해도 부인하지는 않습니다. 그래서 점과 복술이 인간 생활 깊숙이 자리하고 있죠. 많은 사람이 점집을 찾아다니며 미래를 묻고, 이사나 결혼 날짜도 손 없는 날을 따져 가며 택합니다. 그러나 이런 것은 참된 영적 세계가 아닙니다. 일곱 머리와 열 뿔을 가진 용이 또 다른 이적이라는 지난 말씀처럼, 미신이나 복술, 점술 따위는 용의 세계, 사탄의 세계에 속한 것들입니다.

사탄은 본래 천사 중에서 뛰어난 자였습니다. 사탄을 두로 왕에 빗댄 에스겔 28장 말씀을 보면 그가 본래 '하나님께 기름 부음을 받고 지키는 그룹(천사)'이었다고 이야기하죠(겔 28:14). 그러나 마음이 교만해져서는 자신이 창조주 하나님과 비길 수 있다고 착각하고 반역하다가 결국 땅으로 쫓겨나게 되었습니다(벧후 2:4). 계시록에 여러 재앙이 언급됐는데 이 모든 재앙의 배후에 바로 사탄이 있습니다. 즉, 모든 재앙의 중심에 서 있는 중요하고도 위험한 존재를 오늘 본문에서 말하고 있는 겁니다.

계시록 12장은 예수님과 사탄의 대결을 여러 가지 모습으로 표현합니다. 지난 6절까지는 사탄을 예수님을 삼키려 하는 자로, 12절까지는 예수님의 부활과 승천을 방해하는 자로, 13절부터는 예수를 낳은 자, 곧 교회를 박해하는 자로 표현합니다. 그러나 용이 아무리 용을 쓰며 달려들어도 사탄은 패배자입니다. 왜 그럴까요? 미가엘은 하나님의 군대장관, 즉 예수 그리스도의 대리자입니다. 그러므로 사탄과 겨루는 미가엘의 싸움은 곧 예수님의 싸움이지요. 그런데 이 예수님이 우리를 위해 십자가에 달려 돌아가셨습니다. 사탄은 온갖 더러운 방법으로 우리를 꼬이지만, 예수님은 백팔십도 다른 방법, 피조물을 위해 창조주가 죽는 방법으로 이 싸움을 싸우셨습니다. 사탄은 그리스도의 이런 헌신적인 사랑을 죽었다가 깨어나도 알 수 없습니다. 이것이 사탄이 패할 수밖에 없는 결정적인 이유입니다. 승리의 비결은 능력이 아니라 사랑입니다.

그러나 예수께서 이기셨어도 새 하늘과 새 땅이 이루어지기까지 천사장 미가엘과 사탄의 싸움은 계속될 것입니다. 우리 삶에 영적 전쟁이 끊이지 않을 것입니다. 믿음의 조상 아브라함의 인생만 보아도 그렇습니다. 그는 하나님께 소명을 받고 고향 갈대아 우르를 떠나 약속의 땅 가나안에 이릅니다. 그런데 가나안에 와서 보니, 함의 후손인 이 가나안 사람들이 너무 무시가 됩니다. 하나님이 그를 가나안 선교사로 불러 주셨는데 현지인들이 꼴 보기가 싫은 것이죠. 그래서 무슨 일만 생기면 떠나고 싶어 합니다. 자꾸 남방으로, 남방으로 내려갑니다. 우리도 그러지 않습니까? 해, 달, 별의 영광을 입은 아름다운 교회 공동체로 우리를 불러 주셨지만, 아직 세상에 마음이 열려 있어서 문득문득 공동체를 떠나고 싶잖아요.

그러나 하나님은 아브라함을 사랑하시기에 가만히 내버려 두지 않으십니다. 하나님께 묻지도 않고 자꾸 떠나는 아브라함에게 하는 수 없이 말씀하십니다. 어떻게요? 사건으로요. 기근을 허락하시고, 애굽 왕 바로를 속인 일로 죽을 위기에 처하게도 하십니다. 우리도 너무 정신을 못 차리면 하나님이 이렇게 맴매를 드실 수 있습니다. 주일마다 골프 치러 다니느라 예배를 빼먹는 사람에게 "골프 좀 끊으라"고 하면 말을 듣습니까? 이런저런 핑계를 대며 기어코 골프장으로 향합니다. 어떨 때 골프를 안 칩니까? 다리가 부러져야 안 칩니다. 그래서 하나님도 어쩔 수 없이 사건을 통해 말씀하시는 거예요.

아브라함이 얼마나 수없이 전쟁을 치렀습니까? 예수 믿고 걸어가도 일생이 전쟁입니다. 그런데 이런 전쟁을 일으키는 배후에 사탄이 있다는 말입니다. 하나님을 믿고 왔으면 약속하신 가나안에 딱 있어야 하는데 눈에 보이는 것이 아무것도 없으니까 사탄의 꼬임에 넘어가 홀랑 도망을 갑니다. 하나님 뜻대로만 걸어가면 "승리는 내 것일세", "예수 이름으로 승리를 얻었네" 날마다 개선가를 부르며 살 텐데, 여전히 마음이 세상을 향해 열려 있어서 쓸데없는 전쟁을 치릅니다. 사탄은 패배자라는 것을 알고 싸워야 하는데 매사 영적 싸움인 걸 몰라서 자꾸 패배합니다.

오늘 하나님을 대신해 싸우는 존재로 미가엘이 등장합니다. '미가엘'이라는 이름은 '누가 하나님과 같은가'라는 뜻입니다. 미가엘은 하나님께 충성하는 의로운 천사를 가리킵니다. 우리도 이 미가엘처럼 그리스도의 이름으로 싸워야 합니다. "누가 하나님과 같은가!", "하나님을 이길 자가 없다!" 외치면서 나아가야 합니다. 그렇게 그리스도의 이름으로 싸울 때 그리스도께서 대신 싸워 주십니다.

사탄의 실체를 아는 것이 승리의 비결입니다. 사탄은 하나님을 거역하는 자입니다. 그러므로 우리도 하나님을 거역하면 사탄과 똑같은 자입니다. 그리스도의 이름으로 싸우면 그리스도께서 대신 싸워 주시지만, 하나님을 거역하면 사탄의 하수인이 되는 겁니다. 그리스도의 대리자가 될 것인가, 사탄의 도구가 될 것인가. 중간은 없습니다. '저 사람은 성품이 착하니까 믿는 사람보다 나아' 이런 것은 없다는 말입니다. 아무리 성품이 뛰어나고, 선행을 많이 쌓고, 재물이 많아도 예수를 믿지 않으면 사탄의 하수인입니다. 그리스도의 대리자와 사탄의 하수인, 여러분은 어떤 이름표를 달고 살겠습니까?

> 8 이기지 못하여 다시 하늘에서 그들이 있을 곳을 얻지 못한지라
> 9 큰 용이 내쫓기니 옛 뱀 곧 마귀라고도 하고 사탄이라고도 하며
> 온 천하를 꾀는 자라 그가 땅으로 내쫓기니 그의 사자들도 그와 함
> 께 내쫓기니라_계 12:8~9

그리스도께서 십자가에서 죽으시고 부활하시자 패배한 사탄은 하늘에서 있을 곳을 얻지 못하고 이 땅으로 쫓겨났습니다. 그런데 이 쫓겨난 용, 옛 뱀 곧 마귀라고도 하는 사탄이 '온 천하를 꾀는 자'라고

합니다. 지상으로 쫓겨난 사탄이 공중 권세를 잡고서 이 세상을 잠시 지배하고 있다는 말입니다. 사탄은 이미 패배했는데도 여전히 꿈틀거리며 우리를 위협합니다. 실제로 뱀은 죽은 후에도 오랫동안 꿈틀거린다고 하더군요. 그래서 마치 살아 있는 것처럼 느껴진답니다. 사탄도 마찬가지입니다. 이미 죽었는데 살아 있는 것처럼 으르렁거립니다. 최후의 몸부림을 하며 지난 이천 년간 우리를 위협해 왔습니다. 그러나 이천 년이 긴 것 같아도 잠시입니다. 우리가 그리스도의 이름으로 나아가 십자가에서 날마다 죽으면, 사탄은 그런 우리를 결코 이길 수 없습니다.

- 나에게 찾아온 기근을 영적인 시각으로 해석하고 있습니까? 문제가 올 때마다 두려워서 패배자인 사탄의 꼬임에 넘어가지는 않습니까?
- 나는 말씀에 순종하는 그리스도의 대리자입니까, 하나님을 거역하는 사탄의 하수인입니까?

사탄은 온 천하를 꾀며 참소합니다

큰 용이 내쫓기니 옛 뱀 곧 마귀라고도 하고 사탄이라고도 하며 온 천하를 꾀는 자라 그가 땅으로 내쫓기니 그의 사자들도 그와 함께 내쫓기니라_계 12:9

9절을 다시 보겠습니다. 본문은 사탄을 여러 가지 이름으로 표현합니다. 첫째로 '큰 용'이라고 합니다. 큰 용은 3절의 붉은 용과 같은 말로, 사탄의 잔인함을 드러내는 이름입니다. '옛 뱀'은 아담과 하와를 꾀인 사탄으로 그 간교함을 보여 줍니다. 에덴동산이라는 부족할 것 없는 환경에서도 인간을 죄에 빠지게 했으니 얼마나 간교합니까.

또한 '마귀'라고 합니다. 그런데 요한복음에서 예수님은 이렇게 말씀하십니다. "너희는 너희 아비 마귀에게서 났으니 너희 아비의 욕심대로 너희도 행하고자 하느니라 그는 처음부터 살인한 자요 진리가 그 속에 없으므로 진리에 서지 못하고 거짓을 말할 때마다 제 것으로 말하나니 이는 그가 거짓말쟁이요 거짓의 아비가 되었음이라"(요 8:44). 예수를 믿지 않으면 모두 아비 마귀에게서 난 자라고 하십니다. 태생이 살인자요, 거짓말쟁이랍니다. 이 말씀이 불편합니까? 로마서에도 "모든 사람이 죄를 범하였으되 하나님의 영광에 이를 사람이 하나도 없다"라고 했습니다(롬 3:23). 우리는 한 사람도 빠짐없이 태생이 살인자요 거짓말쟁이요, 미움을 품은 자입니다.

그런데 이 사탄의 세력이 얼마나 센지 온 천하를 꾀었다고 합니다. 오죽하면 일곱 머리, 열 뿔을 가졌다고 표현했겠습니까. 사탄에게 안 넘어가는 사람이 없습니다. 우리의 육을 흔들고 정신을 흔듭니다. 교만, 오만, 시기, 질투, 이기심, 분노를 우리 안에 더욱 불어넣어 우리 존재 자체를 파괴하려 듭니다. 하나님의 통치를 받지 못하면 이런 사탄의 통치를 받는 것입니다. 그러므로 불신자는 사탄의 사주를 받을 수밖에 없습니다. 이 세상은 사탄의 나라이기 때문입니다. 천하만국이 사탄의 소유라고 했잖아요.

사탄의 통치를 받는 세상 사람은 그 속에 거짓 영과 잔인함, 간교함이 똬리를 틀고 있습니다. 하나님이 없는 모든 결혼, 진로, 사업도 거짓과 간교가 똬리를 틀고 있습니다. 교회라고 예외는 아니지요. 교회도 하나님의 통치를 받지 못하면 사탄의 세력에게 영향을 받습니다. 앞에서 붉은 용이 하늘의 별 삼분의 일을 땅에 던졌다고 했잖아요 (계 12:4). 하늘의 별을 떨어뜨렸습니다. 그만큼 주의 종들을 핍박하고, 한편으로는 타락시켰다고도 볼 수 있습니다. 성도라고 별수 있습니까? 미모에, 돈에, 권력에, 명예에 날마다 넘어갑니다. 나의 육신의 정욕과 안목의 정욕, 이생의 자랑을 북돋아 줄 모든 것에 넘어갑니다. 사탄이 마음먹고 꾀면 안 넘어갈 자가 없습니다.

내가 또 들으니 하늘에 큰 음성이 있어 이르되 이제 우리 하나님의 구원과 능력과 나라와 또 그의 그리스도의 권세가 나타났으니 우리 형제들을 참소하던 자 곧 우리 하나님 앞에서 밤낮 참소하던 자가 쫓겨났고_계 12:10

사탄의 모든 특징 중에 가장 나쁜 것이 참소입니다. 사탄은 '참소하는 자'라는 뜻이기도 합니다. 참소의 사전적 의미는 "남을 해치려고 죄가 있는 것처럼 꾸며서 윗사람에게 일러바치는 것"입니다. 죄 중에도 가장 저질인 죄라고도 할 수 있습니다. 사탄의 주특기가 바로 이 참소입니다. 우리 속의 거짓, 미움, 살의를 들추어서 간교하고도 잔인하게 우리를 참소하는 것이 사탄의 일입니다. 없는 일을 있는 것처럼 만들어서 참소합니다.

히브리서에서 이 참소가 왜 가장 나쁜 죄인지 설명합니다.

"모든 천사들은 섬기는 영으로서 구원 받을 상속자들을 위하여 섬기라고 보내심이 아니냐"(히 1:14).

하나님께서 인간의 옳고 그름을 직고하는 역할을 천사에게 주셨습니다. 그러나 이는 인간을 비방하라는 의미가 결코 아닙니다. 오직 우리의 구원을 온전히 이루시기 위함이지요.

그런데 사탄은 어땠습니까? 욥기 1장을 보면 사탄이 참소하는 자로 하나님 앞에 섰다는 기록이 있습니다. 땅을 두루 돌아다녔다는 사탄에게 하나님이 욥을 언급하며 칭찬하십니다.

"네가 내 종 욥을 주의하여 보았느냐? 그와 같이 온전하고 정직하여 하나님을 경외하며 악에서 떠난 자가 세상에 없느니라!"

그러자 사탄이 말합니다.

"욥이 어찌 까닭 없이 하나님을 경외하겠습니까? 배부르고 등 따듯하니까 그런 것이지요. 그가 안 받은 축복이 없잖아요. 욥의 모든 소유를 치세요. 그러면 욥이 주님을 욕할 겁니다. 두고 보세요!"

이에 하나님이 "내가 욥의 소유물을 다 네 손에 맡기겠다"고 하십니다. 욥을 정말 믿으시니까 자신이 있어서 사탄에게 맡기셨습니다. 욥을 너무 자랑하고 싶으셨습니다. 여러분도 사업이 망했습니까? 하나님이 사탄의 손에 사업을 맡기셔서 그렇습니다. 여러분을 정말 믿으셔서 "사탄의 손에 모든 걸 맡겨도 네가 나를 사랑할 줄 내가 아노라" 하시는 겁니다.

그날로부터 욥의 인생에 폭풍이 불어 닥칩니다. 자녀와 재산을 잃고, 온몸에 피부병이 들고, 부인은 그런 욥을 비난하면서 떠나 버립니다. 그러자 욥의 친구들이 찾아와 그를 정죄합니다. "네가 얼마나 죄를 지었으면 하나님이 이렇게까지 너를 치시겠냐. 우리 모르게 죄를 지은 것이 분명해" 하며 자꾸 고발합니다. 욥기를 보면서 사탄이 마음만 먹으면 살아남을 자가 없다는 것을 깨닫습니다.

그러니까 여러분도 누가 고난당할 때 "네가 바람피워서 그러는 거야", "네가 지은 죄가 있어 그런 것 아니겠어? 네 행동을 좀 돌아봐" 따위의 충고(?)는 삼가기 바랍니다. 이것은 사탄이나 하는 짓입니다. 성경에서 죄를 보라는 것은 본질적인 죄를 말하는 것이지, 도덕적인 죄를 들추자는 게 아닙니다. 그런데 사탄은 자꾸 행위만 들쑤시면서 '네가 얼마나 쓸데없는 존재인지 봐', '너는 죄를 지어서 안 돼!' 하면서 심판대 위에 우리를 세웁니다. 하나님과 우리 사이를 이간하며 우리로 하여금 하나님을 욕하게 합니다. 가장 위험한 재앙은 이처럼 알 수 없는 전쟁에 휘말리는 것입니다.

풍족할 때는 들리지 않다가 돈 잃고 건강 잃고, 내게서 무언가가 사라지면 사탄의 참소하는 소리가 딱 들립니다. '네가 그때 죄를 지었기 때문에 네 사업이 안되는 거야', '네가 어쨌기 때문에 지금 병이 든 거야. 너는 이제 틀렸어.' 사탄이 지난 죄를 들추어내면 그때부터 정죄감에 꽉 막혀서 은혜도 막혀 버립니다.

우리는 하나님의 형상을 따라 그분의 풍성함을 누리도록 지음 받은 존재입니다. 그런데 사탄은 우리가 죄에 막혀서 하나님의 은혜를 알지 못하도록 계속해서 참소합니다. 이 땅에서 어떤 문제를 만나도 하나님의 은혜를 누리면 만사형통인데, 은혜가 가로막히니 내가 의미 없는 인생을 사는 것만 같습니다. 인생이 어디서 와서 어디로 가는지 모르겠습니다. 그저 하루하루 육신의 정욕, 안목의 정욕, 이생의 자랑을 좇아 살아갑니다. 그러면 사탄은 그런 나를 또 참소합니다. 악순환만 계속되는 것이죠.

죄는 하나님과 우리 사이를 갈라놓습니다. 사탄은 나로 죄를 짓게 한 뒤 형사처럼 달려들어서 참소하고 고발합니다. 그러면 인생은 아무 힘이 없습니다. 점점 더 자신이 바보 같게 여겨집니다.

부모에게 자주 정죄당하며 자란 아이는 커서도 자존감이 낮답니다. 또 무의식적으로 부모를 닮아서 자기 자녀에게도 똑같이 대한다고 합니다. 과거 아버지에게 맞고 자란 한 집사님이 어느새 자신도 아들에게 분풀이를 하고 있더라는 이야기를 들었습니다. 이것이 인간이 가는 길입니다. 집집마다 이런 사연 하나씩은 다 있습니다. 어느 집은 알코올중독, 어느 집은 외도, 어느 집은 거짓말…… 모든 가정에 죄가 똬리를 틀고 있습니다. 우리가 다 아비 마귀에게서 났기 때문입니다.

그러니 다른 사람 손가락질할 것이 없습니다. 똥 묻은 개가 겨 묻은 개 보고 짖는다고 남을 정죄할 수 있는 사람이 아무도 없습니다. 그런데도 우리가 자꾸 정죄한다면 사탄을 닮아 가는 것 아니겠습니까. 예수를 믿어도 아비 마귀 자식 시절 습관을 못 벗어나서 다른 사람을 잔인하고 간교하게 참소합니다. 내가 예수 그리스도 안에서 거듭나지 못하면 누구도 예외 없이 그 길로 갑니다.

참소는 사탄의 강력한 무기입니다. 예수 믿지 못하게 하려고, 그래서 영원한 사망, 둘째 사망인 지옥에 던지려고 사탄은 밤낮없이 우리를 참소합니다. 여기에 안 넘어가는 사람이 없습니다. 예수 만나는 길을 봉쇄합니다. 그러나 구원에 관해 하나님이 자신이 있기에 그런 사탄도 잠시 허용하셨습니다. 이는 구원에는 내 힘이 아무 소용없다는 의미이기도 합니다. 내 행위로, 선행으로 구원을 얻는 것이 아닙니다. 나를 위해 죽으신 예수님을 믿는 것, 하나님의 힘을 의지하는 것만이 우리가 구원을 얻는 길입니다.

사탄이 하나님 앞에서 욥을 참소하는 것처럼, 밤낮 나를 참소하는 부모, 형제, 배우자가 있습니까? "너는 죄 있고, 나는 죄 없다" 하면서 나 역시 누군가를 참소하고 있지는 않습니까? 심지어 교회에서도 지체들을 고발하고 있지 않습니까? 우리 속의 이런 사탄을 어떻게 쫓아낼 수 있을까요? 주님은 "들으라"고 말씀하십니다.

- '나 같은 죄인은 구원 받을 수 없어'라고 스스로 참소하며 은혜를 뿌리치고 있지는 않습니까? 죄를 지었을 때 정죄가 아니라 회개로 하나님께 나아가고 있습니까?
- 사탄의 하수인 노릇을 하는지도 모르고 내 가족이나 이웃, 지체들을 참소하지는 않습니까?

하나님의 음성을 들어야 합니다

내가 또 들으니 하늘에 큰 음성이 있어 이르되 이제 우리 하나님의
구원과 능력과 나라와 또 그의 그리스도의 권세가 나타났으니 우리
형제들을 참소하던 자 곧 우리 하나님 앞에서 밤낮 참소하던 자가
쫓겨났고_계 12:10

10절을 다시 보니 요한이 "내가 또 들었다"라고 합니다. 우리는
늘 들어야 합니다. 다른 길이 없습니다. 하나님의 구원과 능력과 나라
와 그리스도의 권세에 관한 말씀을 늘 들어야 합니다. 주님이 십자가
에 달려 돌아가심으로 우리를 구원하셨습니다. 그리고 부활하고 승
천하셔서 능력으로 우리를 통치하십니다. 말씀을 통해서 우리는 이
런 주님의 다스림을 받아야 합니다. 그것이 사탄의 참소에 속지 않는
길입니다.

물론 사탄에게 참소할 명분조차 주지 않는 것이 가장 좋겠지요.
그러나 우리가 다 죄인인데 어떻게 날마다 죄를 이길 수 있겠습니까.
오늘 이겼다고 해도 어제 지은 죄를 생각하며 아파합니다. 옛날에 지
은 죄까지 들추면서 후회하고 또 후회합니다. 그러므로 날마다 하나
님의 구원과 능력, 나라와 그리스도의 권세의 말씀을 들어야 합니다.
어제 발을 씻었어도 오늘 또 씻어야 하듯이, 날마다 말씀을 통해 회
개하며 나의 변호사이신 주님이 나를 위해 중보해 주시길 구해야 합
니다.

그러면 하나님의 구원과 능력, 나라와 그리스도의 권세의 말씀을 듣는 것은 구체적으로 무엇일까요? 나를 괴롭히는 원수로 인하여 내가 하나님의 말씀을 듣게 되는 것입니다. 내 원수가 누구입니까? 예수를 믿지 않으면 아무리 나의 배우자, 가족이라도 원수입니다. 예수를 믿지 않으면 사탄의 편에 서 있는 자니까 원수 맞지요. 한 다리 건너 다른 집에 사는 사람이 또 무슨 원수이겠습니까. 가장 가까이에서 나를 괴롭히니까 원수입니다. 예수님도 "사람의 원수가 자기 집안 식구리라"고 말씀하셨습니다(마 10:36).

　　어제 원수가 나를 참소하기에 내가 말씀을 들으며 인내하고 적용했는데, 오늘 또 나를 참소합니다. 아침에는 자식 원수가 "학교에 안 가겠다" 하며 속 썩이고, 저녁에는 남편 원수가 "집에서 하는 일이 뭐냐" 하며 나를 괴롭힙니다. 그다음 날에는 시부모 원수가 나를 고발합니다. 날마다 이런 원수의 소리를 듣다 보니 내가 하나님의 말씀을 보고 듣게 됩니다. 매일매일 원수가 나를 괴롭혀 주니까 다른 것을 할 겨를이 없어서 세상으로부터 저절로 차단됩니다. 자식이 속 썩이는데 백화점 가서 쇼핑할 생각이 나겠습니까? 그저 하나님만 찾게 되지요.

　　이런저런 고난 때문에 우리가 하나님을 찾으며 그리스도의 권세로 칠하게 되는 거예요. 내 원수가 뭐라고 하는지 들으면서 오늘도 말씀으로 칠하고, 내일도 말씀으로 칠하다 보니까 내 인생에 그리스도의 권세가 두터워집니다. 그런데 괴롭혀 주는 원수 하나 없이 모두가 나에게 잘해 주며 백화점 데려가 주고 명품 사 주면 말씀으로 칠이 되겠습니까?

제가 큐티모임을 인도하던 시절에 늘 앞에 앉아 고개를 끄덕거리며 듣던 분이 계셨습니다. 그런데 이분이 뒤에서는 그렇게 저를 참소했다는 겁니다. 그럴 거면서 모임에는 왜 나오신 건지……. 그 참소한 분도, 그 사실을 알려 주신 분도 결국 멀리멀리 떠나셨습니다. 당시 권위 없이 평신도 신분으로 사역하다 보니 별별 일을 참 많이 겪었습니다. 주님이 초라한 나사렛 출신으로 게다가 목수 아들로 이 땅에 오셔서 얼마나 힘드셨을까 절로 체험했습니다. 이렇게 저도 인생이 핍절하다 보니까 백화점을 갈 시간도, 가고 싶은 마음도 없었습니다. 밤낮 하나님을 찾고 찾다가 여기까지 왔습니다.

그런데 여러분, 제가 평생 백화점 다닌 사람하고 또 다른 것이 뭡니까? 하나님이 영생 화장품으로 둘러 주셔서 좀 있어 보이지 않나요? 제가 뭘 둘러도, 뭘 입어도 다 예쁘고 멋있다고들 합니다. 저를 자랑하려는 게 아니라 여러분도 이런 자신감으로 살라고 말씀드리는 거예요. 신문을 보니 요즘 혼수 전쟁 때문에 난리랍니다. 혼수로 명품을 주고받는 게 관례랍니다. 소위 배웠다는 사람들이 이럽니다. 그러나 지상에서 아무리 잘나도 아이큐가 150 안팎이지만 하나님의 아이큐는 십만, 천만, 억만을 넘습니다. 이런 하나님의 자신감이 우리에게 있기를 바랍니다.

본문에서 사탄과 그의 사자들이 내쫓긴 것을 반복해 강조하는 것은 전쟁의 배후가 누구인지를 분명히 알려 주시기 위함입니다. 당시 그리스도인들이 로마에게 갖은 핍박을 당했잖아요. 그런데 로마가 주적이 아니라는 거예요. "너를 핍박하는 것은 로마가 아니다. 하늘에서 쫓겨 내려온 용이 로마를 움직이고 있다" 하시는 겁니다. "로마가 너희를 극심히 박해하며 사자 밥으로 던져도, 이것은 내가 기독교를 전 세계에 전파하고자 만세 전부터 계획한 일이다. 그러니 로마를 미워하지 말라" 하시는 것이죠. 말씀대로 정말 로마가 복음화되었잖아요.

우리도 그렇습니다. 배우자가, 자녀가, 상사가 나를 힘들게 하는 것이 아니라 그 배후에 있는 사탄을 보아야 합니다. 그들을 위해 기도해야 합니다. 그러면 복음이 전해질 줄 믿습니다. 사탄과의 갈등으로 끊임없이 전쟁이 일어나겠지만 마침내 교회가, 성도가 승리할 것을 믿고 나아가십시오.

● 나를 핍박하는 가족, 배우자, 상사를 미워하느라 나도 죽어 가지는 않습니까? 그들 뒤에 있는 사탄을 보며 애통하며 기도합니까?

고난이 사명으로 연결될 때 전쟁에서 승리합니다

또 우리 형제들이 어린 양의 피와 자기들이 증언하는 말씀으로써 그를 이겼으니 그들은 죽기까지 자기들의 생명을 아끼지 아니하였도다_계 12:11

고난이 우리로 하여금 하나님을 찾게 하는 것은 맞지만, 그것이 사명으로 연결되지 않으면 말짱 도루묵입니다.

사탄과의 싸움에서 미가엘이 이겼습니다. 미가엘의 승리는 곧 그리스도의 승리입니다. 그리스도께서 죽기까지 순종하심으로 인류의 구원을 이루셨습니다. "우리 형제들이 어린 양의 피와 자기들이 증언하는 말씀으로써 이겼다"라는 말씀은, 그들이 내적으로는 예수의 생명을, 외적으로는 자신의 증거를 가지고서 사탄을 이겼다는 의미입니다. 즉, 고난 가운데 예수의 말씀이 들어와 나의 사건을 구원의 사건으로 증거할 때 승리를 얻는다는 말입니다.

배우자가 바람을 피우고 자녀가 속을 썩입니까? 이때 최고의 응답은 내가 복음을 전하는 것입니다. 그 사건으로 하나님이 나를 불러주셨잖아요. 그러니 부끄러울 게 없습니다. 나의 고난을 가지고 나아가 하나님을 담대히 전하십시오. 우리 믿음의 지경이 여기까지 넓어지도록 하나님은 훈련을 허락하십니다.

전도지 한 장 딱 주면서 "예수 믿으세요" 하면 복음이 전해집니까? "내가 이렇게 예수를 믿게 되었어요", "우리 집이 망하고 나니까 내 죄가 깨달아졌어요", "배우자가 바람을 피우니까 내 주제를 알게 됐어요"라는 증거가 있어야 복음을 듣지 않겠습니까. 환난이 주제가 되고 성경이 교과서가 되고 성령이 스승 되시면 전도도 양육도 상담도 자유자재로 이루어집니다. 바로 이것이 하늘 전쟁의 시작이고 결론입니다.

하늘에도 전쟁이 있는데 이 땅이라고 전쟁이 없겠습니까. 풍성한 삶을 살려면 반드시 전쟁이 있어야 합니다. 인류 역사에서 92%가 전쟁이었고 8% 시간만 평화로웠다고 합니다. 이 평안의 기간도 또다른 전쟁을 예비하기 위한 충전의 시간입니다. 전쟁이 있어야 깨어서 예비하게 됩니다.

고난 없이도 예수 잘 믿을 수 있다고요? 신학 공부를 하면 성경이 잘 깨달아질 것 같습니까? 그렇지 않습니다. 오늘 억울한 일을 당하고 내일 배반당하고…… 매일의 사건 속에서 말씀으로 사투하며 나의 고난이 하늘 전쟁이 되는 것이 풍성해지는 비결입니다. 좋은 집을 사고, 공부 잘하고, 배우자가 잘해 주고, 사업이 번창하는 것만 열매가 아닙니다. 바울은 복음을 위해 옥에 갇히기도 하고, 매도 수없이 맞고, 여러 번 죽을 뻔하고, 사십에서 하나 감한 매를 다섯 번이나 맞았지만 가장 풍성한 삶을 살았습니다. 온 세상 사람의 구경거리가 되어 마치 끄트머리에 놓인 자처럼 살았지만 줄 것만 있는 인생이 되었습니다. 저도 저의 고난을 전하면서 풍성함을 자랑하고 있습니다. 그러니까 예수 잘 믿고 싶다면서도 고난은 싫다고 하는 것은 말이 안 되는 소리라는 겁니다. 내가 가진 것 없어도 수많은 전쟁을 치르며 하나님 나라를 깨달았다면 나누어 줄 것만 있는 인생인 줄 믿습니다.

우리는 하나님의 자녀니까 사탄에게는 원수입니다. 그러므로 사탄이 끊임없이 괴롭히는 것이 정상이지요. 내가 예수 믿는데 안 믿는 식구와 갈등도 없이 잘 지낸다면 가짜로 믿는 겁니다. 사탄은 예수 믿는 사람을 어떻게든 깔아뭉개며 "네가 이래도 예수 믿을래?" 참소합니다. 삶 곳곳에서 사탄은 참소할 거리를 찾으며 호시탐탐 기회를 엿봅니다.

우리들교회 목장 보고서에서 읽은 이야기입니다. 한 집사님이 주유소에 기름을 넣으러 갔는데 십 대처럼 보이는 직원이 휴대폰만 들여다보고 있더랍니다. 집사님은 자기도 모르게 "기름 안 넣고 뭐 해?"라며 짜증을 냈습니다. 그러자 직원도 "왜 반말해요?" 하면서 덤벼들더랍니다. 그 순간 분노가 욱하고 치밀어 오르며 집사님의 손이 직원의 머리로 향했습니다. 그러나 때리지는 않았기에 대수롭지 않게 생각하고 주유소를 나왔는데 10분도 안 돼서 경찰에게 전화가 왔습니다. 직원이 신고를 한 것이죠.

여러분이라면 이럴 때 어떻게 하겠습니까? 내 남편, 내 가족이 이런 일을 당했다면 어쩌겠어요? "아주 잘했다! 나를 무시하는 사람한테는 매운맛을 보여 줘야지!" 하겠습니까? 그러면 여러분은 사탄1입니다. "그 아이를 쫓아가서 경찰서에 '경' 자도 못 꺼내게 혼내 줘야지!" 하겠습니까? 그러는 분은 사탄2입니다. "사과는 무슨 사과! 사과는 내가 받아야 해!"라고요? 사탄3입니다.

그런데 이분의 아내 집사님은 "당장 가서 직원에게 사과하라"고 했답니다. 남편이 얼마나 혈기 많은 사람인지 잘 알기 때문이죠. 다행히 이분이 아내 말을 듣고서 직원을 찾아가 진심으로 사과를 했답니다. 그러면서 그 직원이 얼마 전 낙태 수술을 했고 그날 하혈을 해서 일에 집중하지 못했다는 사연도 들었습니다. 집사님은 너무 미안한 마음에 "다시는 낙태하지 말라"는 건방진(?) 부탁까지 하고 왔답니다.

살다 보면 화낼 일이 참 많습니다. '지금은 화내는 게 당연해'라고 여겨지는 일도 많습니다. 그러나 어떤 사건에서도 배후에 있는 사

188

탄을 보아야 합니다. 사탄은 사소한 일로 우리를 넘어지게 합니다. 만일 이 집사님이 아내 말을 거역하고 자기 혈기대로 처리했다고 생각해 보세요. 고소당하고, 감옥에 가고…… 더 곤란한 상황에 빠지지 않았겠습니까? 우리가 하나님의 자녀고, 평소 말씀 적용을 잘 하니까 사탄이 이렇게 참소도 하는 겁니다. 평소 하나님과 친하지 않은 사람은 거들떠보지도 않습니다. 내가 아무 문제 없이 편하게 살고 있다면 나의 신앙을 다시 점검해 보기 바랍니다. 사탄이 거들떠보는 인생이 되어서 하늘의 전쟁을 하는 여러분 되기를 바랍니다.

전쟁은 하나님께 속했습니다. 그러므로 어떤 때에도 하늘의 음성, 말씀을 들어야 합니다. 원수가 핍박해도 잘 당하며, 오늘도 내일도 말씀을 칠하면서 그리스도의 권세를 덧입어야 합니다. 말씀을 모르면 사탄의 밥이 될 수밖에 없습니다. 어린 양 그리스도가 우리 구원을 위해 십자가를 지신 것처럼 내가 죽어지고 썩어지고 밀알이 되는 것이 이기는 비결입니다. 사탄처럼 참소하고 거짓말하며 미워하면 결코 이길 수 없습니다. 모든 고난이 사명으로 연결되어 나의 전쟁을 하늘 전쟁으로 선포하며 나아가는 여러분 되기를 축원합니다.

• 나의 고난과 수치까지도 이야기하며 담대히 하나님을 전합니까? 고난이 부끄러워서 숨기기에만 급급하지는 않습니까?

우리들 묵상과 적용

미국에서 해병대 생활을 하던 저는 부상으로 전역한 뒤, 한국으로 돌아와 회사에 다녔습니다. 그러다 아내와 딸과 함께 뉴질랜드로 이민을 갔습니다. 하지만 부부 싸움 후 아내가 한국으로 가 버려 홀로 어린 딸을 키워야 했습니다. 그러던 중, 아내에게 다른 사람이 생겨서 이혼한 후 다른 여자를 만나 재혼했습니다. 그런데 재혼한 아내의 두 아들과 제 딸의 사이가 좋지 않아 우리 부부는 자녀들 때문에 자주 다투었습니다. 아내와의 불화를 핑계로 저는 외도를 저질렀고, 모든 직원이 회사 대표인 저의 외도를 알게 되어 한꺼번에 그만두는 재앙이 임했습니다. 그 일로 저는 두 번째 아내와도 이혼하고 쫓기듯 한국에 돌아오게 되었습니다.

이후 사탄의 꼬임에 넘어가 외로움과 고독 가운데 전처들을 참소하며, 억울한 마음에 분노했습니다. 그러다 선배의 소개로 교회에 다니던 지금의 아내를 만났습니다. 아내는 자신과의 만남을 이어 가려면 예배를 사수하고, 교회에서 단계별로 양육을 받으라고 했습니다. 저는 아내의 요구대로 교회에서 양육을 받았습니다. 그런데 결혼식을 준비하던 차에 주례를 담당한 목사님은 아내에게 "자녀를 낳아 보지 않았으니 결혼을 다시 생각해 보세요"라고 권면하셨습니다. 하지만 아내는 흔들림 없이 제 딸을 영적 후사로 키우겠다고 다짐했습니다. 그렇게 우리 부부는 신 결혼을 할 수 있었습니다.

　　그러나 저는 딸을 객관적인 시각으로 보지 못했습니다. 두 번의 이혼이 딸에게 상처가 되지 않았을까 염려되었기 때문입니다. 그러다 보니 딸의 교육 문제로 아내와 자주 다투었고, 그때마다 저는 아내를 정죄했습니다. 그런데 목장 나눔을 통해 딸과 분리되지 못한 제 모습을 깨닫고서 열등감과 피해의식에 사로잡혀 온 천하를 꾀는 자가 저였음을 알게 되었습니다(계 12:9). 또한 전처들을 참소했던 죄도 깨달아져서 저와 비슷한 처지에 있는 지체들에게 제 약재료를 나누며 예수님도 증거하게 되었습니다.

　　이렇게 저는 말씀으로 사건을 해석한 후에야 딸을 향한 무분별한 보호를 멈출 수 있었습니다. 그동안은 저 혼자 딸의 양육을 담당해 왔는데 아내에게 엄마의 역할을 부탁하고, "다시는 이혼 얘기를 꺼내지 않겠습니다"라고 목장 식구들과 약속도 했습니다. 권위적인 저 때문에 눌려 있던 아내는 그날 이후 제게 마음껏 화내고 있습니다. "아내를 잘 받아 주셔야 합니다"라는 목장 식구들의 권면대로 적용하기 위해 기도하자, 저도 죽어지고 썩어지고 밀알이 되어 가는 것 같습니다. 모든 고난을 사명으로 받아들여 하늘의 전쟁을 하게 하시는 하나님, 사랑합니다.

영혼의 기도

하나님 아버지, 주께서 우리를 부르시고자 집집마다 전쟁을 허락하셨습니다. 부부간에, 부모 자식 간에, 형제간에도 전쟁이 있습니다. 끊임없이 참소하며 속이는 영이 우리 집안을 강타합니다. 서로가 원수처럼 여깁니다. 그러나 나를 핍박하는 사람의 배후에 사탄이 있는 것을 주님이 알려 주셨습니다. 그러니 그 사람을 미워하지 않게 도와주옵소서.

우리는 예수 그리스도의 자녀로서 이미 이긴 싸움을 싸웁니다. 그러나 우리의 식구들은 주님을 모르기에 일곱 머리와 열 뿔의 권세를 가진 사탄의 하수인으로 살아갑니다. 나를 도탄에 빠트리려는 세력이 나의 자녀이고, 부모이고, 아내, 남편입니다. 아무리 일곱 머리의 좋은 실력과 열 뿔의 권세를 가졌어도, 온 천하를 꾀고 참소해도 사탄은 하늘에 있을 곳이 없어 쫓겨난 자, 이미 패배한 자라고 하십니다. 이를 기억하며 가족의 구원을 위해 내가 죽어지고 썩어지고 밀알이 되게 하옵소서. 내가 썩어짐으로 그들을 하늘나라로 옮겨야 하지 않겠습니까! 온 가족이 천국에서 만나야 하지 않겠습니까! 주님이 나를 위해 십자가에 달려 죽으심으로 승리하신 것처럼, 우리도 자기 십자가를 잘 짊어짐으로 가족 가운데 우뚝 서서 식구들을 하늘나라로 이끌 수 있도록 도와주옵소서. 비록 지금은 모르지만 내가 죽은 뒤에라도 내 가족들이 구원을 위해 싸운 나를 떠올리면서 하늘의 일을 생각하게 되기를 원합니다. 우리 가정에 임한 모든 전쟁이 하늘의 전쟁으로 자리매김할 수 있도록 붙잡아 주시옵소서.

우리가 이미 이긴 싸움을 싸우는 줄 믿사오니, 한 집에 한 사람이라도 성경적인 가치관을 가지고 하늘의 전쟁을 하게 해 주옵소서. 세상은 미움과 탐욕, 정욕으로 얼룩진 추악한 전쟁을 하지만, 하늘의 전쟁을 하는 한 사람이 우리 가정에 있도록 도와주옵소서. 온 식구가 손을 잡고 하늘나라에 입성하는 하늘의 전쟁을 우리가 치르도록 축복하여 주옵소서. 반드시 승리할 줄 믿습니다. 예수님 이름으로 기도드립니다. 아멘.

즐거워하라

요한계시록 12장 12~16절

07

하나님 아버지, 주님이 즐거워하라고 명령하셨으니
어떤 전쟁에서도 우리가 즐거워하기 원합니다.
말씀해 주시옵소서. 듣겠습니다.

◇ ◆ ◇

우리가 즐거운 인생을 살려면 밥을 잘 먹고, 잠을 잘 자며, 사랑하며 살고, 인간관계를 잘 맺고, 성공해야 한다고 말합니다. 전부 맞는 말이지만 정작 "인간관계를 잘 맺으려면 어떻게 해야 하는가?", "잘 먹고 잘 자려면 어떻게 해야 하는가?" 물으면 선뜻 대답하기가 어렵습니다. 결국 '어떻게'가 문제인 것입니다. 저는 '우리가 어떻게 해야 즐거운 인생을 살 수 있는가?' 묻는다면 먼저 영혼이 강건해야 한다고 답하고 싶습니다. 그러려면 우리가 하나님의 즐거움에 참여해야 하지요. 앞 장에서 하늘의 전쟁에 관해 묵상했습니다. 그리고 본문에서 하나님은 우리에게 "즐거워하라"고 명령하십니다. 하늘의 전쟁은 즐거워하면서 치르는 전쟁이라고 말씀하십니다. 아무리 하늘의 전쟁이어도 치열한 사투인데 뭐 그리 즐겁겠습니까. 그런데 왜 하나님은 자신 있게 "즐거워하라!"고 말씀하실까요?

사탄의 때가 얼마 남지 않았기 때문에 즐거워해야 합니다

그러므로 하늘과 그 가운데에 거하는 자들은 즐거워하라 그러나 땅과 바다는 화 있을진저 이는 마귀가 자기의 때가 얼마 남지 않은 줄

을 알므로 크게 분내어 너희에게 내려갔음이라 하더라_계 12:12

'하늘과 그 가운데에 거하는 자'는 교회, 곧 하나님의 백성을 뜻합니다. 그런데 사탄이 크게 분 내어 '너희'에게 내려갔다고 합니다. 여자에게서 난 아들, 곧 예수께서 부활하고 승천하심으로 사탄이 하늘에서 있을 곳을 얻지 못하여 내려갔는데 그 종착지가 바로 '너희'랍니다.

사탄은 왜 크게 분을 낼까요? 자기의 때가 얼마 남지 않은 줄을 알기 때문입니다. 하나님의 아들이신 예수님이 점과 같이 낮아지셔서 인자의 모습으로 이 땅에 오셨습니다. 이를 '초림'이라고도 합니다. 이 초림이 이루어진 지 2천여 년이 지났습니다. 이 시간이 우리에게는 굉장히 길게 느껴지나 하나님의 시간으로는 점도 안 되는 짧은 시간입니다. 그리고 재림, 즉 주님이 다시 오실 때가 곧 이를 것입니다. 그때가 얼마 남지 않아서 사탄이 마구 공격을 하는 것이죠. 계시록 20장에 보면 "또 그들을 미혹하는 마귀가 불과 유황 못에 던져지니 거기는 그 짐승과 거짓 선지자도 있어 세세토록 밤낮 괴로움을 받으리라"고 합니다(계 20:10). 마지막 때가 오면 사탄도 불과 유황 못이 있는 둘째 사망, 우리가 말하는 지옥에 던져질 것입니다. 그러므로 사탄이 온 인류를 지옥으로 끌고 가고자 지금 최후 발악을 벌이는 겁니다.

이 세상은 사탄의 나라입니다. 사탄이 크게 분 내면서 '너희'인 우리에게 왔습니다. 우리를 자기 백성으로 만들려는 게 사탄의 전략입니다. 날마다 일어나는 전쟁 가운데 사탄이 우리를 삼키려고 도사리고 있습니다. 그러면 우리가 무서워해야 할까요? 사탄에게 겁먹을 필요가 없습니다. 왜냐하면 성도는 이미 이긴 싸움을 싸우고 있기 때문입니다.

예수님이 공생애를 시작하시면서 사십 일 동안 사탄에게 시험을 받으셨습니다. 이때 사탄이 자신에게 엎드려 경배하면 천하만국을 주리라고 유혹하지만 예수님은 그런 사탄을 물리치셨죠. 이는 하나님 나라가 우리에게 이미 임했음을 보여 줍니다. 즉, 예수님이 이 땅에 오심으로써 하나님 나라는 이미 임했습니다.

마태복음 12장에도 보면, "내가 하나님의 성령을 힘입어 귀신을 쫓아내는 것이면 하나님의 나라가 이미 너희에게 임하였느니라 사람이 먼저 강한 자를 결박하지 않고서야 어떻게 그 강한 자의 집에 들어가 그 세간을 강탈하겠느냐 결박한 후에야 그 집을 강탈하리라"고 말씀하십니다(마 12:28~29). 여기서 '강한 자'는 사탄을, '강한 자의 집'은 사탄의 왕국을, '그 세간'은 사탄이 소유한 사람들을 말합니다. 그런데 주님이 강한 자, 곧 사탄을 쫓아내셨으니 하나님 나라가 이미 임한 것 아니겠습니까. 예수님이 이 땅에 오신 것은 강한 자 사탄을 이기고 사탄의 왕국에 사로잡힌 우리를 구출하시기 위해서입니다. 주님이 강한 자 사탄을 딱 결박하셨기 때문에 우리는 이미 이긴 싸움을 싸우고 있습니다.

우리는 하나님의 자녀이기에 사탄에게는 원수입니다. 이를 뒤집어 말하면 나의 원수는 곧 하나님의 원수라는 뜻이지요. 그러니 원수인 사탄이 제아무리 분을 내며 와도 하나님이 친히 우리를 보호하십니다. 그래서 하나님이 "즐거워하라"고 자신 있게 말씀하시는 것이지요. 여기서 "즐거워하라"는 명령입니다. 할 수도 있고 안 할 수도 있는 게 아니라, 즐거워할 수 있다는 분명하고도 확실한 메시지입니다. 우리는 이 명령만 따르면 됩니다. "하늘과 그 가운데에 거하는 자들은 즐거워하라"고 하셨으니 즐거워하면 됩니다. 그러면 하나님이 우리를 천국 백성이라고 도장을 쾅쾅 찍어 주신답니다.

우리가 이 말씀을 어떻게 적용할 수 있을까요? 우리는 크게 분내면서 내 인생을 괴롭게 하는 사람을 향해 덩달아 분노하곤 하지요. '세상에, 저 인간이 나한테 어떻게 이럴 수 있지?', '부모가 돼서 어떻게 이럴 수 있어!' 합니다. 그러나 믿는 우리는 그 배후에 있는 사탄을 정확히 보고 분별할 수 있어야 합니다. '아, 저 사람 속에 있는 사탄이 이제 쫓겨나려니까 크게 분을 내는구나!' 이것이 성경을 묵상하는 사람의 태도입니다.

분노하며 나를 물어뜯고 난리를 피우는 사람이 있어도 그는 사탄이 아닙니다. 참소하고 꾀고 분 내는 것은 사탄의 특징이잖아요. 그 속에 사탄이 들어가서 그렇습니다. 사탄이 역사해서 그렇습니다. 우리가 이렇게 배후의 사탄을 분별하면 사람 자체가 밉지 않습니다. 사람 때문에 절망하지 않습니다. 오히려 상대가 극심히 화를 낼수록 '저 사람 속에 있는 사탄이 나가려고 발악하는구나', '사탄의 때가 얼마 안 남았구나' 일어날 일을 미리 바라보면서 즐거워하게 되지요.

누가복음 8장을 보면, 예수께서 거라사의 귀신 들린 자를 고치시자 사람들이 '그가 옷을 입고 정신이 온전하여 예수의 발치에 앉은 것을 보고 두려워했다'고 합니다(눅 8:35). 이처럼 사탄이 쫓겨나면 귀신 들렸던 자가 의의 예복, 구원의 예복을 입고서 예수 앞에 무릎을 꿇는 역사가 일어납니다. 귀신이 나가면 그 자리에 구원이 들어옵니다. 그 러므로 내 곁의 사람이 더 난리를 피우고 화를 낼수록 '이제 구원이 이 르겠구나' 기뻐하고 즐거워하십시오.

앞에서도 이야기했지만 아무리 악한 사람이라도 사탄은 아닙니 다. 다만 그 속에 사탄의 세력이 똬리를 틀고 있는 것뿐이지요. 예수 이름으로 이 사탄을 물리쳐야 하는데, 이 전쟁에서 가장 중요한 것이 "즐거워하라"는 명령을 따르는 겁니다. "믿음은 바라는 것들의 실상 이요 보이지 않는 것들의 증거"라고 하셨잖아요(히 11:1). 하나님이 상 대 속에 있는 사탄의 세력을 물리치고 구원의 세력을 입게 하실 것을 미리 바라보고 즐거워하십시오. 또한 먼저 내 속의 사탄을 물리치며 가십시오. 그것이 다른 사람 속의 사탄을 물러가게 하는 비결입니다. 사탄의 때가 얼마 남지 않았습니다. 어떤 일에도 놀라지 말고 즐거워 하는 여러분이 되기를 바랍니다. 할렐루야!

• 나를 핍박하는 사람의 배후에 있는 사탄의 세력이 보입니까? 그 사람만 미워하느라고 시간과 에너지를 낭비하지는 않습니까? 상대가 발악할수 록 사탄의 때가 얼마 남지 않았다는 것을 믿으며 즐거워합니까?

박해의 때는 양육의 때이기에 즐거워해야 합니다

용이 자기가 땅으로 내쫓긴 것을 보고 남자를 낳은 여자를 박해하는지라_계 12:13

용이 이것도 저것도 안 되니까 예수를 낳은 여자, 곧 교회를 박해합니다. 12절에도 마귀가 자기 때가 얼마 남지 않을 줄을 알고서 땅과 바다에 분을 쏟는다고 했지요. 그러므로 종말의 때에 이 땅을 살아가는 우리에게 화가 임하는 것은 당연합니다. 어쩔 수 없이 박해가 따라옵니다.

"도둑이 오는 것은 도둑질하고 죽이고 멸망시키려는 것뿐이라"는 말씀처럼(요 10:10), 자기에게 속한 자를 도둑질하고 죽이고 착취하는 것이 마귀의 속성입니다. 본문에 '박해하다'라는 말은 헬라어로 '좇다'라는 의미입니다. 이 말씀대로 사탄에게 속하여 돈, 명예, 학벌, 술과 음란을 좇다 보면 예수를 낳은 여자가 눈엣가시처럼 보이지 않겠습니까. 하나님 나라와 사탄의 세력은 반대이기에 세상 성공을 향해 갈수록 하나님 나라가 꼴 보기 싫어집니다.

우리 주변만 보아도 그렇습니다. 사탄에 사로잡힌 사람은 예수가 강해질수록 점점 자기가 설 땅이 없어지니까 열등감에 꽉 차서 분을 냅니다. 또 일이 안 풀리면 예수 믿는 사람부터 박해합니다. 시험을 못 봐도, 사업이 망해도 예수 믿는 가족 탓, 교회 탓이랍니다. 그러므로 누군가 망하고서 내 탓을 한다면 내가 예수를 굉장히 잘 믿는다는 표시로 알고 즐거워하기 바랍니다. 다른 식구도 많은데 나보고만 "당신이 예수 믿어서 망했다"고 하니, 내가 얼마나 예수를 잘 믿는다는 뜻입니까. 하늘나라 상이 클 줄 믿습니다.

또한 주님은 박해를 통해 우리를 양육하시고 겸손케 하십니다. 복음을 박해하던 사울(바울)이 주님의 양육을 받고 도리어 복음을 위해 박해 받는 자가 되지 않았습니까. 사울은 그야말로 열심이 넘치는 사람이었습니다. 당시 사울이 얼마나 대단했습니까. 상품에 비유하자면 KS마크를 단 사람입니다. 베냐민 지파에 다소 출신인 그는 당대 최고 율법학자인 가말리엘의 문하생으로서 대단한 성경 지식을 자랑했습니다. 율법을 좔좔 꿰고, 모국어인 히브리어뿐만 아니라 헬라어에도 능통했습니다. 그런데 이런 그가 주의 도, 예수의 제자들을 향해서는 살기가 등등했습니다. 사도행전을 보면 사울의 열심이 얼마나 들끓었는지 알 수 있습니다.

"사울이 주의 제자들에 대하여 여전히 위협과 살기가 등등하여 대제사장에게 가서 다메섹 여러 회당에 가져갈 공문을 청하니 이는 만일 그 도를 따르는 사람을 만나면 남녀를 막론하고 결박하여 예루살렘으로 잡아오려 함이라"(행 9:1~2).

사울이 아무리 율법을 잘 알아도 진짜가 무엇인지 모르니까 열등감에 싸여 평강이 없습니다. 하나님을 앞서는 내 열심은 곧 사람을 죽이는 열심이라는 것을 사울만 보아도 잘 알 수 있지요. 아이를 박해하는 것은 곧 그 어머니를 박해하는 것이요 어머니를 박해하는 것은 곧 그 자녀를 박해하는 것인데, 이처럼 사울이 교회와 예수 믿는 자들을 박해하자 주님은 그것이 곧 나를 박해하는 일이라고 말씀하십니다.

"땅에 엎드러져 들으매 소리가 있어 이르시되 사울아 사울아 네가 어찌하여 나를 박해하느냐 하시거늘"(행 9:4).

사울은 자신이 옳은 일을 한다고 생각하지만, 예수님은 "어찌하여 나를 박해하느냐"고 하십니다. 그러자 사울이 대답하죠.

"대답하되 주여 누구시니이까 이르시되 나는 네가 박해하는 예수라 너는 일어나 시내로 들어가라 네가 행할 것을 네게 이를 자가 있느니라 하시니 같이 가던 사람들은 소리만 듣고 아무도 보지 못하여 말을 못하고 서 있더라"(행 9:5~7).

"누구시니이까"라는 사울의 말은 곧 "내가 언제 당신을 박해했습니까?"라는 의미입니다. 이에 주님은 "나는 네가 박해하는 예수라"고 다시 한 번 일러 주십니다. 그런데 사울에게 이 말씀이 나팔 소리처럼 들렸습니다. 주님의 음성이 사울 마음속에 깊은 열등감을 건드렸습니다. 스데반이 구약을 구속사로 꿰며 성전 역사와 예수님에 대해 전하던 그 자리에 사울도 있었습니다(행 8:1). 스데반의 주옥같은 설교를 들으며 성경 박사인 사울도 헷갈렸겠지요. 또한 돌에 맞아 죽어 가면서도 천사 같은 얼굴을 하고서 "인자가 하나님 우편에 서신 것을 보노라" 전하던 스데반의 모습도 잊히지 않았을 겁니다. 그러니 이 모든 것이 죄책감으로 남아서 사울을 괴롭히지 않았겠습니까. 사람이 죄의식이 일면 스스로를 참소하게 마련입니다. 나 자신을 향한 참소는 곧 분노로 바뀌고 얼굴은 붉으락푸르락, 위협과 살기가 등등해지지요. 이렇게 사울이 괴로워할 때 주님이 찾아오셔서 물으신 것입니다.

"사울아, 사울아, 네가 어찌하여 나를 박해하느냐?"

"나는 네가 박해하는 예수라!" 이 한마디로 사울의 영적·도덕적 괴로움이 한 방에 날아갔습니다. 주님이 사울의 마음을 만져 주셨습니다. 더 나아가 "너는 그렇게 살 사람이 아니다. 네가 나를 위해 할 일이 있다"라고 사명까지 주셨습니다. 사울과 함께 가던 사람들은 이것을 보지 못했다고 합니다. 오직 사울만 보고 들었습니다.

폴란드의 정신분석학자 빌헬름 스테켈(Wilhelm Stekel)은 "미성숙한 인간은 대의를 위해 고귀하게 죽기를 바란다. 그러나 성숙한 인간은 대의를 위해서 겸손히 살아가기를 원한다"고 했습니다. 사울은 자기의 대의를 위해서 살기등등하게 다메섹으로 향했습니다. 그러나 그가 말하는 '대의'는 예수 믿는 자들을 죽이는 일이었습니다. 이렇듯 빗나간 사명을 가진 자가 어떻게 즐거워할 수 있겠습니까. 전도하겠다면서 살기등등한 태도로 "예수 믿어라" 하면 상대에게 복음이 전해집니까? 내 열심으로 사람을 죽이면서 "나는 주의 일을 한다"고 말할 수 있습니까? 성숙한 인간은 대의를 위해 겸손히 살아가기를 원한다고 했습니다. 겸손하지 못하면 결코 즐거워할 수 없습니다. 그래서 주님은 우리에게 박해를 허락하십니다. 즉, 박해의 때가 내가 양육되는 시간이라는 말입니다.

그 여자가 큰 독수리의 두 날개를 받아 광야 자기 곳으로 날아가 거기서 그 뱀의 낯을 피하여 한 때와 두 때와 반 때를 양육 받으매_계 12:14

용의 박해로 죽음의 위기를 맞은 이때 여자가 독수리의 두 날개를 받아 광야, 자기 곳으로 날아가 양육을 받습니다. 지난 6절 말씀에서도 여자가 하나님이 예비하신 광야에서 천이백육십 일 동안 양육을 받았다고 했는데, 여기서도 여자가 한 때와 두 때, 반 때 동안 광야 양육을 받는다고 합니다. 이 말씀은 신명기와 출애굽기에서 그 구체적인 의미를 찾아볼 수 있습니다.

"여호와께서 그를 황무지에서, 짐승이 부르짖는 광야에서 만나시고 호위하시며 보호하시며 자기의 눈동자같이 지키셨도다 마치 독수리가 자기의 보금자리를 어지럽게 하며 자기의 새끼 위에 너풀거리며 그의 날개를 펴서 새끼를 받으며 그의 날개 위에 그것을 업는 것 같이"(신 32:10~11).

독수리는 새끼를 둥지 밖으로 억지로 밀어내서 나는 연습을 시킨다고 합니다. 새끼 스스로 날지 못하니까 공중에 억지로 떨어뜨려서라도 나는 법을 배우게 하는 것이죠. 새끼가 어설픈 날갯짓을 하다 아래로 곤두박질치면 공중을 선회하던 어미 독수리가 잽싸게 날아와 자신의 큰 날개로 새끼를 받아 냅니다. 하나님도 우리를 이렇게 양육하십니다. 험한 세상 가운데 우리를 딱 떨어뜨리셨다가 땅에 떨어지기 직전에 자신의 날개로 받아 내어 보호하십니다.

출애굽기에도 동일한 말씀이 나옵니다.

"내가 애굽 사람에게 어떻게 행하였음과 내가 어떻게 독수리 날개로 너희를 업어 내게로 인도하였음을 너희가 보았느니라 세계가 다 내게 속하였나니 너희가 내 말을 잘 듣고 내 언약을 지키면 너희는 모든 민족 중에서 내 소유가 되겠고"(출 19:4~5).

당시 이스라엘 백성에게 애굽이 얼마나 무섭고 떨리는 대상이었습니까. 그러나 하나님이 독수리 날개처럼 이스라엘을 업으셔서 높은 곳에 오르게 하셨습니다. 그들이 상상하지도 못한 방법으로 애굽에서 구출해 내셨습니다.

독수리는 가장 높이 나는 새입니다. 온 땅이 독수리 날개 아래 있듯 세계가 다 하나님께 속했습니다. 아무리 무서운 애굽이라도 하나님 손 아래 있지요. 애굽을 흥하게도 망하게도 하실 수 있는 분이 하나님입니다. 그러므로 지금도 "로마의 식민 지배 아래서 힘드니? 로마도 애굽과 같단다. 내 손 아래 있어. 너희가 지하 무덤에 살며 고통 받는 것도 분명한 이유가 있단다!" 이 이야기를 하시는 겁니다.

하나님은 험한 세상에서 자기 백성을 기적적으로 양육해 가십니다. 하나님은 모세를 애굽 바로의 궁에 두기도 하시고, 미디안 땅에서 양 치는 자로 살게도 하셨습니다. 다윗도 여러 광야를 떠돌게 하시고, 바울은 광풍이 이는 바다와 감옥에 두시기도 하셨습니다. 요한은 밧모섬에 갇히게 하시고, 세례 요한은 빈 들에, 엘리야는 호렙산 광야에, 요나는 물고기 배 속에 두셨습니다. 이 모두가 양육의 장소, 광야입니다. 이 세상이 광야입니다. 그러나 믿는 자는 어떤 험한 광야를 가더라도 주님의 등에 업혀 양육을 받습니다.

계시록이 쓰인 당시는 그리스도인이 숨어 살던 지하 무덤이 광야 교회였습니다. 위기 가운데 주님이 허락하신 피난처가 바로 우리의 광야입니다. 그곳에서 주님이 친히 우리를 양육해 주십니다. 주님이 큰 날개로 업어 나를 데려가시는 그곳, 모두가 떠나고 내가 홀로된 그곳이 말할 수 없는 기적이 쏟아지는 은혜의 광야인 줄 믿습니다. 정말 사람은 외로워 보아야 합니다. 나 홀로 주님을 일대일로 대면해야 합니다.

그리스도인들을 그토록 박해하던 로마가 A.D. 313년 기독교를 공인하고 A.D. 392년에는 국교로 제정했습니다. 저는 로마의 역사를 보며 북한을 떠올립니다. 로마만큼이나 북한의 기독교 박해가 말도 못한데, 나라가 분단된 지 벌써 70년이 지났습니다. 짧다면 짧고 길다면 긴 시간입니다. 사탄의 하수인 역할을 하던 로마도 복음화되지 않았습니까? 저는 북한을 통해서도 선교의 장이 열리리라고 믿습니다. 아무 뜻 없이 전대미문의 박해를 받는 것이 아닙니다. 하나님이 북한을 크게 사용하실 것입니다. 그러므로 북한을 위해 더 기도해야 합니다. 지금도 북한의 많은 교인이 목숨을 걸고 지하 교회에서 예배를 드리고 있습니다. 우리보다 훨씬 아름다운 교회가 북한에 있습니다. 하나님이 남한만 사랑하시고 북한을 미워하시는 게 아니라는 말입니다.

"내가 너로 여자와 원수가 되게 하고 네 후손도 여자의 후손과 원수가 되게 하리니 여자의 후손은 네 머리를 상하게 할 것이요 너는 그의 발꿈치를 상하게 할 것이니라 하시고"(창 3:15).

여자의 후손이신 예수 그리스도께서 사탄의 머리를 치셨기에 우리는 이미 승리한 자입니다. 그러나 사탄이 발꿈치를 상하게 할 것이라고 하셨으니 주님이 재림하실 때까지 아픈 일도 분명히 있습니다. 중요한 것은 치명적인 상처가 아니라는 사실입니다. 나를 양육하시고자 긴장을 잃지 말고 깨어 있으라고 발꿈치가 상하는 아픔 정도만 허락하신답니다.

"한 때와 두 때와 반 때를 양육 받는다"라는 말씀은 이 영적 전쟁이 유한하다는 의미입니다. 하나님이 작정하고 개입하시는 시간이기에 우리는 잘 기다리기만 하면 됩니다. 남북 관계도 잘 기다리면 즐거워할 날이 반드시 올 것입니다. 저는 하나님이 우리나라를 향해 어마어마한 계획을 품고 계시리라고 확신합니다. 그런데 우리는 어떻습니까?

제가 큐티모임을 인도하던 시절 남편의 반대로 자녀를 교회에 보내지 못하는 한 집사님이 학생 큐티모임에 아들을 보내셨습니다. 그런데 모임이 끝나고서 그분이 이러시더군요. "아들이 교회에 못 가니 여기라도 보내야겠어요. 시험 기간만 아니라면 모임에 보낼게요." 교회는 남편이 무서워서 못 보내고, 큐티모임은 시험이 무서워서 띄엄띄엄 보내겠답니다.

세계가 하나님께 속했는데 이처럼 우리는 무서운 게 많습니다. "너희가 모든 민족 중에 내 소유가 되리라"는 출애굽기 말씀은 "내 말을 잘 듣고 내 언약을 지키면"이라는 중요한 조건이 따릅니다. 그러니 내 할 일 다 하고 남는 시간에 예배를 드리겠다는 것은 근본적으로 잘못된 생각입니다. 아직도 남편, 아내, 부모, 자녀가 무서워서, 돈이 무서워서 광야에서 양육 받지 못하고 세상의 종, 사탄의 종으로 살고 있지는 않습니까?

• 하나님이 나를 양육하고자 두신 광야는 어디입니까? 내게 허락하신 박해의 시간이 양육의 시간으로 바뀌고 있습니까?

어떤 조류에도 떠내려가지 않게 하시기에 즐거워해야 합니다

여자의 뒤에서 뱀이 그 입으로 물을 강같이 토하여 여자를 물에 떠
내려가게 하려 하되 _ 계 12:15

사탄을 뜻하는 뱀이 여자, 곧 교회를 떠내려가게 하려고 물을 토
합니다. 우리가 광야 양육을 받고서 참소도, 박해도 넘어서려고 하니
까 이번엔 사탄이 떠내려갈 정도의 물을 강같이 토해 냅니다. 이사야
서에서도 비슷한 말씀이 나옵니다. "네가 물 가운데로 지날 때에 내가
너와 함께할 것이라 강을 건널 때에 물이 너를 침몰하지 못할 것이며
네가 불 가운데로 지날 때에 타지도 아니할 것이요 불꽃이 너를 사르
지도 못하리니"(사 43:2). 믿는 자에게 물과 불을 지나는 훈련이 기다리
고 있다는 겁니다.

큰 조류에 우리를 떠내려가게 하는 것이 사탄의 또 다른 수법입
니다. 안락함, 쾌락주의, 물질만능주의, 무신론, 세속주의, 인본주의,
신공산주의, 과학지상주의 등등…… 우리를 세상 풍조에 휩쓸리게
해서 예수께 향하는 길을 가로막는 것이죠. 무섭게 때리고 위협해서
꿇어앉히는 것보다, 이런 세상 풍조들이 우리 믿음의 길을 더욱 방해
합니다.

로마 시대 이전인 구약시대에는 애굽, 앗수르, 바벨론, 바사, 헬라
등 갖은 민족이 이스라엘의 대적으로 등장했습니다. 그런데 신약시대
가 시작된 후로는 로마 외에 강력한 대적 나라가 부상하지 않았습니

다. 이때부터는 조류, 곧 각종 사조(思潮)가 판치는 시대입니다. 막시즘 (marxism), 네오막시즘(neo-marxism), 포스트모더니즘(postmodernism), 휴 머니즘(humanism) 등등 각종 이즘(ism)이 교회를 괴롭히고 생명의 가치 관을 파괴합니다. 우리 안에 성경적 가치관을 흔듭니다.

특히 인터넷 시대가 도래하면서 우리는 정보의 홍수 속에 살고 있습니다. 인터넷상에서는 누군가가 쓴 글이 즉시 정보가 되고, 검증 되지 않는 정보가 사실로 둔갑하기도 합니다. 그 출처가 지성인의 입 에서 나온 것이라면 묻지도 따지지도 않고 믿습니다. 이런 세상 조류 에 떠내려가지 않을 자가 어디 있겠습니까. 사탄이 놓은 덫 중에 가장 무섭습니다.

이단도 무서운 이즘입니다. 영계(靈界)에 속한 영역이기에 더 위 험합니다. 성경에서도 "이단에 속한 사람을 한두 번 훈계한 후에 멀리 하라"고 하지 않습니까(딛 3:10). 내가 바꿔 보겠다면서 호기롭게 발을 담갔다가는 같이 떠내려가기 십상입니다. 겉보기로는 교회와 똑같이 성경을 가르치잖아요. 어떻게 내가 분별할 수 있겠습니까. 지금도 셀 수 없이 많은 사람이 이단의 꼬임에 휩쓸리고 있습니다. "거기 석박사 도 있고 부자들도 많대", "거기서 돈 좀 벌었대" 하면 너나없이 달려갑 니다.

> 땅이 여자를 도와 그 입을 벌려 용의 입에서 토한 강물을 삼키니
> _계 12:16

그런데 땅이 여자를 도와 용이 토한 강물을 삼킨다고 합니다. 과거 이스라엘 백성은 다른 세력의 도움 없이 오직 하나님의 능력만 의지해서 홍해를 건넜습니다. 그러나 오늘날 성도는 예수 그리스도께서 승천하신 뒤 남겨 두신 교회이기에, 주님이 땅의 세력을 사용하셔서라도 떠내려가지 않도록 도우십니다. 그래서 때로는 세상 세력이 믿는 나를 돕습니다. 땅의 세력의 도움을 받아서 구원의 일을 하기도 합니다. 아브라함도 그랬습니다. 그가 아내 사라를 누이라고 속여 위기에 빠뜨린 그랄 왕 아비멜렉에게서 도리어 육축과 은, 종들까지 얻지 않았습니까(창 20장).

박해와 유혹이 가득한 세상에서 하나님은 자신의 자녀를 때마다 시마다 도우십니다. 고라 일당이 모세에게 반역했을 때는 땅을 갈라서 그들을 삼켜 버리시고, 사울이 다윗을 해하려 했을 때는 블레셋 군대를 일으키셔서 사울의 주의를 돌리셨습니다. 사울(바울)이 기독교인들을 잡아 죽이려고 했을 때도 "사울아, 사울아" 다급히 그를 붙들어 막으셨습니다.

1945년 8월 15일, 일제에 억압을 받던 우리나라가 해방을 맞았습니다. 그런데 훗날 알려진 바에 의하면, 해방일로부터 이틀 뒤인 8월 17일에 조선의 모든 기독교 지도자들을 체포해서 죽이라는 지령이 당시 조선총독부에 내려진 상태였다고 합니다. 그런데 이 지령이 수행되기 직전에 일본에 원자폭탄이 투하되며 우리나라가 광복을 맞이하게 된 것이죠. 주의 행사는 정말 신묘막측합니다(시 139:14).

저 역시 그렇습니다. 하나님이 저를 택하지 않으셨다면 지금의 저는 없었을 것입니다. 이단의 유혹에 빠질 수도 있었지만, 주님이 보호하셔서 말씀을 인격적으로 읽게 하시고 비교적 건강한 신앙으로 이끌어 주셨습니다. 또 날마다 말씀을 통해서 기도가 부족한가, 말씀이 부족한가, 찬양이 부족한가, 선교가 부족한가 돌아보게 하시며 치우치지 않는 삶을 살게 하십니다. 이처럼 성숙한 신앙생활을 하도록 저를 이끄시는 것은 영혼 구원을 위해 저의 모든 인생을 쓰시기 위함이라고 생각합니다.

특히 남자 성도들의 나눔을 들어 보면 포르노의 유혹을 이기지 못해 괴로운 분이 많은 것 같습니다. 그나마 그리스도인들은 그것이 죄인 줄 알고 고백하고 회개하지만, 세상 사람들은 죄라고도 생각하지 않는답니다. 물론 정욕에서 온전히 벗어날 수 있는 사람은 없습니다. 그러나 앞에서 우리가 예수를 믿는다는 것은 철장으로 만국을 다스리시는 주님의 뒤를 따르는 것이라고 하지 않았습니까(계 12:5)? 영혼 구원을 위해 애쓰는 사람이 내 감정과 의지, 정욕 하나 다스리지 못하면 어쩝니까? 세상 조류가 강처럼 쉴새 없이 흘러들어 오지만, 주님을 붙드는 자는 결코 떠내려가지 않습니다. 그러기에 하나님이 자신 있게 "즐거워하라"고 말씀하시는 겁니다. 이 하나님 안에서 즐거워하기 바랍니다.

부모가 세상 조류에 휩쓸리면 자녀들도 떠내려가게 마련입니다. 아무리 자녀를 억지로 말씀 보게 하고 용돈을 쥐어 주면서 교회에 보내도, 부모가 온몸으로 세상 성공만 향해 달려간다면 자녀가 그걸 보고 그대로 따르지 않겠습니까. 어려서 모르는 듯해도 다 압니다. '엄마,

아빠가 정말 나의 구원 때문에 애통한가, 나를 성공시키려고 교회에 보내는 것은 아닌가?' 오롯이 보고 느끼고 있습니다. 우리가 정말 구원 때문에 아파서 애써 부르짖으면 주님이 땅의 세력을 통해서라도 우리의 자녀를 도와주시리라고 믿습니다. 구원 때문에 애통하며 내 가족을, 이웃을 업어서라도 교회에 데려다 놓으면 하나님께서 나도, 그 사람도 주의 날개 아래 모으셔서 눈동자같이 보호하실 것입니다.

하나님의 명령대로 즐거워하면서 하늘의 전쟁을 치른 한 분을 소개합니다. 바로 엘리자베스 요한나 셰핑(Elisabeth Johanna Shepping), 한국 이름으로는 서서평(徐舒平)이라고 불리던 여선교사입니다. 독일 출신인 그녀는 아홉 살에 미국으로 건너가 간호사가 되었고, 서른두 살 독신 여성으로서 우리나라에 온 간호 선교사입니다. 1912년 2월 한국 땅에 파송된 그녀는 전남 지역과 제주도에서 주로 사역했습니다. 그녀가 활동하던 당시 광주(전남)는 약 45만 가구, 220만 인구 가운데 굶주린 인구가 무려 88만 명, 걸인이 11만 명에 이르렀다고 합니다.

그녀는 한번 순회 진료 여행에 나서면 한 달 이상 말을 타고서 270km가 넘는 거리를 다녔습니다. 진흙탕 길에 말이 쓰러지면 백 리 길을 걸어서 다녔다고 합니다. 1921년 그녀가 선교부에 보낸 편지 내용입니다.

"이번 여행에서 500명이 넘는 조선 여성을 만났습니다. 성한 사람 한 명 없이 모두 굶주리거나 병들고 소박을 맞아 쫓겨난 여자들이 었습니다. 또 그중 이름을 가진 사람은 열 명도 안 되었습니다. 조선 여자들은 대부분 '돼지 할멈', '개똥 어멈', '큰 년', '작은 년' 등으로 불리더군요."

정말 가슴이 미어지는 일 아닙니까? 한평생 "큰 년아", "개똥 어멈아!"라고 불린다고 생각해 보세요. 서서평 선교사는 그런 여성들에게 이름을 지어 주고 한글과 성경을 가르쳐 주었습니다. 또한 한국 최초 여성 신학교인 이일학교(현 한일장신대 전신)를 세워 여성들을 가르쳤습니다. 사회적으로 소외된 여성들을 깨우치고자 여성운동에 끊임없이 힘썼을 뿐 아니라 우리나라 개신교와 간호계 발전에도 공헌했습니다.

1929년, 49세에 안식년을 맞은 서서평 선교사는 고국으로 돌아가 어릴 때 자신을 버리고 떠난 어머니를 만났습니다. 그런데 어머니는 가난하고 고된 선교사 생활로 초췌해진 딸을 보고 "네 몰골이 부끄러우니 썩 꺼지라"면서 문전박대를 했답니다. 그렇게 평생 어머니의 사랑을 받지 못한 그녀는 다시 한국으로 돌아와 한국 아이들의 어머니가 되어 주었습니다. 어려서 어머니를 잃고 한센병 환자인 아버지에게도 버려진 아들 요셉을 포함한 열네 명의 한국 아이를 입양하여 훌륭하게 키워 냈습니다. 또 38명의 과부와 함께 살면서 그들이 자립하도록 도왔습니다.

1933년 서서평 선교사는 한센병 환자들을 모아 서울로 행진을 벌였습니다. 한센병 환자에게 정관수술을 강행하려는 일제 총독부의 정책에 반대하기 위해서였습니다. 이때 530여 명의 한센병 환자가 동참했다고 합니다. 그녀의 이런 노력 끝에 총독부는 정책을 폐기하고 소록도에 한센병 환자를 위한 갱생원을 세워 주었습니다. '한센병 환자의 어머니'라는 별칭은 이때 얻은 것입니다. 그녀는 한국 여인들처럼 치마저고리를 입고 고무신을 신고 아이들을 등에 업고서 한센병 환자들을 돌봤습니다. 사진 자료를 보니 처음 한국에 왔을 때 그녀는 예쁘고 젊은 서양 여성이었는데, 한국 생활 몇십 년이 지난 후엔 영락없는 우리네 어머니 차림새를 하고 있더군요.

이처럼 한국의 친구가 아니라 한국인으로서 복음에 헌신한 서서평 선교사는 1934년 6월 풍토병을 앓다가 소천했습니다. 얼마나 가난했는지 남겨진 재산이라고는 다리 밑 거지들에게 찢어 나누어 주고 남은 담요 반 장, 동전 7전, 강냉이 가루 2홉뿐이었다고 합니다. 침대 맡에는 그녀가 평소 좌우명 삼았던 문구가 걸려 있었습니다.

"Not success but service. 성공이 아니라 섬김이다."

당시 한 일간지에서 그녀에 관한 글을 실었는데 그녀를 '다시 태어난 예수'라고 소개했습니다. 서서평 선교사의 일생을 묵상하면 머리를 숙일 수밖에 없습니다. 어머니에게 버림받고 조선이라는 알려지지도 않은 나라에 와서 가난하고 소외된 아이들의 어머니로서 살아가는 삶이 어찌 쉬웠겠습니까. 그런데도 서서평 선교사의 이런 업적이 최근에야 알려졌다고 합니다. 마치 숨긴 보석처럼 역사에 묻혀 있다가 드디어 드러나 빛을 발한 것이죠. 그러므로 '이 땅에 사는 동안 인정받는가 아닌가'는 중요하지 않습니다. 천국에서 인정받는 게 최고입니다.

우리에게도 받은 은혜를 나누어야 하는 사명이 있습니다. 그런데 이런 말을 들으면 우리는 가슴이 철렁하지요. '선교는 선택이 아니다. 반드시 해야 하는 일이다'라는 표어를 보면 '나는 그렇게 못 살 것 같은데 어쩌나……' 싶습니다. 그러나 서서평 선교사만큼은 못하더라도 나의 자리에서 선교사 될 수 있는 비결이 바로 '즐거워하는 것'입니다. 모든 전쟁을 즐거워하십시오. 결혼생활, 자녀 양육, 학업과 진로, 직장 생활, 인간관계…… 삶 속에서 치르는 모든 전쟁 속에서 즐거워하십시오. 즐거워하는 것이야말로 모든 사람을 주님께로 인도하는 비결입니다.

계시록이 말하는 '큰 이적'은 전쟁입니다. 우리는 땅의 전쟁을 하늘의 전쟁으로 바꿔 임해야 합니다. 하나님은 하늘의 전쟁을 즐거워하라고 하십니다. 왜냐하면 사탄의 때가 얼마 남지 않았기 때문입니다. 나를 박해하는 자가 있어도 그 속의 사탄이 물러갈 것을 믿음으로 바라보면서 이긴 싸움을 싸워 가십시오. 그럴 때 즐거워하게 될 것입니다. 어떤 박해도 양육으로 변할 것입니다.

세상 시선으로 보면 서서평 선교사에게 즐거워할 거리가 무엇이 있었겠습니까. 그러나 그녀는 즐거워했습니다. 실제로 생전에 그녀가 쓴 편지에는 "한국 생활이 정말 즐겁다"라고 쓰여 있다고 합니다. 이름조차 없던 조선 여인들, 가난하고 불쌍한 아이들, 소외된 한센병 환자들의 아픔을 만져 주면서 더없이 기뻐했다는 겁니다. 정말 하늘나라의 기쁨이 얼마나 큰지요!

하나님은 어떤 조류에도 흘러 떠내려가지 않도록 우리를 보호하십니다. 그런데 하나님을 떠나서 세상 조류에 휩쓸리는 자녀들을 보면 얼마나 가슴이 아픈지 모르겠습니다. 앞으로 이 땅이 어찌 될지 걱정이 앞섭니다. 사탄이 토한 물, 곧 이 세상 즐거움에 내가, 나의 자녀가 떠내려가지 않도록 늘 깨어서 기도하십시오. "즐거워하라"는 하나님의 명령에 순종하여 어떤 시간, 어떤 환경, 어떤 전쟁에서도 즐거워하기를 바랍니다.

- 내가 즐거워하지 못하는 자리, 환경, 문제는 무엇입니까? 물질만능주의, 인본주의, 쾌락주의, 포스트모더니즘 등등 각종 사조와 조류에 휩쓸려 떠내려가지는 않았습니까?
- 여러 방법으로 나를 보호하시는 하나님을 의지하여 나의 감정과 의지, 정욕을 다스리고자 노력합니까?

"즐거워하라"는 명령입니다.
할 수도 있고 안 할 수도 있는 게 아니라,
즐거워할 수 있다는 분명하고도 확실한 메시지입니다.
우리는 이 명령만 따르면 됩니다.
"하늘과 그 가운데에 거하는 자들은
즐거워하라"고 하셨으니 즐거워하면 됩니다.
그러면 하나님이 우리를 천국 백성이라고
도장을 쾅쾅 찍어 주신답니다.

우리들 묵상과 적용

큰오빠는 아버지의 잦은 폭행으로 초등학생 때 집을 나갔습니다. 그 사건으로 충격을 받은 어머니는 자주 술을 먹다가 스스로 목숨을 끊으셨습니다. 이후 아버지가 뱃일하시느라 자주 집을 비우다 보니 저와 동생은 할머니 댁에 보내졌습니다. 할머니는 저를 미워하며 아버지의 눈을 피해 늘 구박하셨습니다. 그로 인해 저는 6살 때부터 새벽에 일어나 밥을 짓고, 얼음물에 이불 빨래를 하면서 유년 시절을 보내야 했습니다.

어른이 된 후 제게 잘해 주는 남자를 만났는데, 그것이 사랑인 줄 착각하여 결혼했습니다. 하지만 결혼 후 남편은 바람을 피우고 도박을 하며 걸핏하면 제게 폭력을 행사했습니다. 저는 더 큰 고통 속에 살아야 했습니다. 그러다가 큰아들이 장애 판정을 받던 날 "이 아이를 통해 제가 더 주님을 찾고 바라보게 해 주셔서 감사합니다"라고 눈물의 기도를 드렸습니다. 하지만 사탄이 크게 분을 내는 것처럼 남편의 폭행과 학대는 더욱 격해졌습니다(계 12:12). 저는 너무 힘들어서 "이제 죽겠습니다. 지옥에 가도 좋으니 저 좀 데려가 주세요"라고 하나님을 원망하며 기도했습니다. 그러자 하나님은 저만 의지하는 어린 두 아들을 보게 하시며, 다시 살아야 한다는 마음을 주셨습니다. 그 마음으로 3년 동안 회사에 다니고 부업을 하며 돈을 모아 아이들을 데리고 기독교 재단 쉼터로 도망갔습니다. 그곳에서 저는 믿음 생활과 직장 생활을 하며, 이혼 재판을 준비하여 이혼했습니다.

하지만 이혼한 뒤에 마음이 편해지자 신앙생활을 멀리하게 되었습니다. 용이 토해 낸 세상 풍조에 떠내려가고 싶어서 겉모습을 꾸미고 악하고 음란하게 살기 시작했습니다(계 12:15). 그러다 지금의 남편을 만나 재혼했지만 결혼생활은 무척 힘들었습니다. 그러나 하나님은 설교말씀과 목장예배를 통해 저를 붙잡아 주셨습니다. 이 모든 일이 저의 구원을 위해 하나님이 허락하신 일들이라는 것을 깨닫게 해 주셨습니다. 남편과 환경을 탓하며, 환경이 편해지면 하나님보다 세상을 가까이한 죄도 회개하게 되었습니다.

이후 말씀대로 남편에게 복종하니, 하나님은 제 마음에 평안과 즐거움을 부어 주셨습니다. 남편도 변하여 열심히 예배드리고 부부목장에도 참여하며, 저보다 더 말씀 적용을 잘 하고 있습니다. 고난 중에 늘 저와 함께해 주시며, 독수리 날개를 받아 광야로 날아가서 양육 받도록 인도해 주신 하나님, 사랑합니다(계 12:14).

영혼의 기도

하나님 아버지, 사탄이 쏟아 낸 큰 분으로 인해 우리 삶에 고통과 아픔이 넘쳐납니다. 그러나 사탄의 때가 얼마 남지 않았고 결국 사탄은 쫓겨날 것이기에 주님은 즐거워하라고 명령하십니다. 우리가 받을 상이 크기에 박해 가운데서도 즐거워하라고 명령하십니다. 주님, 전쟁 같은 삶 속에서 연약한 우리가 어찌 즐거워하겠습니까. 세상이 알지 못하는 그 즐거움을 우리도 알고 싶지만, 현실은 사탄이 토해 내는 세상 풍조에 떠내려갈 뿐입니다. 세상의 조류를 거슬러 올라가기가 너무 어렵습니다.

주님, 안팎으로 영적 전쟁이 계속되니 이제는 지쳐 버렸습니다. 그러나 주님이 우리의 아픔을 다 알고 있다고 말씀하십니다. 독수리같이 주님의 날개로 우리를 품어 주실 줄 믿습니다. 주님이 예비하신 광야에서 우리를 양육해 주실 줄 믿습니다. 하나님과 믿음의 공동체가 우리를 꽉 붙들어 세상 속으로 침륜되지 않도록 도와주시옵소서.

기가 막힌 전쟁 속에서 우리가 즐거워하기를 원합니다. 내 옆의 식구가 분을 낸다고 할지라도 사탄의 세력은 무너지고 그 속에 구원이 임할 것을 믿음으로 바라보게 하옵소서. 그 배후에 있는 사탄의 세력을 분별하게 하시고, 먼저 내 속의 사탄이 물러가게 하옵소서. 내 속의 사탄이 물러가는 만큼 내 옆 사람 속의 사탄도 물러갈 줄 믿습니다.

사탄에게 사로잡힌 나의 가족, 이웃을 보면서 애통히 여길 수 있는 마음을 허락해 주옵소서.

주께서 즐거워하라고 명하셨으니 즐거워하겠습니다. 즐거운 일 하나 없어도 늘 즐겁게 주의 일에 헌신한 서서평 선교사의 기쁨이 우리에게도 임하게 하옵소서. 박해를 받더라도, 가난하더라도, 문제가 해결되지 않더라도 예수 그리스도께서 이미 이기셨음을 믿고 즐거워하도록 도와주옵소서. 예수님 이름으로 기도드립니다. 아멘.

남은 자손

요한계시록 12장 17절

08

하나님 아버지,
우리가 남은 자손이 되기를 원합니다.
말씀해 주시옵소서. 듣겠습니다.

출생 통계에 따르면 2020년 우리나라 출생아 수는 27만 5,815명으로, '0.84명'이라는 역대 최저이자 세계 최저 출산율을 기록했다고 합니다. 청년 실업, 결혼 기피 현상이 갈수록 고착화되면서 출산율이 나날이 떨어지고 있습니다. 반면에 지난 40여 년(1961~2008년)간 우리나라는 연평균 경제 성장률 8%를 넘어서며 경제 규모 세계 10위권인 선진국 반열에 올랐습니다. 6·25 전쟁 중에도 한 해 50만 명 이상의 아이를 낳았는데, 그러고 보면 열악한 환경이 저출산 문제의 원인은 아닌 것 같습니다. 다자녀 가정에 여러 혜택을 제공하며 국가적으로 출산 장려에 힘쓰고 있지만, 저출산 문제는 좀체 해결될 기미가 보이지 않습니다. 도대체 왜 이런 문제가 생겨난 것일까요? 저는 여기에 영적인 원인이 있다고 봅니다.

계시록 6장부터 인 재앙이 시작됩니다. 첫 번째 인 재앙은 흰말을 탄 자가 나아와서 이기고 또 이기려 하는 것입니다(계 6:2). 우리나라를 가리켜 백의민족, 동방예의지국이라고도 하지만 실상은 참 전투적인 민족 같습니다. 한때 최빈국에서 경제 규모가 세계 10위권인 선진국이 되었는데도 남과 비교하느라고, 이기고 또 이기느라고 곳곳에서 얼마나 피 말리는 전쟁을 하는지 모릅니다. 입시 전쟁, 입사 전쟁, 프로젝트 전쟁…… 오로지 자신의 입신양명에만 관심을 기울이

느라 가정생활에 소홀하고 결혼도, 출산도 기피합니다. 이런 이기심에서 벗어나 우리 영혼이 바로 설 때 저출산 문제도 해결되지 않겠습니까?

영이 강건해야 육이 강건합니다. 땅의 전쟁을 하늘의 전쟁으로 바꾸는 발상의 전환이 일어나면 어떤 박해도 내게 양육이 되고, 즐거워하면서 영육이 강건해집니다. 하나님은 오늘 이런 자를 가리켜 '남은 자손'이라고 하십니다. 그러면 '남은 자손'은 구체적으로 어떤 사람들일까요?

남은 자손은 하나님을 하나님 되게 하는 자들입니다

용이 여자에게 분노하여 돌아가서 그 여자의 남은 자손 곧 하나님의 계명을 지키며 예수의 증거를 가진 자들과 더불어 싸우려고 바다 모래 위에 서 있더라_계 12:17

지난 말씀에서 하늘에서 내쫓긴 용(사탄)이 아들을 낳은 여자(교회)를 박해하지만, 하나님이 여자를 광야로 데려가서서 삼 년 반 동안 보호하셨습니다. 그런데 17절에 이르자 사탄이 여자를 넘어 여자의 남은 자손과 더불어 싸우려고 합니다. 여자에게 남은 자손이란 누구를 말할까요?

예수님이 이 땅에 오셨을 때, 즉 초림 때도 사탄은 교회를 핍박했습니다. 이후로 지금까지 끊임없이 교회를 핍박하고 있죠. 그러므로 남은 자손은 문자적으로는 재림과 가까운 시대의 교회들을 말하고, 더 나아가 하나님의 계명을 지키며 예수의 증거를 가진 자들, 곧 하나님의 모든 자손을 가리킵니다.

사탄은 늘 교회와 싸우고자 합니다. 하나님이 택한 백성을 양육해 가실수록, 우리 믿음이 성숙해질수록 사탄은 더더욱 분노합니다. 반면에 하나님의 자손답지 않은 사람은 거들떠보지도 않습니다. 싸움을 걸지 않습니다. 세상은 딱 두 부류입니다. '하나님 편에 선 자인가, 사탄의 편에 선 자인가.' 중간지대는 없습니다. 그러니 왜 나만 이런 지질한 고난을 겪어야 하느냐고 불평하지 마십시오. 사탄과의 싸움은 성도에게 필연입니다. 계시록 17장에도 성도를 가리켜 '어린 양과 더불어 싸우는 자들'이라고 합니다. "그들이 어린 양과 더불어 싸우려니와 어린 양은 만주의 주시요 만왕의 왕이시므로 그들을 이기실 터이요 또 그와 함께 있는 자들 곧 부르심을 받고 택하심을 받은 진실한 자들도 이기리로다"(계 17:14). 우리는 그리스도와 함께 이미 이긴 싸움을 싸우는 자들입니다.

지난 말씀에서 하나님이 어떤 조류에도 흘러 떠내려가지 않도록 우리를 붙드시기에 즐거워하라고 했습니다. 이 말씀을 듣고서 우리들교회 성도들이 각자 목장에서 자신이 어떤 조류에 흔들리는지 나누었습니다. 인본주의, 쾌락주의, 다원주의 등등…… 목장 보고서를 읽어 보니 정말 다양한 조류에 휩쓸리고 계시더군요. 이런 조류들이 얼마나 그럴듯합니까? 정말 인간의 힘으로 세상 조류를 거스르기란 불가능합니다.

이 노도 같은 조류를 거스르지 못하게 하는 데 세대 간의 격차도 한몫하는 것 같습니다. 한 집사님이 자녀와 함께 아이돌 가수의 공연을 다녀왔는데 너무 좋아하며 함성을 지르는 아이를 보고서 한편으로 가슴이 서늘했답니다. 교회에서는 아이가 이렇게 즐거워하는 모습을 본 적이 없는데 아이돌 가수에 비할 수 없이 좋은 복음을 어찌 전해야 할지 암담했다는 거예요.

또 조류 하면 디지털 기술을 빼놓을 수 없습니다. '컴퓨터가 영혼을 가질 수가 있는가?'라는 주제가 사회 화두일 만큼 우리는 '컴퓨터 만능의 시대'를 살고 있습니다. 클릭 한 번이면 내가 원하는 모든 것을 보고 듣고 가질 수 있으니 만능이라 부를 만하지요. 금융 서비스나 각종 세금 납부, 장 보기, 쇼핑, 독서 등 우리가 발품 파는 수고 없이 인터넷 세상 안에서 모든 것이 이루어지니까 그야말로 컴퓨터가 하나님이 되었습니다.

저는 제가 컴퓨터를 사용하게 될 줄 몰랐습니다. 큐티모임을 인도하던 시절에는 가는 볼펜으로 묵상을 깨알같이 적은 큐티노트 한 권이면 충분했습니다. 그러다 신학 대학원에 갔는데 수기 리포트는 받지 않는 겁니다. 그래서 어쩔 수 없이 컴퓨터를 배우게 되었지요. 어떤 분은 회의에 참석했는데 모두가 노트북이나 태블릿 PC 하나씩은 들고 앉아 있더랍니다. 자신만 공책에다 필기하는데 열등감이 들었다나요. 컴퓨터가 뭐기에 가지지 못했다고 열등감까지 느끼는 건지…… 정말 컴퓨터가 종교화된 시대가 도래했습니다. 마치 컴퓨터를 종교처럼 신봉하며 의지합니다.

"너희가 그것을 먹는 날에는 너희 눈이 밝아져 하나님과 같이 되리라"는 사탄의 유혹에 넘어가 인간이 선악과를 먹었습니다(창 3:5~6). 그 결과 모든 것이 하나님을 대신하며 우상으로 자리매김하게 되었습니다. 과학, 물질, 외모, 명예 등 수많은 것을 하나님 자리에 올려놓고 신봉합니다. 이렇게 '나도 하나님처럼 될 수 있다'는 사탄의 꼬임에 넘어간 자들이 모인 곳이 바로 세상입니다. 그러므로 세상과 사탄을 분리하여 생각해서는 안 됩니다. "너희는 너희 아비 마귀에게서 났다" 하신 주님의 말씀처럼(요 8:44), 예수를 믿지 않으면 우리는 모두 마귀의 자녀들입니다.

그러나 가고 오는 세대에 깨어 있는 자들이 있습니다. 바로 '여자의 남은 자손'입니다. 이들은 물질과 쾌락이 만능인 세상 가운데서 하나님만이 하나님 되신다고 고백하는 자들입니다. 세상 사람들에게 하나님이 하나님 되심을 보여 주는 자들입니다. 물론 하나님은 우리가 증명하지 않아도 스스로 계시는 지존자이십니다. "나는 스스로 있는 자이니라(I AM WHO I AM)"(출 3:14). 그러나 하나님은 보혜사 성령님을 보내셔서 여자의 남은 자손을 양육하시고, 그들을 통하여 영광 받기를 원하십니다.

그런데 이를 발 벗고 나서서 방해하는 자가 바로 사탄입니다. 사탄은 남은 자손이 하나님이 하나님 되심을 나타내는 것을 매우 꼴 보기 싫어합니다. 말씀대로 믿고 살고 누리는 인생, 돈과 쾌락을 따르지 않고 보혜사 성령님을 의지하는 인생들을 기어코 방해하려 합니다. 분 내면서 성도의 길을 막습니다. 그래서 우리가 예수를 잘 믿을수록 주변 사람들이 얼마나 분노하는지 모릅니다. 겉으로는 잘 지내는 듯 보여도 남은 자손과 사탄의 자녀는 물과 기름처럼 섞이려야 섞일 수 없습니다.

12장에서 용이 두 번 분노합니다. 자기의 때가 얼마 남지 않을 것을 알고서 분 내고(12절), 자신이 강같이 토해 낸 여러 조류가 땅에 삼켜지자 여자에게 분노합니다(17절). 그러고는 사탄이 어떻게 하지요? 여자의 남은 자손과 더불어 싸우려고 합니다. 교회 공동체에 적대적인 감정을 품는 것입니다. 즉, 사탄이 싫어하는 것이 공동체라는 말입니다. 그런데도 "신앙은 하나님과 내 문제이지 뭘 교회에 가서 사람들에게 지질한 과거사를 나눠!" 합니까? 이것이 사탄의 속성입니다.

교회는 하나님이 예수의 피로 값 주고 사신 공동체입니다. 창세기부터 요한계시록까지 무엇을 기록했습니까? 하나님이 교회를 얼마나 귀히 여기시는지를 주야장천 이야기합니다. 그러므로 우리가 어디에서 무슨 일을 당할지라도 만주의 주시요, 만왕의 왕이신 어린양 그리스도가 대신 싸워 주십니다. 우리가 사탄이 강같이 토해 낸 조류에 휩쓸리지 않는 이유도 여기에 있습니다.

성도의 환난과 고난은 세상 조류를 이겨 낼 힘이 됩니다. 저는 특히 교회 공동체가 가장 막강한 힘이라고 믿습니다. 그래서 하나님도 "하늘과 그 가운데 거하는 자들은 즐거워하라"고 자신 있게 명령하시는 것입니다(계 12:12). 여기서 '하늘과 그 가운데 거하는 자들'이 바로 남은 자손입니다. 우리가 고난 가운데도 즐거워하니까 사탄이 패배했다고 생각해서 하나님의 공동체, 교회를 공격하는 것이지요.

분노한 용(사탄)은 계속해서 전쟁을 일으킵니다. 17절 뒷부분을 다시 보겠습니다.

> ……예수의 증거를 가진 자들과 더불어 싸우려고 바다 모래 위에 서 있더라_계12:17b

용이 여자의 남은 자손과 싸우려고 바다 모래 위에 섰다고 합니다. '바다 모래 위'는 인류가 생존하는 역사의 현장을 말합니다. 주님의 재림을 앞둔 교회 공동체는 그동안 많은 박해와 어려움을 겪어 왔습니다. 그런데 용이 싸우려고 우리 삶의 현장에 여전히 서 있다고 하니, 앞으로 더 혹독한 고난이 오리라고 예고하는 것 아니겠습니까. 남은 자에게 고난이 끝이 없다는 걸 보여 줍니다. 무섭지요? 그래서 계시록으로 설교하면 교인들이 무수히 빠져나간답니다.

그러나 걱정하지 마세요. 다시 한 번 계시록 17장 14절 말씀을 인용하자면, "어린 양과 함께 싸우는 자, 부르심을 받고 택하심을 받은 진실한 자들은 이기리라"고 말씀하십니다. 그러므로 비록 고난이 끊임없을지라도 주님께 부르심 받고 택하심을 받은 진실한 자로 살아가는 것이 가장 큰 기쁨입니다. 이보다 더 큰 기쁨은 없습니다. 어떤 사탄도 주께 부르심 받고 택하심 받은 우리를 이길 수 없습니다.

• 나를 가장 기쁘게 하는 일은 무엇입니까? 하나님께 부르심 받고 택하심
  을 받은 진실한 자라는 사실만으로 기뻐합니까?

남은 자손에게 남은 고난이 있습니다

이 땅은 사탄의 세계이기에 고난이 끝없이 찾아옵니다. 하나님
이 이 땅을 향해 "수고를 그쳐라" 명하셔야 비로소 끝납니다(계 14:13).
그 본을 예수님께서 미리 보여 주셨습니다. 우리 구원을 위해 이 땅에
오셔서 온갖 수치와 조롱을 당하시고, 십자가에 달려 돌아가셨다가
3일 만에 부활하셨습니다. 사도 바울은 이런 그리스도의 고난에 참여
하는 것을 영광이라고 생각했습니다. 그리스도 예수께서 자신을 충
성되이 여겨 고난 받는 직분을 주셨다고 고백했습니다(딤전 1:12). 그러
면서 자신도 그리스도의 몸 된 교회를 위해 남은 고난을 육체에 채우
겠다고 했습니다.

"나는 이제 너희를 위하여 받는 괴로움을 기뻐하고 그리스도의
남은 고난을 그의 몸 된 교회를 위하여 내 육체에 채우노라"(골 1:24).

예수께서 교회를 위해 감당하고자 하신 수난, 그리스도의 남은
고난을 자기 육체에 채우겠다고 했습니다. 갈라디아서에서는 이를
다른 말로 "내 몸에 예수의 흔적을 지니고 있다"라고도 표현했습니다
(갈 6:17). 그런데 우리는 그리스도의 몸 된 교회를 위해 고난을 채우는
게 아니라, 내 욕심만 채우려다가 고난을 당하는 경우가 참 많지요.

바울처럼 성도들을 위하여, 지체들을 위하여 받는 괴로움을 기뻐하며 그리스도의 남은 고난을 내 육체에 채우는 것이 목회자가, 직분자가 가져야 할 태도입니다. 그러면 우리는 "내가 왜 그래야 해요! 미쳤어요?"라는 말부터 튀어나오지만, 부르심 받고 택하심을 받은 진실한 자라면 마땅히 그래야 합니다. 그래야 이긴다는 겁니다. 거저 이기는 법은 없습니다. '육체로 당하는 것'이 복음의 일꾼 된 자세입니다. 예수를 믿어도 때마다 시마다 두려워 떠는 지체들을 위해서 우리의 남은 고난을 육체에 채워야 합니다.

우리는 믿어도 두려운 게 많습니다. 그래서 떱니다. 일어나지도 않은 일로 미리 염려하는 사람이 교회에도 얼마나 많은지 모르겠습니다. 돈 때문에, 학업 때문에, 승진 때문에, 병 때문에, 자녀 때문에, 배우자 때문에 무서워서 떱니다. 예수님은 믿어도 고난 받기는 싫습니다. 제가 아무리 고난이 축복이라고 외쳐도, "고난은 목사님이나 받아요. 나는 은혜만 받을 거예요"가 모두의 주제가입니다.

그런데 여러분, 정말 저도 그렇게 되기를 간절히 원하며 기도하는 것 아세요? 고난은 내가 혼자 짊어지고 갈 테니까 제발 모두 예수 믿어서 천국에서 만나는 것이 제 소원입니다. 그러기 위해서 어떤 값을 치르더라도 좋습니다. 제가 이런 고백을 자꾸 했더니 정말 암에 걸려서 지옥을 겪기도 했습니다. 암을 지나고 보니까 제게 내려놓을 것이 또 있더라고요. 천하보다도 귀한 한 영혼을 주님께 인도하는 것이 제 사명이기에, 어떤 괴로움도 기쁘게 받을 수 있는 겁니다. 날로 날로 이 마음을 제게 주십니다.

그런데 여러분은 어떠세요? 힘들어하는 목장 식구들을 보면 어떤 생각이 듭니까? 염려하고 걱정하다가도 한편으로는 자기 고난만 구구절절 읊어 대는 그들의 이야기를 들어 주기가 지겹습니다. 그래서 우리를 훈련시켜 주는 사람은 자녀밖에 없어요. 자녀가 아무리 몇십 년을 괴롭게 해도 내 새끼니까 참잖아요. 그 마음으로 목장 식구들을 섬겨 보십시오. 자녀 때문에 힘든 분들은 목장 식구들도 잘 섬깁니다. 반면에 자녀 고난이 없는 분들은 섬기지 못할 이유만 백 가지입니다.

우리가 기뻐해야 할 것은 돈, 명예, 지위, 건강이 아닙니다. 오늘 하나님께 부르심 받고 택하심을 받은 진실한 자로 살아가게 하시는 것에 기뻐해야 합니다. 다시 말해, 하나님께 사랑 받고 택함 받고 쓰임 받는 것이 가장 기쁜 일입니다. 사장에게 쓰임 받아도 기쁜데, 천지 만물을 지으신 하나님께 사랑 받고 택함 받고 쓰임 받으니 그야말로 최고의 인생 아닙니까? 그렇게 하나님께 사랑 받고 택함 받고 쓰임 받으면 내게 필요한 것은 주님이 알아서 채워 주십니다.

우리는 '내 고난, 네 고난' 서로 비교하지만 이 땅에서 당하는 것은 잠깐입니다. 눈앞에 놓인 구두 한 켤레, 빵 하나에 연연하면서 맨날 "돈, 돈, 돈" 외치는데, 우리는 창조주 하나님의 택함 받은 자라는 걸 잊어서는 안 됩니다. 하늘나라 상속자가 그저 구두 한 켤레만 바라면서 애걸복걸한다는 게 말이 됩니까? 우리의 기도부터 달라져야 합니다. 왜 이렇게 치사스러운 인생을 삽니까?

좋은 환경, 나쁜 환경이 없습니다. 하나님의 독생자이신 예수 그리스도께서 우리를 위해 죄인이 받는 십자가 형벌을 받으셨습니다.

이 예수님의 사랑과 은혜를 깨달은 사람은 남은 자손이 되어서 어떤 실패도, 슬픔도 너끈히 이깁니다. 어떤 환경에서도 쓰임 받습니다.

남은 자손으로서 내 몸에 그리스도의 남은 고난을 채우는 것, 이 것이 성도에게 가장 큰 영광입니다. 그리스도의 고난에 동참해야 그 리스도의 영광에도 동참할 수 있습니다. 우리가 이 세상에 존재하는 이유는 오직 그리스도를 위해서이지, 나의 유익을 위해서가 아닙니 다. 이런 고백이 나의 고백이 될 때 어떤 멸시와 고통, 손해와 음모, 모 략도 감당할 수 있습니다.

- 나와 상관없는 사람 때문에, 목장 식구들 때문에 받는 괴로움을 기뻐합니 까? '내가 왜 저 사람 때문에 이런 고난을 당해야 해' 하며 관계조차 끊어 버리지는 않습니까?
- 그리스도의 남은 고난을 그의 몸 된 교회를 위하여 내 육체에 채우고 있 습니까? 어떻게 채우고 있습니까? 인내합니까, 절제합니까, 용서합니까, 사과합니까?

남은 자손은 하나님의 계명과 예수의 증거로 고난을 이깁니다

용이 여자에게 분노하여 돌아가서 그 여자의 남은 자손 곧 하나님 의 계명을 지키며 예수의 증거를 가진 자들과 더불어 싸우려고 바 다 모래 위에 서 있더라_계 12:17

그러면 우리는 남은 고난을 어떻게 이길 수 있을까요? 여자의 남은 자손은 곧 '하나님의 계명을 지키며 예수의 증거를 가진 자들'이라고 합니다. 그런데 지난 12장 11절에서 "또 우리 형제들이 어린 양의 피와 자기들이 증언하는 말씀으로써 그를 이겼으니 그들은 죽기까지 자기들의 생명을 아끼지 아니하였도다"라고 했지요. 하나님의 백성이 '자기들이 증언하는 말씀'으로 사탄을 이겼다고 합니다. 그러므로 남은 자손이 이기는 길도 그들이 가진 하나님의 계명과 예수의 증거로 싸우는 것입니다. 이 사실은 우리에게 중요한 진리를 가르쳐 줍니다. 바로 말씀을 바르게 지키도록 성도를 이끄는 것이 교회의 중요한 사명이라는 점입니다. 그래서 목회자에게 설교 사역보다 중요한 것은 없습니다.

설교의 핵심은 그리스도를 선포하는 것입니다. 그런데 이단들도 나름 말씀을 전한다고 하면서 그리스도를 선포합니다. 그러나 그들이 전하는 말씀에는 가장 중요한 '십자가'가 빠졌습니다. 그리스도가 걸으신 십자가 길을 따라 교회와 지체들을 위해 남은 고난을 채우며 죽어지고 썩어지고 밀알이 되는 것이 성도의 사명이라는 진리는 전하지 않습니다. 이는 그리스도가 아닌 나를 인생의 주인으로 여기기에 그렇습니다. 만일 제게 이 사명이 없다면 저도 교회를 내 것이라고 여기면서 권세를 부리지 않았겠습니까? 사탄은 호시탐탐 우리를 노리기에 사명 때문에 걸어가지 않으면 우리는 금세 무너집니다. 그러므로 목회자가 십자가의 복음, 하나님의 계명, 구속의 복음을 담아서 말씀을 바르게 선포하는 것이 정말 중요합니다.

미국 복음주의의 부흥을 이끈 빌리 그레이엄(Billy Graham) 목사님
이 99세에 소천하셨습니다. 생전에 목사님은 사람으로 태어나서 가
장 힘든 일이 복음 전도 설교를 하는 것이라고 말씀하셨습니다. 저도
지금껏 사명을 따라 사역하고자 애썼지만 사람인 고로 인간적인 열
심으로 한 부분도 있을 겁니다. 그래서 암을 앓기도 했지요. 증언하는
말씀으로써 사탄을 이기기가 그만큼 어렵습니다. 날마다 영적 전쟁
입니다. 오죽하면 "성령 받지 않고 목사 하라"는 말이 목회자에게 가
장 심한 욕이겠습니까. 정말 성령께서 도와주지 않으시면 갈 수 없는
것이 목회자의 길입니다. 그래서 날마다 깨어 있게 해 달라고, 정말 고
난을 제 육체에 채워서라도 제가 서 있게 해 달라고 얼마나 기도하는
지 모릅니다. 저 한 사람만 잘 서 있으면 우리들교회 성도들은 하나님
이 책임져 주시리라고 믿습니다.

계시록에는 하나님의 계명(말씀)과 예수의 증거로 이기리라는 말
씀이 반복해서 나옵니다. "나 요한은 너희 형제요 예수의 환난과 나
라와 참음에 동참하는 자라 하나님의 말씀과 예수를 증언하였음으로
말미암아 밧모라 하는 섬에 있었더니…… 하나님의 말씀과 그들이
가진 증거로 말미암아 죽임을 당한 영혼들이 제단 아래에 있어……
또 우리 형제들이 어린 양의 피와 자기들이 증언하는 말씀으로써 그
를 이겼으니……"(계 1:9; 6:9; 12:11).

사도행전 4장 20절에서 베드로와 요한 사도도 "우리는 보고 들은
것을 말하지 아니할 수 없다"라고 했지요. 이처럼 남은 자손의 사명은
하나님의 계명과 예수의 증거를 전하는 것입니다. 내게 말씀이 있고,

그 말씀으로써 살아 낸 증거가 있어야 이기는 삶을 살 수 있습니다.

계시록 20장 15절에 보면 "누구든지 생명책에 기록되지 못한 자는 불못에 던져지더라"고 합니다. 하나님의 생명책에 기록되지 못한 자는 마지막 날 심판이 기다리고 있습니다. 그러나 남은 자손에게는 생명과 부활이 기다리고 있습니다. 그들은 하나님의 계명과 예수의 증거를 가지고서 하나님을 하나님 되게 한 자들이기 때문입니다.

남은 자손으로서 그리스도의 남은 고난을 통과하면서 하나님의 계명과 예수의 증거로써 싸우고 있는 한 가족의 이야기를 소개합니다. 이 가정은 여러 고난을 지나고 지금도 고난 가운데 있지만, 온 식구가 한 말씀으로 나누면서 영적 싸움을 싸워 가고 있습니다. 아래는 아내 집사님의 나눔입니다.

저는 대타로 나간 소개팅 자리에서 지금의 남편을 만나 혼전 임신을 해서 결혼했습니다. 남편의 도박과 외박이 시작된 때는 결혼 후 3개월이 지나서였습니다. 남편은 아이의 분윳값까지 털어서 도박을 하고 술을 즐겼습니다. 이런 고난이 20년 가까이 되다 보니 제 속에는 '저 남편을 어떻게 죽일까' 하는 분노와 살의, 절망과 억울함뿐이었습니다. 그런데 교회 공동체에 속하여 말씀을 듣다 보니, 점점 이것이 남편과의 싸움이 아니라 내 속에 있는 원수와의 싸움이라는 생각이 들었습니다. 내 문제라고 여기니 현실이 인정되고, 제가 남편을 통해 돈과 행복만 얻기를 원했다는 것이 깨달아졌습니다. '내가 땅의 보물을 쌓고 싶었구나!' 저의 이기심을 직면한 후로 남편에게 난리를 칠 권리가 제게 없다는 생각에 입이 다물어졌습니다. 또 목장예배를 통해서 남편은 변하지 않을 거라며 냉소하는 제 속의 구경꾼도 깨닫게 되었습니다. 이렇게 내 죄를 보게 되자, 주님은 가망 없어 보이던 남편이 공동체 안에서 믿음의 적용을 해 가는 것을 목도하게 하셨습니다.

현재 우리 부부는 자녀 문제로 힘든 날들을 지나고 있습니다. 큰아들은 교회에 나오지 않고, 둘째 딸은 불안감이 심하고, 막내딸은 학교생활을 힘들어합니다. 아빠의 회사에서 함께 일하고 있는 큰아들은 세상 가치관에 깊이 물들어 있습니다. "엄마, 아빠가 20년 넘게 교회에 다녔어도 하나님이 해 준 것이 뭐냐?"며 아들이 빈정거릴 때면 마음이 툭 내려앉는 듯합니다. 혈기 많은 남편은 그런 아들을 겨우 참고 있지만 마치 나사가 빠진 사람처럼 힘이 없어 보입니다. 아들이 진 빚을 남편이 갚아 주고 있는데도 아들은 끊임없이 아빠를 찔러 댑니다. 그러나 남편은 아들의 찌르는 말 속에도 자신이 들어야 할 말이 있지 않겠냐면서 인내합니다. 남편은 아들과 함께 일하는 이 밧모섬의 훈련이 그 어떤 훈련보다도 가장 힘든 것 같다고 합니다. 그래도 남편이 교회에 와서 많이 변했기에 가끔이나마 아들이 교회에 나오는 것 아니겠습니까.

아들만으로도 힘든데 두 딸의 고난도 만만치가 않습니다. 불안감이 심해 공황장애에 시달리는 둘째 딸은 학교 입구까지 갔다가 집에 돌아오기 일쑤입니다. 지난 학기 자그마치 600만 원의 등록금을 냈는데 딸이 학교에 간 날은 고작 3일입니다. 초등학생인 늦둥이 딸도 학교 생활에 적응하지 못해 놀이 치료를 받고 있습니다.

저 역시 고난을 통해 예수님을 만났으면서도 내 자녀만큼은 절대 고난을 겪게 해서는 안 된다는 두려움이 있었습니다. 둘째 딸은 비록 공황장애로 힘들어해도 교회를 좋아해서 청년부 예배를 빠지지 않고 청소년부 교사로도 섬기는데, 워낙 둘째에 대한 기대치가 높아서였는지 아직 저는 딸의 방황을 인정하기가 어렵습니다. 이렇듯 변하지 않는 제 모습에 너무 애통합니다. 또 목자로 섬기면서도 여전히 솔직한 척, 진실한 척 자신을 포장하려는 제 모습이 부끄럽기도 합니다.

이 집사님 부부는 우리들교회에서 목자들을 인도하는 중직자로 섬기고 계십니다. 이 부부가 끊임없는 환난 속에서도 남은 고난을 육체에 채우면서 공동체에 잘 보이고 가니까 이렇게 영적 지경이 넓어진 것 아니겠습니까? 제가 살아 보니까 이렇게 사는 것이 최고입니다. 하나님께 부르심을 받고 택하심을 받은 자, 진실한 자가 최고입니다. 이보다 더한 기쁨은 없습니다.

저는 30대에 과부가 되었습니다. 그 전에도 고난의 때를 살았고, 과부가 된 것도 고난이고, 지금은 목회하면서 육체의 남은 때를 고난으로 채우고 있습니다. 그러나 주님이 이길 수 있는 말씀을 항상 주셔서 저의 고난은 많은 영혼을 살리는 약재료가 되었습니다. 그야말로 남은 자손의 영광을 얻게 하신 것입니다. 앞으로도 말씀 묵상과 가정 중수를 위해 제 육체에 그리스도의 남은 고난을 채워 가기 원합니다.

현재의 고난은 장차 우리에게 나타날 영광과 비교할 수 없다고 했습니다(롬 8:18). 지금의 고난은 잠깐입니다. 제가 "제 생명을 거두셔서라도 남편을 구원해 달라"고 기도했는데, 이런 기도야말로 고난의 클라이맥스 아니겠습니까? 그러니 "고난을 달라"는 기도가 제게 뭐 그리 두렵겠습니까? 그저 하나님께 사랑 받고 택함 받고 쓰임 받는 게 최고입니다. 우리가 하나님께 사랑 받고 택함 받고 쓰임 받으며 살다 보면, 비록 부족해도 하나님이 인자하심으로 영접해 주실 것을 믿습니다(시 59:10).

저는 교회의 남은 자손은 청년들이라고 생각합니다. 요즘 교회는 청년을 찾아보기 힘듭니다. 또 청년들이 교회를 보는 기준도 높아져서 무조건 복 받는다는 설교도, 무조건 위로만 하는 설교도 좋아하지 않는 것 같습니다. 또 차별이나 비리를 싫어해서 스펙이 있다고 직분을 주는 교회도, 재정이 투명하지 않은 교회도 딱 질색합니다. 그런데 생각해 보세요. 이런 청년들이 할머니 목사가 설교하는 교회에 왜 오겠습니까? 그것도 프로그램 하나 없는 교회에 말입니다. 지나고 보니 청년들이 고정관념을 깨고 우리들교회에 와 준 것이 하나님이 제게 보여 주신 가장 큰 증거라는 생각이 듭니다. 성도들에게 말씀 하나 차례차례 읽게 한 것뿐인데 청년들이 몰려왔습니다. 그러므로 양질의 말씀 묵상, 구속사적인 말씀 묵상이야말로 우리들교회의 명맥을 유지해 주는 최고의 비결입니다.

우리들교회 성도의 반 수가 청년을 포함한 다음 세대입니다. 이것만 보아도 우리들교회는 참소망이 있는 교회라고 생각합니다. 청년들이 찾는 교회가 진짜 남은 자손의 교회 아니겠습니까. 그러니 제 백(back)은 다음 세대 청년들입니다. 이 청년들이 모두 남은 자손이 되어서 우리들교회를 넘어 한국 교회에 빛을 밝혀 주기를 소원합니다.

남은 자손은 구원 받은 자입니다. 하나님을 하나님 되게 하는 자입니다. 하나님께 부르심을 받고 택하심을 받은 진실한 자입니다. 교회를 위해 그리스도의 남은 고난을 자기 육체에 채우는 자입니다. 남은 고난을 하나님의 계명과 예수의 증거로써 이기는 자입니다. 우리 모두가 그리스도를 따라 구원의 사명을 잘 감당하는 남은 자손이 되기를 기도합니다.

• 하나님의 계명과 예수의 증거로써 남은 고난을 이기고 있습니까? 말씀이 없어서 고난 가운데 고생만 하고 있지는 않습니까?

우리가 기뻐해야 할 것은
돈, 명예, 지위, 건강이 아닙니다.
오늘 하나님께 부르심 받고 택하심을 받은 진실한 자로
살아가게 하시는 것에 기뻐해야 합니다.
다시 말해, 하나님께 사랑 받고
택함 받고 쓰임 받는 것이 가장 기쁜 일입니다.

우리들 묵상과 적용

아버지 사업이 기울면서 저는 유흥업소가 밀집된 곳에서 어린 시절을 보냈습니다. 그 영향으로 저는 어른이 된 후 도박과 술에 중독되어 살았습니다. 결혼한 후에도 원정 도박을 다니며, 아이들 분윳값까지 털어서 술을 마셨습니다. 그러다 사업을 시작했지만 성공하고자 접대와 탈세를 반복하며 가정을 등한시했습니다. 그즈음 친누나의 소개로 교회로 인도되었고, 예배를 드리며 제 모습을 돌아볼 수 있었습니다.

분노한 용이 여자의 남은 자손과 싸우려고 한 것처럼 어느 날 제게도 사탄이 싸움을 걸어오는 일이 일어났습니다(계 12:17). 대안학교에 다니던 큰아들이 선생님과 다투고 학교 기물을 파손하여 퇴학을 당하게 된 것입니다. 저는 목장 식구들의 권면대로 학업을 뒤로하고 게임에 빠진 큰아들을 섬겼습니다. 그러자 큰아들은 정신을 차리고 검정고시를 치른 후 대학에 갔습니다. 그러나 평화로운 때도 잠시, 입대를 앞둔 큰아들이 술을 마시고 오토바이 운전을 하다가 사고를 내고 수술까지 받았습니다. 입대한 후에는 후임병을 구타하여 15일간 영창에 갇혔다가 전출되기도 했습니다. 심지어 아들은 대학을 중퇴한 뒤, 저와 아내에게는 공장에 다닌다고 속이고 3년간 술장사를 했습니다. 뒤늦게 이 사실을 알게 된 저는 큰아들을 살려 주시길 기도했습니다. 이를 들으신 하나님은 큰아들이 집으로 돌아오게 해 주셨지만 아들의 방황은 여전했습니다. 요즘 제 회사에서 함께 일하고 있는 큰아들은 회사 사정을 알고서 저를 크게 원망합니다. "돈을 어디에 쓰신 거예요? 회사가 망하면 죽을 때까지 교회 가는 일은 없을 거예요." 이렇게 사탄이 토해 내는 세상 조류에 휩쓸리는 아들을 위해 제가 할 수 있는 일은 성실히 일하며, 이 일을 하늘의 전쟁으로 여기고 하나님께 매달리는 것뿐입니다(계 12:7).

그런데 엎친 데 덮친 격으로 모범생인 둘째 딸에게도 사건이 찾아왔습니다. 불안과 공황장애가 심해져 대학교를 다닐 수 없게 된 것입니다. 착한 딸이 되어야 한다는 압박감이 터져 일어난 일이었습니다. 그러나 그 상황에서도 딸은 예배를 드리고, 청소년부 교사로 섬깁니다. 저는 그런 딸을 보며 하나님의 선대하심을 느낄 수 있었습니다. 그런데 뒤이어 초등학생 막내도 주의력 결핍 진단을 받아 놀이 치료와 약물 치료를 병행하게 되었습니다. 그렇게 모든 자녀에게 사건이 찾아오니, 제가 나쁜 아빠였음을 회개하게 되었습니다. 지옥을 살았을 우리 가족에게 구속사의 말씀을 들려 주시어 남은 자손이 되게 하신 하나님, 감사드립니다(계 12:17).

영혼의 기도

하나님 아버지, 주님께 사랑 받고 택함 받고 쓰임 받아서 진실한 삶을 사는 것이 인생에서 최고 기쁨이라고 말씀하십니다. 남은 자손으로서 사탄과의 싸움을 잘 싸워 가려면 먼저 내가 말씀 안에서 바로 서야 하는데, 이미 이긴 싸움인 줄 알면서도 우리는 두려움에 떱니다. 주님은 땅의 전쟁을 하늘의 전쟁으로 바꾸어 즐거워하라고 하시지만 우리는 즐겁지 않습니다. 그러나 주님이 우리의 죄를 사해 주신 것처럼 우리도 스스로 용서하며 참소하지 않기를 원합니다. 이제 하나님의 남은 자손으로서 하나님의 계명과 예수의 증거를 가지고 담대히 이기기를 원합니다. 주님께 사랑 받고 택함 받고 쓰임 받는 자가 되기를 원합니다.

한국 교회의 모든 청년이 남은 자손이 되게 해 주시옵소서. 모든 한국 교회가 남은 자손이 되어 하나님이 하나님 되게 하는 역할을 감당하게 하옵소서. 그러기 위해 목회자들이 먼저 바로 서야겠습니다. 주님, 저를 바로 세워 주시옵소서. 말과 행위가 서로 다르지 않도록 지켜 주시옵소서. 제가 아무것도 할 수 없어서 주님만 부른 것을 주께서 잘 아십니다. 목회자로서 앞에서 말씀을 전하고 있지만 제가 할 기도는 "주님, 저를 불쌍히 여겨 주시옵소서"뿐입니다. 주님, 저를 불쌍히 여겨 주시옵소서. 지금까지 인도해 주신 것처럼 저의 영육을 바로 세워 주옵소서. 이 땅의 모든 목회자가 참된 말씀 안에서 바로 서게 해 주옵소서.

주님, 교회와 지체들을 위해 그리스도의 남은 고난을 육체에 채우고 있는 성도들에게 힘을 더하여 주옵소서. 이들이 각자의 환경에서 잘 인내하도록 도와주옵소서. 그리하여 또 다른 사람을 남은 자손으로 인도하는 은혜를 허락해 주옵소서. 예수님 이름으로 기도드립니다. 아멘.

PART 3

지혜가 여기에 있다

큰 권세

요한계시록 13장 1~10절

09

하나님 아버지,
무엇이 진짜 큰 권세인지 알기 원합니다.
말씀해 주시옵소서. 듣겠습니다.

우리는 '권세'라고 하면 흔히 성공한 지도자들을 떠올립니다. 성공하여 돈과 지위를 거머쥔 사람들을 향해서 "권세를 가졌다"라고 말하죠. 그런데 아무리 청렴결백하던 사람도 이 '권세'를 쥐면서부터 타락하는 것을 흔히 봅니다. 대통령이나 장관, 국회의원, 기업가나 교수 등 소위 고위층이라 하는 사람들이 갖은 비리와 부정부패, 성 추문에 시달리는 것을 우리가 얼마나 많이 보았습니까? 도대체 왜 권세가 사람을 타락하게 할까요? 이 큰 권세에 대해 생각해 보겠습니다.

큰 권세는 사탄이 준 권세입니다

1 내가 보니 바다에서 한 짐승이 나오는데 뿔이 열이요 머리가 일곱이라 그 뿔에는 열 왕관이 있고 그 머리들에는 신성모독 하는 이름들이 있더라 2 내가 본 짐승은 표범과 비슷하고 그 발은 곰의 발 같고 그 입은 사자의 입 같은데 용이 자기의 능력과 보좌와 큰 권세를 그에게 주었더라_계 13:1~2

용이 여자의 남은 자손과 싸우려고 바다 모래 위에 섰습니다

(계 12:17). 이때 바다에서 한 짐승이 나오는데 용이 자기의 능력과 보좌와 큰 권세를 그에게 주면서 함께 싸우고자 합니다. 하나님이 그리스도에게 능력과 보좌와 권세를 주셨듯이, 용도 짐승에게 권세를 주며 지금 하나님 흉내를 내고 있습니다.

용뿐만 아니라 짐승도 그리스도를 흉내 냅니다. 첫째로 그리스도께서 하나님의 형상이신 것처럼 짐승도 용의 모습을 그대로 닮았습니다(골 1:15). 둘째로 그리스도께서 머리에 많은 관을 쓰신 것처럼 짐승도 열 개의 왕관을 썼습니다(계 19:12). 셋째로 그리스도께서 성부 하나님께 능력과 보좌와 큰 권세를 받으신 것처럼 짐승도 용에게서 능력과 보좌와 권세를 받았습니다. 넷째로 그리스도께서 죽음에서 부활하신 것처럼 짐승도 상하여 죽게 된 것 같다가 상처가 낫습니다(계 13:3). 다섯째로 하나님과 그리스도께서 경배를 받으시듯 용과 짐승도 경배를 받습니다(계 13:4). 여섯째로 그리스도께서 짐승과 싸우시듯이 짐승은 성도들과 싸웁니다(계 13:7). 마지막으로 그리스도께서 각 족속과 방언과 백성과 나라를 다스리시듯이 짐승도 나라와 족속과 백성과 방언을 다스립니다(계 5:9; 13:7).

이처럼 머리 좋은 사탄이 가짜, 소위 '짝퉁' 그리스도로 성도를 꼬입니다. 그러니 믿는 우리도 그리스도와 짐승의 권세를 분별하기가 어렵습니다. 정말 성도가 이 땅에서 얼마나 어려운 싸움을 싸우고 있는지 모릅니다.

우리가 묵상했던 계시록 11장 말씀에도 짐승이 등장했습니다. 두 증인이 예언을 마치자 무저갱으로부터 올라온 짐승이 전쟁을 일으켜 증인들을 죽입니다. 여기서 짐승이 올라온 무저갱은 끝이 없는 구덩이를 말합니다. 이는 증인이 예언할 때, 곧 예수님의 초림과 재림 사이에 사탄의 공세가 끝없이 이어질 것을 상징하는 말씀이었습니다.

그런데 본문에 바다에서 올라온 짐승은 용의 형상을 닮아서 열 뿔과 일곱 머리를 가지고 열 왕관을 썼다고 합니다. '열 뿔'은 못할 것이 없는 절대적인 힘을, '일곱 머리'는 빼어난 꾀를 의미합니다. '열 왕관'은 화려한 성공을 의미하죠. 이런 모든 능력과 권세를 가지고서 짐승이 이기고 또 이기려고 합니다.

그런데 자세히 보니 짐승의 머리들에 신성모독 하는 이름들이 있다고 합니다. 이 이름들은 당시 로마 황제들이 자신을 신으로 추앙한 것과 연관됩니다. 로마의 초대 황제인 아우구스투스(Augustus)는 죽은 후 원로원에 의해 신격화되었고, 네로(Nero)는 자신의 이름으로 발행한 주화에 '세상의 구주'라는 호칭을 새겨 넣었다고 합니다. 또한 기독교를 가장 박해한 황제, 도미티아누스(Domitianus)는 '우리 주(主)요, 하나님'이라고 불리기도 했습니다. 여러 나라를 지배하며 큰 권세를 틀어쥐고 있으니까 "모든 권세의 주인은 나, 황제"라고 착각한 것이죠.

또 2절에서 요한은 바다에서 나온 한 짐승의 모습을 세 짐승에 빗대어 묘사합니다. 표범과 비슷한데 발은 곰의 발 같고, 입은 사자의 입 같다고 합니다. 그리고 그가 용에게서 권세를 받습니다. 표범, 곰, 사자, 용 이 네 짐승은 다니엘서 7장에 등장하는 환상 속 짐승들과 같습니다(단 7:3~8). 이는 바벨론 포로기에서부터 예수님의 초림 때까지 하나님의 백성을 지배한 네 제국을 가리키죠. 즉, 바벨론, 바사, 헬라, 로마 제국을 의미합니다. 그런데 다니엘서에서는 네 짐승이 따로 따로 등장하는 데 반해 본문에서는 모든 짐승의 면모가 바다에서 나온 한 짐승에 종합되어 있습니다. 표범은 날래고 민첩합니다. 곰의 발은 적을 으스러뜨리는 강력한 힘을 가졌습니다. 사자의 입은 먹잇감을 한번 물면 결코 놓지 않을 만큼 잔인합니다. 모두 사납고, 잔인하고, 무시무시한 짐승의 대명사입니다. 그만큼 로마 제국과 황제의 권세가 막강했음을 보여 줍니다.

계시록은 하나님의 백성을 박해하는 세상 권세의 배후에 사탄이 있다고 반복해서 이야기합니다. 로마가, 황제가 가진 능력과 보좌와 큰 권세는 사탄이 준 것이라는 말입니다. 그러나 권세는 하나님께 속한 것입니다. 다만 로마가 사탄에게 속아서 권세를 자기 것처럼 남용할 뿐이죠. 사탄이 뒤에서 나를 까부르는지도 모르고 권세의 주인은 나, 황제라고 외치면서 사람의 목숨도 자기 손안에 있다고 착각합니다.

로마만 그렇습니까? 우리도 사탄에게 속아 세상 권세가 대단하다고 착각합니다. 돈의 권세, 학벌의 권세에 다 넘어갑니다. 그래서 조금만 공부를 잘하고, 사업이 잘되면 내 힘으로 얻었다고 착각합니다. 정말 세상은 '나'를 자랑하기 위해서 살아간다고 해도 과언이 아닙니다. 잘못은 감추고 내가 얼마나 수고했는지, 성공했는지만 드러냅니다. 서점에 가 보십시오. 자신의 성공 신화를 자랑하면서 '나를 따르라' 외치는 책이 무수히 쏟아져 나옵니다. 세상은 또 그런 책들에 열광합니다.

그러나 용이 준 권세가 뭐가 대단합니까? 결과적으로 세상 권세는 심판이 기다리고 있는 제한된 권세입니다. 사탄도 이것을 잘 알기에 초조해서 더 발악하는 것이죠. 하나님을 거스르려면 사탄 혼자서는 싸울 수 없기에 짐승에게, 로마에게 권세를 주는 것입니다. 그래서 하나님을 모르는 자에게 큰 권세가 주어지면 위험합니다.

우리가 하나님의 백성으로서, 남은 자손으로서 내 육체에 그리스도의 남은 고난을 채워야 하는 이유도 여기에 있습니다. 사탄이 세상에 준 큰 권세와 싸워야 하기 때문입니다. 아무리 예수를 믿어도 큰 권세 앞에서는 주눅 들게 마련이지요. 내 힘으로는 싸울 수 없기에 주님의 십자가 은혜를 의지하며 나아가야 합니다.

"의인이 많아지면 백성이 즐거워하고 악인이 권세를 잡으면 백성이 탄식하느니라"고 했습니다(잠 29:2). 이 말씀은 비단 나라뿐 아니라 가정, 직장, 교회에도 적용됩니다. 교회에도 세상이 들어와서 하나님의 말씀이 아닌 사탄이 준 권세가 왕 노릇 하며 탄식하는 교회들이 있습니다.

몇 년 전, 미투 운동(Me Too movement)이 불같이 번지며 연일 세상을 흔들었습니다. 한 매체에서 피해자들을 찾아가 그동안 왜 당하고만 있었는지 물으니 "절대 권력 앞에서 저항할 수 없었다"고 하더군요. 세상은 아비 마귀에게서 났다는 말씀이 정말 맞습니다. 이 세상을 '악하고 음란한 세대'라고 정의하신 주님 말씀처럼(마 12:39), 출세하고자 애쓰다가 권세를 얻으면 음란을 향해 달려가는 것이 이 세상 특징입니다.

물론 성추행이나 성폭행은 명백한 범죄이지만, 적어도 믿는 사람이라면 그들을 손가락질하기보다 안타까워하며 기도해 주어야 한다고 생각합니다. 사탄이 준 것인지도 모르고 권세를 자기 것이라 착각해서 저지른 일 아니겠습니까? 비록 씻을 수 없는 죄를 저질렀어도 예수를 만나 회개하면 천국 가는 인생이 될 줄 믿습니다.

• 내게 주어진 권세는 사탄이 준 것입니까, 하나님이 주신 것입니까? 하나님만이 상급입니까, 세상이 상급입니까? 교회를 다녀도, 매일 큐티해도 사탄이 주는 권세만 사모하지는 않습니까?

큰 권세는 적그리스도의 권세, 즉 거짓된 평화입니다

3 그의 머리 하나가 상하여 죽게 된 것 같더니 그 죽게 되었던 상처가 나으매 온 땅이 놀랍게 여겨 짐승을 따르고 4 용이 짐승에게 권세를 주므로 용에게 경배하며 짐승에게 경배하여 이르되 누가 이 짐승과 같으냐 누가 능히 이와 더불어 싸우리요 하더라 _계 13:3~4

짐승의 일곱 머리 중 하나가 상하여 거의 죽게 되었지만 그 상처가 나았습니다. 지금 사탄이 예수님의 십자가 죽음과 부활을 적극적으로 흉내 내고 있는 겁니다. 그러자 온 땅이 용과 짐승을 경배하며 그들을 우상화합니다.

로마 황제가 처음부터 신격화된 것은 아닙니다. 율리우스 카이사르가 암살당한 후 그의 양아들 옥타비아누스(아우구스투스)가 안토니우스와 반대파들을 척결하고 로마의 일인자 자리에 오릅니다. 이로써 로마의 공화정 시대가 끝나고 황제가 나라를 다스리며 계속 영토를 확장해 나가죠. 초대 황제인 옥타비아누스 때부터 200년간 로마는 이른바 평화의 시대, 팍스 로마나(Pax Romana)를 맞이합니다. 당시 로마를 대적할 나라는 없어 보였습니다. 이렇게 격변의 소용돌이 속에서 권력을 평정하고 전 세계까지 정복했으니 이 황제가 얼마나 대단해 보였겠습니까. 그야말로 신처럼 보였을 것입니다.

그러나 아무리 대단한 로마 황제라도 그가 가진 권세는 가짜 권세입니다. 그가 평화를 가져다주었어도 그것은 예수가 없는 일시적인 평화, 거짓 평화일 뿐입니다. 피지배국을 착취하여 얻은 평화인데 어찌 참평화라고 할 수 있겠습니까. 그런데도 사람들은 좋은 게 좋은 것이라면서 내가 평화를 누리는 것만 좋아서 짐승을 경배합니다. 예수 없는 뿔, 머리, 왕관을 숭배하는 것은 곧 사탄을 경배하는 것인데도 무소불위(無所不爲)의 권세에 굴합니다. "누가 이 짐승과 같으냐 누가 능히 이와 더불어 싸우리요!" 하고 경배합니다.

지금 여러분은 무엇을 경배합니까? 이 땅에 영원한 권세는 없습니다. 한 나라가 쇠퇴하면 다른 나라가 부상하고, 다시 또 다른 세력이 일어나 권세를 장악합니다. 이것이 세상 역사입니다. 바벨론이 망하니 바사가 흥하고, 바사가 망하자 헬라가, 헬라가 망하자 로마가 이어서 세계를 제패하지 않았습니까. 이런 역사의 흐름을 보고 놀랍게 여기면서도 권력 잡은 자를 경배하는 게 인간의 특징입니다.

오늘날 정치도 마찬가지입니다. 선거철이 되면 후보자들이 서로 참소하느라 난리입니다. 소문인지 사실인지 알 수 없는 여러 비리가 입에 오르내립니다. 그런데 모두가 이를 놀랍게 여기면서도 결국 승자에게 경배하지요. 승자가 곧 선(善)이 되는 세상입니다.

믿음의 세계라고 다르지 않습니다. 어떤 신령한 사람이 예언 기도, 치유 기도를 해 준다고 하면 놀랍게 여기면서도 쫓아다닙니다. 출세하고 병 낫게 해 준다고 하면 이단이고 삼단이고 다 따라갑니다. 또 누군가 성공해서 가문을 일으키면 온 집안사람이 그를 구세주라고 여기면서 따릅니다. 그가 벌어다 주는 돈이 좋아서 아버지를, 어머니를, 장남, 장녀, 남편, 아내를 절대 권력처럼 의지합니다. 그런 평화가 끝까지 유지되면 좋겠지요. 그러나 아무리 부부가 서로 사랑해도, 형제끼리 우애가 좋아도 그 속에 하나님이 없다면 거짓 평화입니다. 사탄이 준 권세이기에 결국 무너지고 맙니다.

3절을 다시 보면, 일곱 머리 중 하나가 상하여 죽게 된 것 같다고 합니다. 상한 것은 7분의 1입니다. 내 부모, 자녀가 가족을 위해 아무리 희생해도 예수가 없는 인간의 수고는 7분의 1에 불과합니다. 완전하지 않습니다. 사탄의 권세입니다. 가족 신화, 가족 우상주의에 속아서는 안 됩니다. 서로 이해타산이 맞아떨어지면 누구나 잘 섬깁니다. 미운 배우자라도 자녀라도 기꺼이 섬겨 줍니다. 남편의 진급 경쟁자를 같이 미워하고, 자녀 입시 공부를 위해서 등하교시켜 주는 수고도 마다하지 않습니다. 이럴 때는 가족이 잠시 행복하죠. 그런데 자녀가 대학에 떨어져 보세요. 그때부터 자녀가 공공의 적이 돼서 가족 간에 마음이 상할 일투성이입니다. 그러니 여러분, 속지 마세요.

온 가족이 집안의 돈줄인 아버지, 장남, 장녀를 경배하느라 무서워서 전도도 못 합니다. 좋은 게 좋은 거라면서 복음의 '복' 자도 입도 뻥긋 못 합니다. 이래서야 되겠습니까? 우리가 이렇게 연약합니다.

사탄이 광야에서 40일 동안 주리신 예수님을 시험했습니다 (마 4:1~11). 예수님을 넘어뜨려서 세상을 다스리려 했지만 실패했습니다. 그래서 그리스도와 비슷해 보이는 적그리스도에게 모든 권세를 주고 온 세상을 휘어잡게 하는 것입니다. 적그리스도는 인격자(人格者)로 나타납니다. 사람이 그리스도를 가장하는 것이죠. 또 반(反)기독교 운동으로 나타나기도 합니다. 예수님은 제자들에게 이런 적그리스도에 대해 미리 경고하셨습니다.

"그 때에 사람이 너희에게 말하되 보라 그리스도가 여기 있다 혹은 저기 있다 하여도 믿지 말라"(마 24:23).

우리에게는 자기만의 구세주가 있습니다. 돈, 학벌, 건강, 조건 좋은 결혼 등등 내가 구세주처럼 여기는 것이 있지요. 그래서 이런 것들을 따라 이리저리 흘러 떠내려갑니다. 미모의 구세주를 따라가는 사람도 있습니다. 되레 자신을 망치는 줄도 모르고 성형수술에 중독된 사람도 허다하지요. 요즘 대한민국이 성형 천국이랍니다.

그런데 한 배우가 방송에서 "양악수술은 생명이 위협 받는 일이기에 권하고 싶지 않다"고 하더군요. 자신도 미용 목적으로 양악수술을 했는데 몇 달간 밥도 제대로 못 먹고 말하는 것도, 숨쉬기도 힘들어서 오래 고생을 했답니다. 그런데 제가 보기에 그 배우는 수술하기 전이 훨씬 예뻤습니다. V라인이 모두에게 어울리는 것은 아니더라고요. 물론 건강을 위해 양악수술이 필요한 사람도 있습니다. 다만 오로지 예뻐질 목적으로 무리하게 수술을 감행하면 위험하지 않겠습니까. 하나님이 창조해 주신 대로 사는 것이 가장 좋습니다.

그러고 보면 적그리스도가 그리 멀리 있지 않습니다. 바로 내 옆에, 내 속에 있습니다. 바라는 것이 많을수록 적그리스도 권세의 밥이 되기 쉽습니다. 내가 구세주처럼 여기는 것이 무엇인가, 나는 여기저기 무엇을 따라다니나, 나는 무슨 생각을 자주 하는가 돌아보기 바랍니다. 내가 골몰하는 그것이 바로 내 속의 적그리스도입니다.

우리들교회 한 목자님이 교회 홈페이지에 올린 나눔 글입니다.

우리 가족은 누구도 남편에게 반대 의견을 내지 못합니다. 연약한 아들은 아빠가 퇴근할 즈음이면 긴장한 모습이 역력합니다. 제가 돈 때문에 남편에게 늘 벌벌 떠니 가정에 이런 분위기가 생겼나 봅니다.

우리 부부는 교회에서 만나 결혼했습니다. 그러나 S대생 남편은 세상적으로 필요한 것이 갖춰지자 말씀과 멀어지기 시작했습니다. 연애 시절 목사님이 큐티모임 한 번만 와 보라고 자주 권유하셔도 남편은 귓등으로도 듣지 않았습니다.

결혼 후부터 저의 고난은 시작되었습니다. 남편은 전혀 소통이 안 되는 사람이었습니다. 항상 화가 나 있는데 그 이유도 모르겠고…… 저는 그런 남편의 눈치를 살피느라 늘 긴장 상태였습니다. 그러다 남편이 회사 여직원과 바람을 피운 사실이 드러나면서 가정은 더욱 힘들어졌습니다. 저는 그 일로 남편을 우상시했던 죄를 회개하고 주님을 인격적으로 만났습니다. 그러나 불안한 가정환경 탓에 아들은 그때부터 ADHD(주의력 결핍 과잉 행동 장애)와 틱 장애를 앓았습니다. 고등학교 입학을 앞두고서는 조증(躁症)을 보이기 시작했습니다.

그런데 그 무렵 교회에서 우리 가족이 큐티하는 모습을 촬영하고 싶다는 연락을 주셨습니다. 비록 촬영 때문이었지만 아들은 온 가족이 함께 말씀을 나누는 게 좋았는지 또 큐티를 하자고 졸랐습니다. 그러나 "너는 시도 때도 없이 큐티를 하냐!"는 남편의 타박에 이후로 오랫동안 우리 가족은 가정예배를 드리지 않았습니다. 아들도 그날 이후로 다시는 큐티를 하지 않았다고 합니다. ADHD 약을 오래 복용한 탓에 아들은 인지능력이 저하되어 공부하는 걸 힘들어합니다. 그런 아들을 보고 있자니 남편에게 화가 치밀어서 견딜 수가 없었습니다. 그런데 이런 제 모습을 가만히 묵상하면서 내 죄가 보이더군요. '결국 나도 아들 병 낫게 하려고 큐티하는 것이구나. 이런 내 집착 때문에 아들이 수고하는구나.' 제가 남편보다 더 교만한 사람이었습니다.

이제 제가 할 일은 말씀으로 내 죄를 보며, 자녀들을 있는 모습 그대로 받아 주는 것뿐이라는 생각이 들었습니다. 제가 먼저 회개하자 남편도 부부목장의 권면을 따라서 가정예배를 다시 시작했습니다. 부족한 우리 가정을 주님이 긍휼히 여기셔서 예배를 회복해 주시니 더욱 회개가 됩니다. 요즘 아들의 태도가 무척 편해졌습니다. 여전히 가정의 구원을 위해 아들이 수고하고는 있지만 제 죄에 비하면 이 고난은 가볍습니다. 이런 큐티를 하게 해 주시는 것만으로도 감사합니다.

이 남편은 장로님 아들에다 명문대 출신에 직업도 훌륭합니다. 게다가 얼마나 성실한지요. 그런데 이런 좋은 배경 때문에 하나님을 멀리했답니다. 그러니 사탄이 주는 권세가 얼마나 교묘합니까. 그나마 아들이 속을 썩여 주니까 이분이 겨우 예수를 붙들면서 왔습니다. 공예배, 목장예배 빠지지 않고 와서 목자도 되고, 지금은 그 목자들을 인도하는 중직자까지 되었습니다. 그래서 가족 큐티 촬영까지 했는데 글쎄, 이 양반이 그러고 나서 큐티를 안 했다잖아요. 누구는 교회 직분이 쓸데없다지만 저는 이래서 꼭 필요하다고 생각합니다. 나를 의의 무기로 하나님께 드리지 않으면 나가서 죄밖에 지을 게 없습니다(롬 6:13). 그러니 저에게 고마워할 사람이 한둘이 아닙니다.

"목사님, 그때 잡아 주셔서 우리 남편이, 우리 아내가 다른 데 안 가고 구원 받았습니다!"

훗날 저를 천국에서 만나면 이렇게 감사 인사 한번 해 주시길 바라요!

• 여러분이 놀랍게 여기면서도 따르고 경배하는 것은 무엇입니까? 돈 구세주, 외모 구세주, 학벌 구세주, 권세 구세주, 주식 구세주가 나를 구원해 줄 것 같아서 거기만 쳐다보고 있습니까?

큰 권세는 잠시 성도를 훼방하고 이기는 권세입니다

5 또 짐승이 과장되고 신성모독을 말하는 입을 받고 또 마흔두 달 동안 일할 권세를 받으니라 6 짐승이 입을 벌려 하나님을 향하여 비방하되 그의 이름과 그의 장막 곧 하늘에 사는 자들을 비방하더라 _계 13:5~6

지난 말씀에서 참소하고 분 내는 것이 사탄의 계략이라고 했습니다. 말씀대로 과연 짐승이 용에게서 신성모독을 말하는 입과 마흔두 달 동안 일할 권세를 받습니다. 힘없는 가짜가 큰소리친다고 하지 않습니까? 그러나 그 기간은 마흔두 달, 1,260일, 3년 반이라고 합니다. 제한된 기간입니다. 성도에게 닥치는 고난이 아무리 힘들어도 잠깐이라는 겁니다. 생각하건대 현재의 고난은 장차 우리에게 나타날 영광과 비교할 수 없습니다(롬 8:18).

평화의 시대가 도래하며 로마가 밖에서 싸울 대상이 없어지니까 삶의 목표를 잃어버렸습니다. 그래서 참소하고 꾀며 거짓말할 대상을 안에서 찾기 시작했습니다. 그 대상이 바로 그리스도인이었죠. 계시록 당시에도 적그리스도 세력이 얼마나 성도들을 괴롭히고 유혹했는지 모릅니다.

요즘 기독교를 훼방하며 신성모독을 말하는 사람이 부쩍 늘었습니다. 나라가 부강해질수록 이런 조류가 더 거세게 밀려듭니다. 각종 '주의'(이즘)가 그리스도를 훼방합니다. 사회주의, 공산주의뿐만 아니라 인본주의, 민주주의도 교묘히 복음을 훼방하고 있습니다.

주체사상을 바탕으로 수령전체주의를 확립한 김일성은 "인간 됨의 본질은 민족에 있고, 민족 됨의 본질은 노동계급에 있다. 노동계급의 본질은 당에 있고, 당의 본질은 수령에 있다. 수령은 백두 혈통을 따라 신성하다"라고 주장하면서 북한 국민을 세뇌했습니다. 그래서 북한에서는 '나'라는 개념을 가증스럽게 여깁니다. 개인의 의식이나 자주성은 철저히 짓밟고 수령 한 사람만을 맹목적으로 추종하게 만드는 것이 수령전체주의입니다. 그러니 예수를 그리스도로 따르는 것은 생각도 못 합니다. 반면 자유주의는 '나'를 향한 체제입니다. 실존주의적 체제를 장려하고, 개인의 자유와 자유로운 인격 표현을 중시합니다. 그러나 개인의 자유를 허용한다고 해서 민주주의 국가의 국민이 하나님을 잘 섬깁니까? 오히려 고차원적 물질문명의 조류에 휩싸여 하나님에게서 더 멀리멀리 흘러 떠내려가는 걸 봅니다.

> 또 권세를 받아 성도들과 싸워 이기게 되고 각 족속과 백성과 방언과 나라를 다스리는 권세를 받으니_계 13:7

사탄의 권세가 얼마나 대단합니까? 그야말로 바벨탑 같습니다. 각 족속과 백성과 방언과 나라를 다스리는 권세랍니다. 그리고 보니, 전 세계 약 160개국 중 한 나라도 하나님을 섬기기로 작정한 나라가 없습니다. 미국도, 이스라엘도 마찬가지입니다. 과거 로마가 기독교를 국교로 지정했지만 이후 교회가 타락하면서 유럽은 천 년간 중세

암흑기를 맞았습니다. 그래도 다른 나라에 살면 예수 잘 믿을 것 같다고요? 천만의 말씀입니다. 사탄이 성도들과 싸워 이긴다고 하잖아요. 편하게 예수 믿을 수 있는 나라는 이 세상 어디에도 없습니다.

우리들교회에 소위 이민병에 걸린 한 목자님이 계십니다. 얼마 전까지 호주에서 살고 싶다고 노래를 불렀는데 먼저 살아 본 집사님이 극구 말려서 포기했답니다. 그런데 이번에는 뉴질랜드가 이분 마음속에 들어왔습니다. 이민에 필요한 모든 조건도 부합한답니다. 그래서 목자모임에서 이 문제를 나누었더니 의견이 반반 갈렸습니다. 어떤 목자님들은 "어디든 믿음 지키기가 쉽지 않으니 공동체가 있는 이곳에 머물러 있으라" 하고, "그만 징징거리고 다녀오셔라. 거기서 몸으로 부딪쳐 봐야 깨닫지, 아무리 말려 봐야 소용없다"며 체념한 듯한 분들도 있었답니다. 여러분이라면 어떻게 조언하겠습니까?

호주, 뉴질랜드, 미국 이런 데 간다고 예수 잘 믿는 게 아닙니다. 저는 이 땅에 가장 아름다운 교회는 북한의 지하교회라고 생각합니다. 주님은 힘들게 예수를 믿는 성도에게 가장 아름다운 권세를 주십니다. 고통 받는 한 사람의 기도가 나를 살리고, 교회를 살립니다. 그러니 차별하지 말고 내 옆에 힘든 사람에게 감사하기 바랍니다.

죽임을 당한 어린 양의 생명책에 창세 이후로 이름이 기록되지 못하고 이 땅에 사는 자들은 다 그 짐승에게 경배하리라_계 13:8

어린 양의 생명책에 이름이 기록된 자들, 즉 구원 받은 자들 외에

이 땅에 사는 모든 자가 짐승을 경배합니다. 그러므로 예수님을 모르면 우리는 평생 사탄의 하수인 노릇을 할 수밖에 없습니다. 죄성을 치료하는 성령의 능력이 우리에게 임하지 않으면 죄의 힘에 굴복당하고 맙니다. 누구도 예외가 없습니다. 예수가 없는 자들은 죄에 따라오는 잠시의 즐거움을 추구하며 살 뿐입니다. 그 즐거움을 맛보고자 삶의 핵심적인 요소들을 기꺼이 포기하기도 합니다. 점점 감각 없는 자가 되어서 방탕에 자기 몸을 맡기는 것입니다.

죄를 향한 욕구는 쉼이 없고 지칠 줄 몰라서 중독의 수준까지 이릅니다. 갈수록 자제력을 잃고 끝내 자포자기하며, 스스로는 그 욕구로부터 빠져나올 수 없게 되지요. 마치 영이 죽은 자처럼 이성과 감성, 모든 욕구가 자기를 기쁘게 하는 데만 집중되어 있습니다. 인간이 존재하는 제일 목적이 하나님을 영화롭게 하는 것인데, 자기중심적인 삶만 살다가 인생을 마감하는 것입니다. 그러므로 하나님과 관계없는 인간의 모든 활동은 나르시시즘(Narcissism)의 발로라고도 할 수 있습니다. 쉽게 말하면 자기만을 사랑하는 삶이 마귀를 가장 기쁘게 하는 삶이라는 겁니다.

이복 누이 다말을 겁탈한 다윗의 맏아들 암논도 일종의 성 중독자라고 할 수 있습니다(삼하 13장). 그는 다말을 사랑하지만 어찌할 수 없으니 병까지 앓다가 끝내 힘으로 사로잡아서 겁탈합니다. 미투 운동의 중심에 있던 가해자들도 자기 권세를 이용해 악을 행하지 않았습니까. 그러나 예수 없는 권세에 경배하면 잠시는 이기는 듯해도 결국 파멸에 이를 뿐입니다.

- 세상의 조류가 밀려올 때마다 그것이 적그리스도 훼방은 아닌지 분별하며 말씀을 붙들고 있습니까? 다른 땅이 아니라 지금 이 자리에서 예수님을 기쁘게 섬기고 있습니까?
- 하나님이 아닌 나를 기쁘게 하고 만족시키는 것이 인생의 목적 아닙니까? 잠시의 만족을 위해 내가 버린 말씀은 무엇입니까?

진정한 큰 권세는 성도의 인내와 믿음입니다

9 누구든지 귀가 있거든 들을지어다 10 사로잡힐 자는 사로잡혀 갈 것이요 칼에 죽을 자는 마땅히 칼에 죽을 것이니 성도들의 인내와 믿음이 여기 있느니라_계 13:9~10

예레미야서에도 이와 비슷한 말씀이 있습니다.

"그들이 만일 네게 말하기를 우리가 어디로 나아가리요 하거든 너는 그들에게 이르기를 여호와께서 이와 같이 말씀하시니라 죽을 자는 죽음으로 나아가고 칼을 받을 자는 칼로 나아가고 기근을 당할 자는 기근으로 나아가고 포로 될 자는 포로 됨으로 나아갈지니라 하셨다 하라"(렘 15:2).

이는 유다가 바벨론에 사로잡히기 전 하나님이 백성을 향하여 그들의 멸망을 예언하신 말씀입니다. '너희 죄로 인해 임하는 심판이기에 너희가 칼에 죽임당하고 기근에 굶주리고 바벨론 포로로 잡혀 가는 것이 마땅하다'라고 말씀하시죠.

그러나 본문 말씀의 의미는 조금 다릅니다. 10절을 개역한글판 성경으로 보면 "사로잡는 자는 사로잡힐 것이요 칼로 죽이는 자는 자기도 마땅히 칼에 죽으리니 성도들의 인내와 믿음이 여기 있느니라"고 합니다. 즉, "지금은 로마가 너희를 사로잡고 칼로 엎드러뜨리지만 이제 로마가 사로잡히고 칼에 엎드러지게 될 것이다"라고 말씀하시는 것입니다. 그러니까 때가 될 때까지 성도가 박해를 받는 것이 하나님의 뜻이라는 말입니다.

예레미야서에는 "너는 바벨론에 사로잡혀 가라. 거기에서 순종하라"고 하셨는데, 마지막 계시록에는 "이제 너를 사로잡았던 사람이 사로잡히고 너에게 칼을 겨눴던 사람이 칼에 엎드러지게 될 것이다"라고 하십니다. 이런 복음의 양면성을 우리가 잘 깨달아야 합니다. 때가 될 때까지 박해 받게 하시는 것이 하나님의 뜻이라고 했습니다. 곧, 짐승이 사탄에게서 받은 큰 권세를 남용하는 것처럼 보일지라도 위에 있는 권세에 잘 순종하라는 겁니다. 로마서에도 "각 사람은 위에 있는 권세들에게 복종하라 권세는 하나님으로부터 나지 않음이 없나니 모든 권세는 다 하나님께서 정하신 바라"라고 했습니다(롬 13:1). 혈과 육의 전쟁을 해서는 우리가 사탄을 이길 수 없다는 겁니다. 지금은 내가 사로잡힌 것 같아도 내 죄를 보면서 인내하면 하나님의 때에 사로잡은 자가 사로잡힌다는 겁니다.

그러므로 어떤 상황에서도 자기 죄를 보며 인내하는 것이 모두를 살리는 큰 권세입니다. 이해할 수 없는 사건에서 한 사람이 내 죄를 보고 해석해 가면 온 집안이 살아납니다. 그런데 '나를 사로잡고서 밖에도 못 나가게 하다니', '어떻게 바람을 피울 수 있어!' 이런 미움과 원망에만 사로잡혀 있다면 모두가 죽습니다. 한 사람이라도 말씀이 들리면 다 살아납니다.

10절을 다시 보면 "성도들의 인내와 믿음이 여기에 있다"고 합니다. 우리가 먼저 성도가 되어야 인내가 무엇인 줄 알게 됩니다. 교회 공동체에 와서 말씀을 듣고, 목장예배에 가고, 날마다 큐티하면서 나의 가치관이 하나님의 가치관으로 바뀌어야 인내할 수 있습니다. 내 힘으로 세상 조류를 어찌 거스를 수 있겠습니까. 믿음이 없으면 우리는 아무것도 할 수 없습니다.

대적 마귀는 우는 사자같이 두루 다니며 삼킬 자를 찾아다닙니다(벧전 5:8). 그러므로 새벽기도나 십일조, 이런 한 가지 신앙 공식만으로는 사탄을 이길 수 없습니다. 모든 것이 어우러져야 합니다. 지(知), 정(情), 의(意)를 다 동원하여 믿음의 싸움을 치열히 싸워 가야 합니다. 누군가를 전도한다고 생각해 보세요. 전도에도 작전이 필요합니다. 상대의 사연과 신앙 수준을 돌아보고, 상대에 관한 지식도 쌓고, 내가 그리스도인으로서 정직하고 이타적으로 사는 본도 보여 주어야 합니다. 하나님께 말씀으로 묻고 기도하고 찬송하고, 사랑 없는 나 자신을 보며 절망하고…… 이렇게 내가 온몸으로 깨어 있을 때 하나님께서 보시고 한 영혼을 보내 주시는 줄 믿습니다. 이런 수고 없이 그냥 교회에 오라고 하면 누가 옵니까? 그래서 인내와 믿음이 필요합니다. 자기를 부인하고 자기 십자가를 지고서 따라야 합니다(마 16:24).

내 옆의 사탄은 하나님이 나를 위해 허락하신 권세라고 했습니다. 때가 될 때까지 성도를 사로잡고 칼에 넘어뜨리도록 하나님이 허락하셨습니다. 이 사탄의 권세를 어떻게 이깁니까? "누구든지 귀가 있거든 들을지어다" 하신 것처럼 말씀을 들어야 합니다. 그러나 우리는 짐승의 소문에만 귀를 열고 하늘의 권세에는 귀를 닫고 살지요. 말씀 안에서 믿음을 지키고 어떤 때도 인내하는 것, 이것이 큰 권세를 얻는 비결입니다. 사탄의 박해 아래 두셔서 우리의 믿음과 인내를 키우시는 것이 하나님의 사랑입니다. 여러분이 이런 성도들의 인내와 믿음을 갖기를 바랍니다.

1914년 8월, 영국의 탐험가 어니스트 섀클턴(Ernest Henry Shackleton)이 스물일곱 명의 대원들과 함께 세계 최초로 남극대륙 횡단에 도전했습니다. "인듀어런스(Endurance, 인내)호", 당시 그들이 승선한 배의 이름입니다. 그런데 목적지를 불과 150㎞ 앞두고서 배가 얼어붙은 바다에 갇히고 말았습니다. 영하 30℃를 오르내리는 혹한의 환경에 고립된 것입니다. 그러나 놀랍게도 2년 후 27명 모두 건강하게 구조되었습니다. 남극 빙벽의 혹한 속에서 바다표범을 잡아먹으며 생존한 것입니다. 심지어 그런 상황에서 행복하다는 일기를 쓴 대원도 있었습니다. 그래서인지 이 어니스트 섀클턴의 남극 횡단은 역사상 가장 위대한 실패로 남겨졌습니다. 과연 극한의 상황에서 그들이 살아남을 수 있었던 비결은 무엇일까요?

섀클턴과 대원들이 남극 횡단을 떠나기 1년 전, 캐나다의 11명의 탐험대가 북극 탐사에 나섰다가 섀클턴과 똑같은 상황을 맞았습니다. 빙벽에 갇혀 고립되고 말았죠. 그런데 캐나다 탐험대는 갇힌 지 수개월 만에 모두 야수와 같이 변했다는 겁니다. 거짓말, 속임수, 도둑질 등 극한의 상황에서 인간이 보여 줄 수 있는 밑바닥 정서를 그대로 드러냈습니다. 그 결과 11명 모두 비참한 최후를 맞았습니다.

그러나 섀클턴의 대원들은 달랐습니다. 그들의 희생정신과 인내와 믿음은 가히 상상을 초월했습니다. 당시 대원들이 남긴 일기 중 한 토막입니다.

"섀클턴은 은밀히 자신의 아침 식사용 비스킷을 내게 내밀며 먹으라고 강요했다. 그리고 내가 비스킷을 받으면 그는 저녁에도 내게 비스킷을 줄 것이다. 나는 도대체 이 세상 어느 누가 이처럼 철저하게 관용과 동정을 보여 줄 수 있을까 생각해 본다. 나는 죽어도 섀클턴의 그러한 마음을 잊지 못할 것이다. 수천 파운드의 돈으로도 결코 그 한 개의 비스킷을 살 수 없을 것이다."

어떤 리더가 이런 태도를 보여 줄 수 있겠습니까. 가죽 슬리핑백도 열여덟 개밖에 없었는데, 리더 그룹들이 솔선해서 천 슬리핑백을 쓰고 가죽 슬리핑백은 일반 대원들에게 주었답니다. 날마다 죽음이 맞닿아 있는 환경에서 이들이 서로를 인내하고 관용하고 용서하며 얼마나 사투를 벌였겠습니까. 지, 정, 의를 동원하여 전인격적으로 깨어 있지 않았다면 결코 승리할 수 없었던 전쟁입니다.

이들이 고립된 지 1년 6개월이 되었을 때 섀클턴은 구조선을 구하러 가야겠다고 결단을 내렸습니다. 그는 떠나면서 대원들을 향해

지시했습니다.

"만일 내가 한 달 안에 돌아오지 못한다면 너희도 떠나라."

결국 그는 한 달이라는 기한을 넘기고 말았습니다. 당시 1차 세계 대전이 한창일 때라 배를 구하기가 어려웠고, 힘들게 구조선을 구했지만 빙벽 등 여러 어려움에 부딪혀 돌아오기까지 대여섯 달이 걸린 것입니다. 그런데 도착해 보니 한 사람도 죽지 않고 살아서 섀클턴을 기다리고 있었습니다. '대장은 반드시 돌아올 것이다'라는 믿음으로 눈이 빠지게 섀클턴만을 기다렸다는 것입니다. 그래서 전 대원이 구조될 수 있었습니다. 섀클턴은 하루아침에 영국의 영웅이 되었습니다.

그런데 저는 그다음 이야기를 하고 싶습니다. 섀클턴에게 안락한 런던 생활에 적응하는 것은 혹한의 남극 탐험보다 어려운 일이었습니다. 다윗이 사울과의 싸움에서는 이겼지만, 밧세바와의 싸움에서는 패배하지 않았습니까? 사울의 위협을 피해 광야를 떠돌 때는 날마다 깨어 있었는데, 환경이 편해지니까 죄가 깃들며 간음에 살인까지 순식간에 해치웠습니다. 섀클턴도 환경이 편해지자 무너지기 시작했습니다. 외도를 일삼고, 명성과 돈을 바탕으로 무리하게 사업을 벌였다가 족족 망하기 일쑤였습니다. 그렇게 여자와 술에 절어 살다가 "당신은 바다에 나가야 한다"는 아내의 말에 그는 다시 항해를 시작했습니다. 그러나 과거 전설적인 리더의 모습은 온데간데없고 돈을 벌기 위해 항해한다는 비난까지 들려 왔습니다.

그러다 1922년 남극 탐험을 위해 퀘스트호를 타고서 사우스조지아섬에 상륙한 이튿날, 섀클턴은 심장 발작을 일으켰습니다. 섀클턴이 한 대원에게 자신이 왜 몸이 나빠졌는지 묻자 그가 이렇게 대답했답니다. "대장은 제 말을 인정하지 않겠지만 술을 끊어야 합니다." 그리고 몇 분 후 섀클턴은 세상을 떠났습니다. 관상동맥에 지방의 일종인 아테롬이 누적되어 심장마비를 일으킨 것입니다. 한때 국민 영웅으로 불리던 사람의 말로가 어찌 이리 비참할 수 있습니까.

이처럼 사탄은 우리를 끈질기게 공격합니다. 하나님 없이는 누구도 되었다 함이 없습니다. 내가 한 번 이겼다고 영원히 승리한 것은 아닙니다. 사탄의 권세가 얼마나 무서운지, 성도의 인내와 믿음이 없다면 오늘 이겼어도 금세 무너지고 말 것입니다. 그래서 저도 성도들에게 저를 위해 기도해 달라고 늘 요청합니다. 성도들이 잘 서 있으려면 저부터 잘 서 있어야 하지 않겠습니까.

우리들교회 한 목장에서 이런 일이 있었습니다. 한때 다른 남자와 외도를 하고서 여전히 그와 연락을 끊지 못해 괴로워하는 A집사님이 있습니다. 또 부모와 남편의 불륜 때문에 힘들어하는 B집사님이 있습니다. 그런데 이 두 분이 한 목장 식구로 묶였습니다. 그러니 A집사님이 자기 이야기를 나눌 때면 B집사님이 얼마나 듣기가 괴로웠을까요. 하루는 B집사님이 용기를 내서 A집사님에게 말했답니다.

"집사님, 바람피운 이야기는 이제 그만하면 안 될까요? 제가 듣기가 너무 괴로워요."

그러자 A집사님이 이렇게 대답했습니다.

"저도 이런 이야기를 하는 게 너무 힘들어요. 그런데 제가 목장에서라도 나눠야 외도를 끊을 힘이 생기지 않겠어요? 그래서 수치를 무릅쓰고 이야기해요."

이후 어떤 일이 일어났을까요? 이 두 집사님이 너무 안타까워하면서 그 자리에서 서로 부둥켜안고 울었답니다. 이 광경을 보고서 옆에 목원들도 "나도 똑같다"며 자기 부족함을 보고 울었다는 겁니다.

이렇게 불륜의 가해자와 피해자가 한자리에서 함께 눈물을 흘릴 수 있는 것이 저는 가장 큰 권세라고 생각합니다. 집 나간 남편이 돌아오고, 배우자의 외도가 끊어지고 이런 것만 권세가 아니라는 말입니다. 가해자이건 피해자이건 말씀이 들리고, 함께 모여서 삶을 나누고…… 예수님의 사랑이 이 얼마나 신비하고 놀랍습니까! 맞지요? 이것이 가장 큰 권세입니다.

사건, 사고와 여러 범죄가 날이 갈수록 늘면서 요즘에는 '피해자'라는 말 대신 '생존자'라는 말을 쓴다고 합니다. 아동 학대 피해자, 성폭력 피해자가 아니라 그 고통 속에서 살아남은 생존자라는 겁니다. 거기서 더 나아가 마약과 온갖 중독에서 벗어난 사람들까지 '생존자', '승리자'라고 부르면서 박수를 보낸다고 하지요. 물론 틀린 말은 아닙니다. 그러나 우리는 피해자도, 가해자도, 생존자도, 승리자도 아니요, 100% 죄인입니다. "의인은 없나니 하나도 없다"고 했습니다(롬 3:10). 가해자이든지 피해자이든지 모두 죄인입니다. 우리는 모두 구원 받아야 할 죄인입니다.

모든 죄는 인간이 자신에게 주어진 권세를 자기 권세라고 착각하기 때문에 일어납니다. 다윗과 압살롬만 보아도 그렇습니다. 다윗은 권세를 가지고서도 이복 누이 다말을 겁탈한 암논의 죄를 방관합니다. 이에 또 다른 권세자인 아들 압살롬이 자기 권세를 빌려 반란을 일으킵니다. 이로써 아버지도, 아들도 큰 심판을 당했습니다. 그러나 성도의 인내와 믿음이라는 큰 권세를 가진 다윗과 사탄의 큰 권세를 가진 압살롬의 결말은 너무도 다릅니다. 자기 죄를 보고 회개한 다윗은 반란을 일으킨 아들이라도 끝까지 사랑합니다. 그러나 압살롬은 끝내 회개하지 못하고 비참한 최후를 맞습니다. 다윗이 "내 아들 압살롬아, 압살롬아" 아무리 목놓아 울어도 압살롬은 돌이키지 않습니다.

이런 압살롬을 보면서 구원이 얼마나 중요한가 다시 생각하게 됩니다. 압살롬은 아버지가 다윗 왕인 데다 용모도 수려합니다. 얼마나 멋있는지 이스라엘 사람들의 마음을 훔쳤다고 합니다(삼하 15:6). 그런데 이렇게 뛰어나고 인기 있는 압살롬이 구원을 받지 못했습니다. 그러니 잘난 자녀, 못난 자녀가 없습니다. 그저 구원 받아야 할 자녀만 있을 뿐입니다. 앞에서 S대 나온 목자님도 학벌과 직장이 좋으니까 하나님을 멀리하고 큐티도 안 했다잖아요. 세상 권세가 많으면 예수 그리스도의 권세를 힘입기가 너무 어렵습니다.

똑같은 사건을 겪어도 누군가에게는 심판이고, 누군가에게는 구원입니다. 성도는 인내와 믿음으로써 큰 구원을 이루어 가야 합니다. 이것이 진짜 권세입니다. 우리가 인정하든 안 하든 세상의 권세는 사탄이 준 것입니다. 그러니 점수를 줄 게 하나도 없습니다. 세상 권세는 적그리스도의 권세입니다. 일시적인 권세입니다. 거짓 평화입니다. 성도를 훼방하고 이기는 듯 보여도 제한적인 권세입니다. 참권세인 그리스도의 권세로 인생을 잘 해석하면서 다른 사람들을 구원으로 이끄는 여러분 되기를 소원합니다.

• 성도의 인내와 믿음으로 주어진 싸움을 잘 싸우고 있습니까? 환경이 조금만 편해지면 예배와 큐티부터 멀리하지 않습니까?

가해자이든지 피해자이든지
모두 죄인입니다.
우리는 모두 구원 받아야 할 죄인입니다.

우리들 묵상과 적용

아버지는 장로님이자 개업의로서 사람들에게 존경을 받으셨습니다. 하지만 환자를 수술하신 후에는 그 스트레스를 풀고자 술과 담배를 하고 진통제까지 불법 투여하셨습니다. 급기야 진통제에 중독되셔서 어머니가 진통제를 숨기시는 날은 온 집안이 뒤집어지곤 했습니다. 그때마다 저는 집을 떠나겠다고 다짐하며, 사탄의 권세를 사모하면서 열심히 공부했습니다(계 13:2).

가정을 꾸린 후에도 저는 사탄이 준 세상 권세만 좋아했습니다. 그래서 아내와 아이들의 섬김을 받는 자리에 앉아 거짓 평화를 참평화라고 착각했습니다(계 13:3). 그러자 하나님은 거짓 평화가 깨지는 일을 주셨습니다. 제가 여자 직원과 불륜을 행한 것을 아내가 알게 된 것입니다. 이 일로 아내와 자주 다투게 되자, 초등학교 2학년 때부터 과잉 행동과 틱 장애로 따돌림을 당해 온 아들은 무척 힘들어했습니다. 그제야 저는 말씀으로 이 일을 해석하며, 자녀가 얼마나 힘들어하는지 조금이나마 느끼게 되었습니다.

그런데 고등학교 입학을 앞둔 아들이 조증에 시달리는 일이 일어났습니다. 우리 부부는 잠을 안 자는 아들을 보고 두려워졌습니다. 그래서 목장예배에서 이 일을 나누며 아들이 약물 치료를 받도록 돕고 인내했습니다. 그러자 목장 지체들은 교회에서 요청한 가정예배

영상 촬영에 임하라는 적절한 권면을 해 주었습니다. 저는 하나님의 말씀을 들으리라는 마음으로 가정예배 촬영에 임했습니다(계 13:9). 촬영을 하며 깨달은 죄를 나누려 하자 갑자기 성령의 감동이 밀려왔고, 저는 눈물로 회개하며 자녀들에게 사과했습니다. 이 일을 계기로 아들의 조증은 잠잠해졌습니다.

하지만 아들의 증상이 또다시 악화되었습니다. 영상 녹화를 마친 뒤로 제가 가정예배 드리는 것을 거부했기 때문입니다. 그러자 아내는 목장예배에서 이 일을 털어놓았고, 목장 지체들은 저를 체휼해 주며 제가 결단할 때까지 기다렸습니다. 덕분에 힘을 얻은 저는 "앞으로 가정예배를 드리겠습니다"라고 약속했습니다. 그다음 날부터 순종하는 마음으로 큐티 나눔을 하니 변화가 일어났습니다. 잘 웃지 않던 아들이 문득문득 미소를 짓고 편안해진 것입니다. 그러자 마치 하나님이 아들을 통해 제게 미소를 지어 주신다는 생각이 들었고, 하나님의 존재가 친밀하게 느껴졌습니다. 그러면서 제가 세상 권세를 좇아 짐승을 경배하며 살아온 것이 깨달아져 회개하게 되었습니다(계 13:8). 저를 세밀히 양육해 주시며, 인내와 믿음의 큰 권세로 가족 구원을 향해 나아가게 하시는 하나님, 사랑합니다(계 13:10).

영혼의 기도

하나님 아버지, 교회를 다니지만 사탄이 주는 권세만 사모하면서 끊임없이 이기고 또 이기려고 하니 인생이 슬픔과 우울로만 가득합니다. 하나님이 주시는 큰 권세, 곧 인내와 믿음을 가지고자 애써야 하는데 여전히 학벌, 돈, 외모, 명예와 같은 세상 권세만 좋습니다. 그래서 내 식구들 속에 똬리 틀고 있는 사탄을 분별해 내지 못합니다. 식구들이 나를 짓밟을지라도 배후의 사탄을 보고 구원에 힘써야 하는데, 아무리 매일 말씀을 보아도 왜 그리 인내하기가 어려운지요. 그래서 이긴 싸움인데도 날마다 참소당하며 분노합니다. 우리를 불쌍히 여겨 주옵소서.

　　우리는 늘 좋은 자녀 나쁜 자녀, 좋은 부모 나쁜 부모를 부르짖습니다. 그런데 가장 잘난 아들 압살롬이 다윗에게 반란을 일으키지 않았습니까? 이보다 더 큰 사탄의 권세가 어디 있습니까. 그러고는 그는 구원 받지도 못했습니다. 다윗이 "내 아들 압살롬아, 압살롬아" 목놓아 울었어도 구원 받지 못했습니다. 아무리 잘난 자녀라도 구원 받지 못하면 그 잘남이 무슨 소용이겠습니까. '공부를 잘하고, 돈을 잘 벌어다 주면 구원 못 받아도 그만'이라는 세상 가치관이 얼마나 악한 것인지 우리가 깨닫게 하옵소서.

　　구원은 돼도, 안 돼도 그만인 것이 아닙니다. 사랑하는 식구들을 천국에서 만나야 하지 않겠습니까. 사탄이 주는 권세를 가지고서 분노하고 참소하는 식구들을 보면서도 구원으로 이끌지 못하는 우리를 불쌍히 여겨 주옵소서. 우리가 성도의 인내와 믿음을 가지고서 예수 그리스도의 십자가 비밀, 그리스도의 신비함을 보일 수 있게 하여 주옵소서. 그래서 인생이 달라지고 집안이 달라질 수 있도록 도와주옵소서. 영혼 구원을 위해 기꺼이 헌신하고 희생할 수 있도록 우리에게 주님의 큰 권세를 허락하여 주옵소서. 예수님 이름으로 기도드립니다. 아멘.

지혜가 여기 있으니

요한계시록 13장 11~18절

10

하나님 아버지, 내 속에, 내 옆에 거짓 선지자를
분별할 지혜를 얻기 원합니다.
말씀해 주시옵소서. 듣겠습니다.

이단에서 나와 우리들교회에 오신 한 성도분이 제 요한계시록 설교를 듣고서 큰 은혜를 받았다고 이야기하시더군요. 전에 이단에서 요한계시록을 이 잡듯 공부했는데, 참된 말씀, 구속사로 풀어 주시는 계시록 설교를 들으며 정말로 새 하늘, 새 땅이 열리는 것 같다고 하셨습니다. 제가 얼마나 보람을 느꼈는지 모릅니다.

계시록은 사탄이 성도들을 어떻게 훼방하고 대적하는지 보여 줍니다. 즉, 성도에게 어떤 싸움이 기다리고 있는지 이야기하고 있죠. 성경의 마지막 책이기에 주님도 온갖 잔소리를 하십니다. "남은 자손이 돼라!", "사탄의 큰 권세에 미혹당하지 말아라!"…… 또 주님이 사탄을 '짠' 물리쳐 주시는 것이 아니라 "성도의 인내와 믿음으로 이기는 것이 진짜 큰 권세다"라고 말씀하십니다. 계시록뿐만 아니라 성경 어디에도 '예수를 믿기만 하면 당장 병 고쳐 줄게, 잘살게 해 줄게'라는 말씀은 없습니다.

제가 무슨 능력이 있어서 목회를 하겠습니까. 믿음으로 참고 견딘 것, 그 작은 것 하나 때문에 하나님이 저를 사용해 주시는 것 같습니다. 그러니 성도의 인내와 믿음이 정말 큰 권세 맞습니다. 주님은 우리에게 좁은 길로 가라고 말씀하십니다. 거기에 진짜 좋은 것, 큰 권세, 참권세가 있다고 말씀하십니다.

종말은 종교적으로 가장 혼탁한 때입니다. 거짓 선지자들이 말씀을 빙자해 세상 지혜를 퍼뜨리며 성도를 혼란하게 하기 때문입니다. 그러므로 참지혜로 거짓 선지자들을 분별해야 합니다. 본문을 통해 이 거짓 선지자들 물리칠 지혜에 대해 생각해 보고자 합니다.

거짓 선지자는 어린 양 같은 모습으로 미혹합니다

> 내가 보매 또 다른 짐승이 땅에서 올라오니 어린 양같이 두 뿔이 있고 용처럼 말을 하더라_계 13:11

바다에서 올라온 한 짐승이 사탄인 용에게서 권세를 받았습니다. 이 짐승은 그리스도를 흉내 내면서 표범, 곰, 사자 같은 권세로 교회를 훼방하는 적그리스도라고 했지요. 그렇다면 본문에 땅에서 올라온 짐승의 생김새는 어떻습니까? 어린 양이 아니라 어린 양 '같은' 모습이라고 합니다.

고린도후서에 보면 '사탄도 자기를 광명의 천사로 가장한다'고 합니다(고후 11:14). 이 말씀처럼 땅에서 올라온 짐승도 마치 어린 양 같은, 광명한 천사 같은 모습을 하고서 그리스도를 흉내 냅니다. 그러나 겉모습을 99% 흉내 낸다고 해도 100% 같지 않으면 가짜입니다. 거의 비슷하다고 같은 것은 아닙니다. 이후 말씀에서 "짐승이 잡히고 그 앞에서 표적을 행하던 거짓 선지자도 함께 잡혔다"라고 이야기하는 걸 보면 이 나중 짐승은 곧 거짓 선지자라는 것을 알 수 있습니다 (계 19:20). 이렇듯 말세에는 적그리스도와 거짓 선지자가 판을 칩니다. 그러므로 이들을 분별할 지혜가 필요합니다. "거짓 선지자들을 삼가라 양의 옷을 입고 너희에게 나아오나 속에는 노략질하는 이리라"고 예수님도 미리 경고하셨습니다(마 7:15).

그런데 본문 말씀을 자세히 보면, 어린 양의 옷을 입은 이 짐승이 두 뿔을 가졌고 용처럼 말을 한다고 합니다. '용처럼 말한다'는 것은 짐승이 용, 곧 사탄의 사상을 퍼뜨린다는 의미입니다.

로마의 기독교 박해는 A.D. 64년 네로 황제 때부터 A.D. 313년 콘스탄티누스에 의해서 기독교가 공인될 때까지 약 250년간 계속되었습니다. 로마는 통치자와 시대 상황에 따라 다양한 이유로 기독교를 박해했습니다. 특히 황제들이 주도한 10대 박해가 대표적입니다. 그중 다섯 번째 박해의 주도자가 바로 마르쿠스 아우렐리우스(Marcus Aurelius Antoninus)입니다. 그는 로마제국 제16대 황제이자 스토아학파의 철학자요, 우리에게는 고전 『명상록』의 저자로 잘 알려진 사람입니다. 전쟁터에서도 끊임없이 자기를 성찰하며 인격 수양에 힘쓴 사람이 한편으로 기독교인들을 잔인하게 살해했다는 것을 여러분은 어떻게 생각합니까? 인간의 이중성이 이렇게 무섭습니다. 네로 황제가 사자같이 무섭게 복음을 훼방한 적그리스도라면, 아우렐리우스는 어린 양의 모습을 한 거짓 선지자라고 할 수 있습니다. 그러므로 세상 권세는 사탄이 준 것이 정말 맞습니다. 예수 그리스도 외에 평화의 왕은 이 땅에 존재할 수 없습니다.

한 일간지에 실린 〈다자연애(多者戀愛, 두 사람 이상을 동시에 사랑하는 것)가 무슨 문제냐〉라는 제목의 기사를 보았습니다. 기사에 의하면 기독교 대학인 모 대학에서 한 학생이 학칙을 위반하면서까지 페미니즘 강연을 강행했답니다. 강연의 강사들은 기독교 대학 한복판에서 자신의 매춘 경험을 소개하고 다자연애와 동성애를 적극 두둔했습니다. 학생은 여기에서 그치지 않고 타 대학에 가서 다자연애를 주제로 발표까지 했습니다. 학교는 수차례 반성의 기회를 주었지만 학생이 거부하자 무기정학 처분을 내렸습니다. 그래도 학생이 반성하기만 하면 징계 수위를 낮추겠다는 입장이었습니다.

그런데 이 일로 인권침해에 대해 조사하겠다면서 국가인권위원회 조사관이 학교에 들이닥쳤습니다. 사건을 취재하던 기자가 조사관에게 감찰의 이유를 물었습니다.

"왜 이 일이 인권침해 대상이 된 것입니까?"

"다자연애자도 성소수자입니다. 성적 지향의 일종인 다자연애를 소개하는 게 무슨 부도덕한 행위입니까? 그들이 어떤 물의를 끼치기라도 했습니까? 양성애자들도 집단 난교를 하잖아요. 다자연애에 대한 비판은 차별입니다."

기자가 또다시 물었습니다.

"성적 지향은 둘째 치고 성소수자의 범위는 도대체 어디까지를 뜻합니까? 혹시 수간자(獸姦者), 근친상간자도 포함되나요?"

그러자 조사관은 뜨끔했는지 얼버무리면서 애매한 대답만 남겼습니다.

"잘 모르겠습니다. 아니, 그것도 엄연한 성적 끌림, 성적 지향 아닙니까? 거기까지는 생각해 보지 못했네요. 제가 전문가나 학자가 아니어서 답변을 드릴 수 없습니다."

성소수자의 범위조차 제대로 파악하지 못한 채 조사 활동을 벌이고 있던 겁니다. 글을 쓴 기자는 인종, 국적, 피부색, 장애 등 절대 변하지 않는 속성으로 차별하는 것은 처벌 받아 마땅하지만, 성적 지향이나 사상, 종교는 전혀 다른 문제라고 말합니다. 이는 개인의 선택과 의지에 따라 얼마든지 바뀔 수 있고, 가치와 윤리, 도덕이 혼재된 문제이기에 얼마든지 비판할 수 있다는 겁니다. 사이비 교주나 마약 복용자, 살인범에 대한 비판이 가능하듯 말입니다.

저도 기자의 의견에 공감합니다. 인권을 빙자하여 온갖 성적 지향을 인정해 준다니, 이것이야말로 어린 양의 모습을 하고서 용의 가치관을 설파하는 것 아니겠습니까? 정말 기도가 필요한 때입니다.

부드러운 모습을 한 용의 가치관은 가정 속에도 깊숙이 들어와 우리를 미혹합니다. 효를 빙자해 복음을 가로막는 일이 얼마나 많습니까. 부모님이 싫어하시는 일을 해서는 안 된다면서 예수는 부모님이 돌아가신 뒤 믿겠다고 합니다. 집안이 잘되려면 조상을 잘 섬겨야 한다면서 명절 때마다 조상신을 경배합니다. 또 믿는 부모인데도 "지금은 공부할 때니까 대학에 붙고 나서 교회에 가라"면서 자녀들에게 용의 가치관을 심어 줍니다.

그러나 "사랑하는 자들아 영을 다 믿지 말고 오직 영들이 하나님께 속하였나 분별하라 많은 거짓 선지자가 세상에 나왔음이라"고 했습니다(요일 4:1). 내 부모라도 영을 분별해야 합니다. 거짓 선지자는 부모 중에도 있을 수 있습니다. 효도와 공경이 무조건 선(善)이 아니라는 말입니다.

● 광명한 천사의 모습으로 다가오는 거짓 선지자를 분별할 수 있겠습니까? 부모, 형제, 부부라도 내가 영을 분별하여서 적용해야 할 것은 무엇입니까?

거짓 선지자는 적그리스도를 경배하게 합니다

그가 먼저 나온 짐승의 모든 권세를 그 앞에서 행하고 땅과 땅에 사는 자들을 처음 짐승에게 경배하게 하니 곧 죽게 되었던 상처가 나은 자니라_계 13:12

하나님 나라는 성부, 성자, 성령 하나님께서 다스리시며 참선지자들이 이 삼위 하나님을 경배합니다. 그런데 사탄의 나라가 이를 흉내 냅니다. 사탄인 용 임금 아래에 바다에서 올라온 짐승, 즉 적그리스도가 있고, 그의 하수인인 땅에서 올라온 짐승, 즉 거짓 선지자가 있습니다. 이 거짓 선지자가 하는 일은 적그리스도를 경배하게 하는 것입니다. 각종 거짓 철학과 이단 사상을 퍼뜨리는 것이 어린 양의 모습을 한 적그리스도가 하는 일이지요. 우리가 성경에서 벗어나 허황된 것에 착념하도록 유혹합니다. 하나님의 말씀으로부터 우리의 관심을 빼앗아 다른 것에 집중하게 합니다.

이단들만 보아도 그렇습니다. 그들은 성경을 문자적으로 해석하면서, 성경에는 나타나지 않는 새로운 계시가 있다고 확신합니다. 그들이 말하는 새 계시에는 인류의 역사와 종말이 마치 각본처럼 짜여 있습니다. '종말에 이스라엘은 어떻게 되는가', '북한은 언제 무너지는가', '언제 전쟁이 나는가', '우리 가정은 언제 회복되는가', '내 배우자는 언제 변하는가'…… 마치 세상의 시작과 종말을 다 아는 것처럼 이야기합니다. 우리 인생도 그 각본 안에 들어 있다고 말합니다.

또한 거짓 선지자들은 땅에서 올라온 짐승이기에 이 땅만이 상급이라고 가르칩니다. 우리가 그리스도를 빙자하는 적그리스도를 경배하면 이 땅에서 면류관을 쓰게 되리라고 미혹합니다. 자기 유익을 위해 예수를 이용하면서 신앙생활에도 공식이 많습니다. '몇십, 몇백 일 기도드리면 소원이 이루어진다', '십일조 많이 하면 부자 된다' 이렇게 가르치는 사람이 있다면 전부 땅에서 올라온 짐승입니다.

요한일서에 보면 "예수를 시인하지 아니하는 영마다 하나님께 속한 것이 아니니 이것이 곧 적그리스도의 영이니라 오리라 한 말을 너희가 들었거니와 지금 벌써 세상에 있느니라"고 했습니다(요일 4:3). 그런데 불신자들이야 그렇다고 쳐도 우리는 다 예수를 믿는 자들 아닙니까? 과연 예수를 시인하지 않는 것이란 무엇일까요?

"자고로 그리스도라면 왕관 쓰고 멋진 모습으로 와야 하는 것 아니야? 어떻게 그리스도가 목수의 아들이고, 십자가에 못 박혀서 죽을 수 있어!"라는 태도가 바로 예수를 부인하는 겁니다. 거짓 선지자는 초라한 예수를 부인하며 세상 큰 권세인 사탄의 세력을 경배하도록 부추깁니다. 그러니 예수를 믿는 듯 보여도 실상은 사탄의 세력을 경배하는 자들이 교회에도 많지요.

제가 어렸을 때는 '장군' 하면 을지문덕, 강감찬 같은 인물을 떠올렸습니다. 이런 역사 속 위인들을 칭송하며 곳곳에 동상을 세우기도 했지요. 한때는 "고마우신 대통령님, 우리 대통령님" 노래까지 지어 부르며 대통령을 경배의 대상 삼기도 했습니다. 북한이 수령을 내세워서 중앙집권식 통치를 하는 것도 숭배 대상이 있어야 민심을 잡을 수 있다고 생각하기 때문입니다. 심지어 교회도 카리스마 넘치는 담임목사가 있어야 목회가 잘된다고 말하는 사람도 있습니다. 인간의 노예근성 때문에 어디든 강력한 통치자가 있어야 만사가 제대로 돌아간다는 겁니다. 그러나 상대가 가진 권력이, 카리스마가, 능력이, 배경이 좋아서 따르고 경배한다면 곧 거짓 선지자의 꾀에 넘어가는 것 아니겠습니까. 초라한 모습으로 오신 예수를 경배하는 자는 비천하고 볼품없어도 믿음이 있는 자를 존경합니다.

• 내가 가장 존경하는 대상은 누구입니까? 초라한 육신의 옷을 입고 오신 예수님을 경배합니까? 권세 가진 자, 카리스마와 능력이 넘치는 사람만 우러러보지는 않습니까?

거짓 선지자는 큰 이적으로 미혹합니다

13 큰 이적을 행하되 심지어 사람들 앞에서 불이 하늘로부터 땅에 내려오게 하고 14 짐승 앞에서 받은 바 이적을 행함으로 땅에 거하는 자들을 미혹하며 땅에 거하는 자들에게 이르기를 칼에 상하였다가 살아난 짐승을 위하여 우상을 만들라 하더라 15 그가 권세를 받아 그 짐승의 우상에게 생기를 주어 그 짐승의 우상으로 말하게 하고 또 짐승의 우상에게 경배하지 아니하는 자는 몇이든지 다 죽이게 하더라_계 13:13~15

우리는 초자연적인 현상 앞에 맥을 못 춥니다. 온갖 이적에 환호합니다. 그런데 13절을 보면 땅에서 나온 짐승이 이적을 사람들 앞에서 행한다고 하고, 14절에서는 짐승 앞에서 행한다고 합니다. 하나님 앞에, 하나님 보시기에 좋은 이적이 아닙니다. 무엇이든지 "하나님 보시기에 좋았더라"여야 하는데 우리는 사탄의 이적을 분별하지 못합니다.

그러나 아무리 큰 이적이라도 사탄이 부리는 권세는 멸망할 권세입니다. 여자의 후손, 곧 예수 그리스도께서 뱀의 머리를 상하게 할 것이라고 하셨으니, 뱀, 곧 사탄은 살아서 활개 치는 것 같아도 겨우겨우 연명하는 시한부 존재일 뿐입니다(창 3:15). 결국엔 멸망당할 존재입니다. 그런데도 자기 주제를 망각하고 하늘에서 불을 내리는 이적을 행합니다.

그런데 엘리야 선지자도 불을 내리는 이적을 행하지 않았습니까 (왕상 18:38)? 지금 이 거짓 선지자가 어린 양 예수 그리스도부터 여호와의 선지자까지 온갖 흉내를 다 내고 있는 겁니다. 그러니 이런 거짓 선지자를 우리가 어떻게 분별하겠습니까. 이는 영적인 문제이기에 분별하기가 더욱 어렵습니다.

또 이 나중 짐승이 땅에 거하는 사람들을 향해 칼에 상했다가 살아난 짐승을 위하여 우상을 만들라고 지시합니다. 지난 3절에서 머리 하나가 상하여 죽게 된 것 같다가 상처가 나은 짐승이 적그리스도라고 했지요. 거짓 선지자와 적그리스도가 서로 경배하고 경배 받으며 우상 잔치를 벌입니다. 가시적인 이적과 가짜 체험으로 땅에 사는 사람들이 우상을 경배하도록 끊임없이 현혹하는 것입니다. 우리들교회 한 성도님도 "우리가 당신 가족을 위해 기도하면서 귀신을 쫓아내 줄 테니 남편과 각방을 쓰라"고 강요하는 교회에 10년이나 묶여 계셨다더군요. 그러나 칼에 상하였다가 살아난 게 아니라, 칼에 상한 것을 받아들이는 게 진정한 이적입니다. 이 시대가 너무 혼탁하니까 그저 병 낫고 잘 먹고 잘사는 것만 이적이라고 생각합니다.

몇 년 전 제가 암에 걸려 잠시 안식년을 가졌습니다. 일부 교회는 목사가 병에 걸렸다고 하면 행여 성도들이 빠져 나갈까 봐 쉬쉬한다고 하지요. 망했다고 생각하는 교회도 있답니다. 그러나 우리들교회는 달랐습니다. 제가 먼저 암에 걸린 것을 오픈하고 항암 치료 때마다 성도들에게 기도를 요청했습니다. 그러면 성도들은 "우리 목사님 항암 치료 잘 지나가게 해 주세요", "항암 치료 후유증이 심하다고 하는

데 목사님 면역력 떨어지지 않게 지켜 주세요!" 하면서 저를 위해 중보해 주셨습니다. 제가 일 년 동안 강단에 서지 못했는데도 교회는 오히려 더 부흥했습니다. 이는 우리들교회가 부족해도 십자가 말씀으로 무장했기 때문이라고 생각합니다. 이것이 진짜 이적 아니겠습니까? 저는 조금 있다가 천국 갈 사람이잖아요. 성도들이 말씀으로 무장되어야 우리가 다 천국에서 만날 것 아닙니까.

15절에 나중 짐승이 우상에게 생기를 주었다고 합니다. 여기서 '생기'를 뜻하는 헬라어 '프뉴마(πνεῦμα)'는 '영, 혼, 기운, 성령' 등을 가리킵니다. 지난 11장에서도 생기라는 말이 나왔습니다. 하나님의 말씀을 예언하던 두 증인이 죽임당하고 "삼 일 반 후에 하나님께로부터 '생기'가 그들 속에 들어가매 그들이 발로 일어서니 구경하는 자들이 크게 두려워하더라"고 했지요(계 11:11). 이때 생기도 프뉴마로, 같은 단어입니다.

주님은 "진리의 성령이 오시면 그가 너희를 모든 진리 가운데로 인도하시리니 그가 스스로 말하지 않고 오직 들은 것을 말하며 장래 일을 너희에게 알리시리라"고 말씀하셨습니다(요 16:13). 우리가 믿음 안에서 자기 발로 일어서도록 진리의 성령께서 도우십니다. 우리가 그리스도를 따라 자기 십자가를 잘 지도록 성령께서 효과적으로 도우십니다.

그러나 거짓 선지자는 적그리스도가 임명한 거짓 제사장입니다. 그가 적그리스도 우상에게 생기를 준다는 겁니다. 이는 창조주 하나님을 향한 가장 큰 모독입니다. 성령님 흉내를 내면서 이상하고 위험한 영의 운동으로 미혹하여 큰 혼란을 가져오는 것이죠. 치유, 신유(神癒) 같은 기적이 일어나고 방언도 터지니까 하나님과 너무 비슷해 보입니다.

또 짐승이 우상을 '말하게 했다'고 합니다. 그러므로 경건함은 말로 증명하는 것이 아닙니다. 눈으로 보이지는 않지만 성령의 열매가 있어야 진짜입니다. 사랑과 희락과 화평과 오래 참음과 자비와 양선과 충성과 온유와 절제로 삶에서 열매가 나타나야 진짜 성령이 함께하시는 인생입니다(갈 5:22~23). 이런 성령의 열매 없이 일어나는 이적은 경계해야 합니다. 우리 안에 있는 가식, 체면, 더러움을 성령의 도우심으로 도려내야 하는데, 가짜는 자꾸 괜찮다고 하면서 이상한 생기를 불어넣습니다.

우리도 그러지 않습니까? 어디 가서 기죽으면 안 된다면서 자녀에게 돈을 잔뜩 쥐어 줍니다. 자녀가 우상이고 돈이 우상이니까 거기에 자꾸 생기를 주는 것이죠. 또 말씀에서 짐승의 우상에게 경배하지 않는 자는 다 죽이게 했다고 하는데, 남처럼 살지 않으면 뒤처지고 소외당할까 봐 우리가 분별없이 따르는 일이 얼마나 많은지 모릅니다.

그러므로 늘 깨어서 분별해야 합니다. 결혼도, 사업도 마찬가지입니다. 거짓 배우자, 거짓 동업자를 분별해 내야 해요. 자기 뜻대로 맞춰 주면 "나의 태양"이라면서 칭송하다가 조금만 수틀려도 "너 죽고 나 죽자"고 나오는 관계는 정상적인 관계가 아닙니다. 집착적인 것, 이해타산적인 것은 다 우상입니다. 우상에게는 사랑한다고 하지 않습니다. '숭배한다'라고 하지요. 반면에 하나님을 숭배한다고 말하지 않습니다. 사랑한다고 말합니다. 인격적인 관계가 아닌 것은 전부 우상입니다.

누가복음 16장에 보면 지옥에 간 부자 이야기가 나옵니다. 지옥의 고통을 맛본 부자가 아브라함을 향해 형제들에게도 지옥이 있다는 걸 알리게 해 달라고 간청합니다. 이에 아브라함이 대답합니다. "모세와 선지자들에게 듣지 아니하면 비록 죽은 자 가운데서 살아나는 자가 있을지라도 권함을 받지 아니하리라"(눅 16:31). 모세와 선지자가 전해 주는 말씀을 믿지 않는 자는 죽은 자가 살아나도 믿지 못한다는 겁니다.

정말 그렇습니다. 말씀이 들리지 않는 자는 이적만 좋아합니다. 그래서 이적 베푸는 사람을 숭배하면서 하나님은 멸시합니다. 그러나 이적은 결코 사람을 변화시키지 못합니다. 안수기도 받을 곳을 여기저기 찾아다니면서 기적만 바랍니까? 오늘 내게 주신 말씀을 듣고 적용하며 십자가를 길로 놓고 가는 것이 최고의 지혜입니다.

• 나는 어떤 우상에게 생기를 불어넣고 있습니까? 자녀입니까, 돈입니까, 사람의 인정입니까?
• 내게 일어난 기적을 통해서 하나님의 은혜와 사랑을 깨달았습니까? 기적을 일으킨 사람만 숭배하고 있지는 않습니까?

거짓 선지자는 짐승의 표를 받게 합니다

> 그가 모든 자 곧 작은 자나 큰 자나 부자나 가난한 자나 자유인이나
> 종들에게 그 오른손에나 이마에 표를 받게 하고_계 13:16

계시록 당시 '표'는 로마 황제의 이름이 명시된 인장을 가리켰습니다. 주로 황제의 서신이나 공식 문서에 사용되는 것이었죠. 또한 로마 정부는 노예의 신체에도 표, 곧 낙인을 찍어 표시했습니다. '로마의 소유이기에 로마가 보호하겠다'라는 뜻이라지만 이는 대외적인 의미고 실상은 로마로부터 절대 도망갈 수 없다는 족쇄의 표였습니다.

마찬가지로 본문의 '짐승의 표'도 하나님의 영광을 가로채려는 악한 시도라고 할 수 있습니다. 짐승의 표를 받는다는 것은 곧 짐승의 이름을 받는 것입니다. 예수님이 없는 인간의 주인이 누구겠습니까? 사탄입니다. 예수를 모르면 우리는 사탄에게 휘둘리며 살아갈 수밖에 없습니다.

신명기에 보면 "말씀을 손목에 매어 기호로 삼고 미간에 붙여 표로 삼으라"고 하는데(신 6:8), 거짓 선지자가 또 이 말씀을 흉내 내고 있습니다. 성경은 인류가 시작된 때부터 이 짐승의 표를 언급하고 있습니다.

"여호와께서 그에게 이르시되 그렇지 아니하다 가인을 죽이는 자는 벌을 칠 배나 받으리라 하시고 가인에게 표를 주사 그를 만나는 모든 사람에게서 죽임을 면하게 하시니라"(창 4:15).

가인이 동생 아벨을 살해한 죄로 추방당하고서 죽을까 두려워하자 하나님이 그를 보호하시겠다는 의미로 표를 주십니다. "이 표만 있으면 누구도 너를 해할 수 없다"고 하시죠. 즉, 세상에서 미움 받지 않고 세상과 짝하여 살아갈 수 있는 사탄의 표라는 겁니다. 그러므로 가인 이후 태어난 모든 사람은 사탄의 자식이라고 할 수 있습니다. 요한복음에도 "너희는 너희 아비 마귀에게서 났으니 너희 아비의 욕심대로 너희도 행하고자 하느니라 그는 처음부터 살인한 자요 진리가 그 속에 없으므로 진리에 서지 못하고 거짓을 말할 때마다 제 것으로 말하나니 이는 그가 거짓말쟁이요 거짓의 아비가 되었음이라"고 했지요(요 8:44). 한마디로 우리 모두는 짐승의 표를 받은 자라는 말입니다. 이 표를 가지고 살면 세상 누구도 우리를 공격하지 않습니다.

모든 사람에게는 짐승의 이름이 새겨져 있습니다. 그러므로 예수를 모르면, 세상과 굳이 짝하려 하지 않아도 저절로 세상 가치관을 따르게 되지요. 인본주의, 물질만능주의, 경건주의, 세속주의, 쾌락주의, 허무주의…… 각종 이즘에 휩쓸려서 살아가게 됩니다. 내 이름을 내고자 혈안 된 세상에서 사탄이 돈, 지위, 명예로 유혹해 오는데 안 넘어갈 자가 누가 있겠습니까.

그러나 요한계시록 14장에 보면 "어린 양이 시온산에 섰고 그와 함께 십사만 사천이 서 있는데 그들의 이마에는 어린 양의 이름과 그 아버지의 이름을 쓴 것이 있더라"고 합니다(계 14:1). 하나님께서 자신의 백성의 이마에는 짐승의 이름이 아닌 어린 양의 이름과 그 아버지의 이름을 새기셨다고 합니다. 모두 짐승의 표를 가지고 태어났지만,

그중 남은 자손은 하나님이 구별하셔서 짐승의 이름 대신 예수님의 이름을 새기신답니다. 특별히 택함 받고 부르심 받은 사람만 예수님의 이름, 하나님의 이름을 그 이마에 딱 인 쳐 주시는 겁니다. 할렐루야!

> 누구든지 이 표를 가진 자 외에는 매매를 못 하게 하니 이 표는 곧 짐승의 이름이나 그 이름의 수라_계13:17

로마 시대에는 상인들의 조합인 길드(guild)에 가입해야만 장사를 할 수 있었습니다. 그런데 당시 우상숭배가 대단해서, 길드에 가입하는 것은 곧 그들이 섬기는 우상에 절해야 한다는 의미였습니다. 그러다 보니 기독교인들은 길드에 들어가려야 들어갈 수가 없었습니다. 따라서 이 구절은 문자 그대로 매매 행위를 할 수 없던 당시 기독교인들의 사정을 이야기한 것입니다.

예수를 믿는다고 만사형통합니까? 매매조차 할 수 없던 초대 교인들처럼, 말씀의 원칙을 지키다 보면 오히려 가난해지고 애통할 일만 곳곳에 기다리고 있습니다. 누군가에게는 이런 우리 삶이 지질하고 고생길 같게 보이겠지요. 그러나 이마에 어린 양과 그 아버지의 이름이 딱 새겨져 있는 자, 하나님께 사랑 받고 택함 받고 쓰임 받는 자는 즐거워하며 그 길을 갑니다. 가고 오는 세대에 이런 남은 자손이 있었기에 우리가 지금 복음을 누릴 수 있는 겁니다. 내가 사모하는 주님께 사랑 받고 택함 받고 쓰임 받는 기쁨, 세상은 이 비밀을 알지 못합니다. 그래서 복음의 비밀은 'secret'이 아니라 'mystery'입니다. 그야말로 신비입니다.

> 지혜가 여기 있으니 총명한 자는 그 짐승의 수를 세어 보라 그것은
> 사람의 수니 그의 수는 육백육십육이니라_계 13:18

총명한 자는 그 짐승의 수를 세어 보라고 합니다. 이는 사람의 수로 하나님의 수가 아닙니다. 그런데 이 수가 '육백육십육'이라고 합니다. 666은 기독교를 핍박하는 모든 적그리스도의 이름을 상징합니다. 계시록이 쓰인 당시는 로마 황제 네로를 상징하는 수였다고도 하지요. 고대에는 게마트리아(gematria)라고 하여, 히브리어나 헬라어 이름에 숫자를 부여하는 수법(數法)이 있었습니다. 예를 들어, 알파는 1, 베타는 2, 오메가는 800이라고 하지요. 그런데 네로 황제를 이 게마트리아로 계산하면 666이라는 수가 나온다고 합니다. 로마의 기독교 박해가 극심했기에 일종의 암호로 불렀던 겁니다. 혹자는 히틀러도 같은 수라고 하는데, 문자적으로만 해석해서는 안 되겠지요.

우리가 앞서 묵상한 인 재앙을 보면 여섯 번째 인까지는 재앙의 내용이었습니다. 그런데 주님은 일곱 번째 인을 떼시면서 하늘나라를 보여 주시지요. 나팔 재앙도 마찬가지입니다. 여섯 번째 나팔까지는 재앙이 계속되다가 천사가 일곱 번째 나팔을 불자 하나님 나라가 임합니다. 늘 6과 7이 대조적인 숫자로 등장합니다. 6은 세상이고, 7은 하나님입니다. 그러니 666은 특정 인물을 가리킨다기보다 세상 권력과 지혜를 상징하는 수라고 할 수 있습니다. 그러나 아무리 최고

라고 해도 666입니다. 용, 적그리스도, 거짓 선지자가 아무리 삼위일체 하나님을 모방한다고 해도, 삼위 하나님의 수 777에는 결코 이르지 못합니다.

열왕기상 10장을 보면 솔로몬이 거둬들인 세입금의 무게가 금 666달란트라고 합니다(왕상 10:14). 솔로몬이 누구입니까? 자진해서 하나님께 일천 번제를 드리고, 백성을 다스릴 지혜를 구하며 하나님께 큰 축복을 받은 왕입니다. 이런 그가 부요해지자 "왕은 병마를 많이 두지 말며 아내를 많이 두어 그의 마음이 미혹되게 하지 말라" 하신 하나님의 명령을 정면으로 거역합니다(신 17:16~17). 자기 부를 과시하려는 마음이 앞서면서 점점 타락의 길을 걷게 된 것이죠. 재산, 권력, 지혜, 지식, 성품, 정직함…… 모든 걸 다 따져 본다고 해도 솔로몬보다 더 대단한 사람이 있습니까? 그러나 아무리 삼천 금언을 지었어도, 막강한 부를 자랑해도 예수의 피로 씻기지 않으면 666이라는 겁니다. 주님은 솔로몬을 그 모델로 보여 주셨습니다.

저는 대표적인 사람의 수, 7에 가까운 666은 바로 휴머니즘(humanism), 인본주의라고 생각합니다. 〈쉰들러 리스트(Schindler's List)〉는 지금까지도 명화로 손꼽히는 영화입니다. 약 600만 명의 유대인들이 가스실에서 안타깝게 목숨을 잃었습니다. 인본적으로 생각하면 독일군은 나쁘고 유대인은 불쌍합니다. 벌 받아야 할 대상은 나치이고, 구원 받아야 할 대상은 유대인 같지요. 물론 나치가 악행을 저지른 것은 맞습니다. 그러나 믿는 우리는 역사도 구속사로 바라볼 수 있어야 합니다. 유대인들이 얼마나 수많은 고난을 지나왔습니까. 그런데 이천 년이 지나도록 이들이 예수를 구세주로 인정하지 않습니다. 초라한 예수가 그리스도일 리 없다면서 예수님을 십자가에 못 박고서 지금까지 회개하지도 않습니다. 여전히 구약의 하나님만 부르짖습니다. 왜냐하면 그들이 육적으로 잘났거든요. 머리도 좋고 부자도 많습니다. 그래서 가는 곳마다 경제권을 휘어잡습니다.

우리도 그래요. 술 먹고 바람피우는 배우자만 나쁜 겁니까? 내 욕심 따라 그 남편, 그 아내를 택한 것 아닙니까? 내가 예수 믿는 게 최고 복이고 내 죄를 회개하지 않는 게 최고 악인데, 예수를 믿는다면서 내 죄는 못 보고 맨날 배우자 탓만 하고 있다면 이게 인본주의, 666이라 이 말입니다. 이렇게 우리 가정을 구속사로 해석하면 이혼의 '이' 자가 쏙 들어가지 않겠습니까? 성경을 이렇게 해석하는 게 "지혜가 여기 있으니!"입니다.

또 예를 들어, 어느 엄마가 가사 도우미로 일하며 번 전 재산으로 자녀를 과외시켜 명문대학에 보냈다고 생각해 보세요. 사람들은 훌륭한 엄마라면서 칭찬하겠지요. 그런데 어찌 보면 부자 부모보다 더 욕심쟁이 아닙니까? 부자는 백 개 중에 한 개로 과외시키지만, 그 엄마는 백 개 중에 백 개를 털어 자식 공부를 시켰잖아요. 욕심의 양이 부자보다도 많습니다. 이런 게 사람을 위한 일, 인본주의, 666이라는 말입니다. 돈이 없으면 과외 공부시키지 않는 게 맞지요. 있으면 먹고, 없으면 금식하고, 죽으면 천국 가면 됩니다. 빚을 내서라도, 사기를 쳐서라도 내 욕심을 채우려 한다면 사탄의 권세에 넘어가고 있는 겁니다.

성도의 인내와 믿음이 가장 큰 권세이고, 인내와 믿음은 지혜와 총명으로 나타나는데 오늘 "총명한 자는 그 짐승의 수를 세어 보라"고 합니다. 이는 내가 하고자 하는 일이 하나님의 일인가 사탄의 일인가 늘 분별하라는 것입니다.

한때 계시록의 666이라는 수가 베리칩(verichip)을 가리킨다고 주장하던 이들이 있었습니다. 그래서 이 베리칩과 666에 관해 잠깐 이야기해 볼까 합니다. 제 개인적인 생각이 아니라 예장합동 교단에서 발표한 내용입니다.

베리칩은 생체 검증을 위해 체내에 이식하는 마이크로칩을 말합니다. 쌀알 크기의 작은 칩으로 그 안에 개인 신상뿐만 아니라 금융거래, 의료 기록 등 수많은 정보를 저장할 수 있다고 하죠. 아직은 개인의 선택으로 이식이 이루어지고 있고, 최근엔 반려동물등록제에 이 기술이 사용되고 있습니다. 그런데 일부 사람들이 이 베리칩이 계시록에 나오는 666의 표라고 주장하면서 논란이 시작됐습니다. 베리칩은 짐승의 표이기에 이를 이식하는 것은 심각한 배교 행위라는 겁니다.

그러나 교단에서는 새로운 기술 자체를 요한계시록의 짐승의 표와 동일시하는 것은 빗나간 주장이라고 말합니다. 베리칩뿐만 아니라 바코드, 컴퓨터, 심지어 유럽연합(EU)을 짐승의 표에 빗대는 세력이 있는데, 기술 문명 자체는 일반 은총의 영역에 속하기에 선한 것이라고 할 수 있습니다. 하나님께서 금하신 것도, 믿음의 도에 어긋나는 것도 아니기 때문입니다. 그러니 기술 문명의 혜택을 입는 것을 배교 행위로 단정한다면 이는 성경의 가르침과 다른 것이죠. 우리를 구원에서 멀어지게 하는 유혹과 시험의 본질은 물질적 원리가 아닙니다. 마음과 생각을 지배하는 정신적이며 영적인 원리입니다. 그러므로 베리칩을 짐승의 표로 간주하고 그것을 받는 자는 구원에서 끊어진다는 주장은 참으로 터무니없는 것입니다.

이렇게 666을 문자적으로만 해석하다 보니, 웃지 못할 해프닝도 벌어집니다. 한 성도님이 666번 버스를 탔는데 나중에 번호를 알고서 너무 놀라 급하게 버스에서 내렸다는 겁니다. 그러나 666이라는 수는 그런 것이 아니에요. 하나님을 대적하고 흉내 내면서 성도들을 미혹하는 모든 악한 세력을 총칭하는 수입니다.

우리들교회의 한 집사님의 나눔입니다. 이분이 과거에 믿음을 교묘히 훼방하는 이단에 몸담았던 적이 있습니다. 처음엔 이단인지 몰랐답니다. 그 공동체에서 전해 주는 말씀에 어찌나 은혜를 받았는지, 자신을 죄짐에서 해방시켜 준 감격에 예배 때마다 울었습니다. 그런데 시간이 지나면서 이 교회가 죄 사함에 대한 해석이 이상하다는 걸 깨달았습니다. 어떤 부인이 자신이 불륜 관계에 빠진 것을 고백하자 지도자가 이렇게 말하더랍니다.

"이제 예수님을 믿으니까 당신은 더 이상 죄인이 아니에요. 그러니 당당하세요!"

이후 그 부인이 어찌 되었을까요? 정말 더 당당하게 불륜을 저질렀습니다. 교회가 누구도 치리하지 않고 자꾸 면죄부를 주면서 죄를 오픈하지 않는 기존 교회만 비판하더라는 겁니다. 죄 사함만 강조하며 죄가 죄인지 인식하지 못하게 하는 혼란에 빠뜨리고 있는 것이죠. 이 집사님이 죄를 회개해야 한다고 권면하자 모두가 일어나 "죄를 용납해 주는 것이 복음"이라면서 되레 집사님을 향해 율법적이라고 지적하더랍니다. 우리 주변에도 이런 교묘한 거짓이 존재합니다.

예수 그리스도의 보혈로 내 죄가 씻기고 처리되어야 자유를 얻는 것이지, 마음 놓고 죄를 짓는 게 자유가 아닙니다. 양의 옷을 입은 이리처럼 거짓 선지자는 항상 비슷한 모습으로 우리에게 다가옵니다. 구원만 강조하면서 이후 성화(聖化)에 대해 가르치지 않는다면 그는 거짓 선지자입니다.

이단이 왜 이단(異端)입니까? 한 가지만 강조하니까 이단입니다. 말씀만 강조하고, 구원만 강조하고 기도, 찬양, 구제, 헌금 어떤 한 가지만 강조한다면 그곳은 이단입니다. 영적 성장만 강조하고 구원을 빼놓는다면 그곳도 이단입니다. 신앙생활도 균형이 필요합니다. Balanced life! 균형이 중요합니다. 어느 한 가지에만 치우치면 잘못된 길로 가게 마련입니다.

성경은 인내와 믿음을 지키라고 하지만 세상은 성도의 인내와 믿음이 반드시 열매 맺는 곳은 아닙니다. 그러니 세상에서 많은 상을 받으면 오히려 가짜일 수 있어요. 저도 교회와 이웃을 묵묵히 섬기신 제 어머니를 생각하면서 제가 가짜가 되지는 않을까 늘 두렵습니다. 여러분, 세상에서 보상 받기를 기대하지 마세요. 세상이 박수 쳐 주기를 바라지 마세요. 누구도 나를 알아주지 않고 환경이 바뀌지 않아도 보잘것없는 성도의 삶을 여전한 방식으로, 최선을 다해 살아 내는 것이 참지혜입니다.

성도에게는 사소한 일이란 없습니다. 우연도 없습니다. 그러니 예배 한 번에 목숨을 걸어야 합니다. 예배는 일상의 여러 일과 중 하나가 아닙니다. 목장예배, 매일의 큐티에 목숨을 걸어야 합니다. 그렇게 하루하루 여전한 방식으로 살아 내는 게 신앙입니다. '어떻게 종말을 잘 준비할까?'는 '오늘을 어떻게 사는가?'로 나타납니다. 또 내가 잘 사는가, 아닌가는 '구원에 관심이 있는가, 없는가?'로 판가름 납니다. 구원을 위해 하루하루 주어진 삶을 잘 살아 내는 것, 이것이 "지혜가 여기 있으니!"의 인생입니다. 이 지혜는 십자가를 통과하지 않고는 생기지 않습니다.

산상수훈이 마무리되는 마태복음 7장에서 예수님은 천국 시민이 지녀야 할 삶의 태도를 말씀하십니다. 그 첫 번째가 "거짓 선지자들을 삼가라"입니다(마 7:15). 우리가 팔복대로 살며 좁은 문으로 들어가는 데 방해 요소 1번이 거짓 선지자라는 말입니다.

"예수님을 믿으니 무엇이든 잘돼야 해", "믿음만 있으면 사업도 잘되고 대학도 척척 붙어!" 우리는 이런 말을 좋아합니다. 처음에는 그럴듯하게 들리죠. 그래서 이런 지도자들을 따라갑니다. 그런데 10년, 20년 신앙생활을 해도 삶이 변하지 않습니다. 거짓 선지자에 속아 넘어간 것입니다. 지혜를 가지고 거짓 선지자들을 분별해야 합니다.

내가 원하는 것이 사탄의 권세인지, 하나님의 권세인지 딱 분별되면 얼마나 좋겠습니까? 그러나 죄인인 우리는 이를 알 수 없기에 고난의 십자가를 통과하여 참지혜를 얻어야 합니다. 이것이 성도의 견인이자 성도가 나아갈 삶이라고 생각합니다.

제가 사탄의 지혜인 666과 하나님의 지혜인 777을 분별해야 한다고 하니까 한 집사님이 고충을 털어놓으시더군요. 이분은 지금까지 시어머니를 열심히 섬겼습니다. 용돈도 자주 드리고, 밥도 지어 드리면서 15년을 꼬박 섬겼습니다. 그런데 시어머니 병환이 깊어지면서 요양원에 모시게 되었습니다. 그러자 그동안 나 몰라라 했던 시댁 식구들이 집사님의 수고는 몰라주고 죄다 들고일어나 "어떻게 우리 엄마를 요양원에 보낼 수 있냐!"면서 역정을 내더랍니다. 믿었던 시어머니마저 뒤통수를 쳤습니다. 집사님이 "어머니 돌아가시면 어머니 집은 저에게 주실 거죠?" 물었더니 "며느리에게는 안 준다"고 했다는 겁니다. 그러니 얼마나 억울하겠습니까? 집사님은 너무 분이 난 나머지 그때부터 시어머니 밥도 안 챙겨 드리고 모든 섬김을 끊었다고 합니다.

여러분도 생각해 보세요. 무엇 때문에 열심히 섬깁니까? 예수 때문입니까, 떡고물 때문입니까? 떡고물이라도 하나 떨어질까, 집 한 채라고 생길까 하는 마음으로 섬기고 있지는 않으세요? 내가 목자로서 목장 식구들을 열심히 섬겼는데 돌아오는 건 배신과 원망뿐이라면 얼마나 분하겠습니까. '내가 그동안 어떻게 했는데 이럴 수가 있어!' 하지 않겠습니까? 이것이 우리의 현실입니다. 사탄의 권세는 멀리 있지 않습니다. 바로 내 속에 있어요. 내가 주님 때문에 섬기는지, 보상을 바라고 섬기는지 날마다 헷갈립니다. 그러니 구원을 위한 지혜가 날마다 필요합니다. 하나님만이 상급이 되는 지혜가 필요합니다. 날마다 말씀 앞에서 이런 참지혜를 구하며 사탄의 권세를 분별하는 여러분 되기를 소원합니다.

- 인본주의에서 벗어나지 못해 "너는 틀리고 나는 맞다"라고 주장하는 일은 무엇입니까?
- 예수 때문에 섬긴다고 하면서 내심 기대하는 다른 상급은 무엇입니까?

우리들 묵상과 적용

남편의 근무처가 지방으로 발령 나면서 저는 지인 한 명 없는 낯선 곳에서 결혼생활을 했습니다. 게다가 남편은 쉬는 날이면 게임에만 빠져서 저를 더욱 외롭게 했습니다. 교회 공동체라도 의지하고 싶었지만 이마저 어려웠습니다. 하루는 교회에서 십일조를 낸 명단과 금액을 공개한 적이 있는데, 당시 십일조를 잘 드리지 않던 저는 헌금을 도둑질했다는 생각에 부끄러웠습니다. 그즈음 어린 양같이 부드러운 얼굴을 가장한 한 사람이 제게 다가왔습니다(계 13:11). 그는 십일조는 중요하지 않다면서 "말씀을 제대로 듣고 해석하면 자유로워질 수 있다"고 저를 미혹했습니다. 그때부터 저는 그가 인도한 단체에서 성경 공부를 시작했습니다. 시간이 지난 후 이단인 것을 깨달았지만 부러 정죄감을 잊고자 이단 교리가 옳다고 스스로 합리화했습니다.

남편은 이단에 빠진 저를 어떻게든 돌이키게 하려고 애썼습니다. 그럴수록 저는 더욱 이단에 빠져들었고 가정은 그야말로 전쟁터였습니다. 급기야 저는 이단 교회를 자유롭게 다니겠다는 명목으로 어린 자녀들도 버려두고 가출을 감행했습니다. 8개월 후, 남편은 당시 제가 속한 이단 교회 앞에서 기다리고 있다가 저를 억지로 붙들고 집에 데려왔습니다. 그리고 그동안 교회 지체들과 함께 제가 돌아오기만을 기도했노라고 고백했습니다. 저는 남편의 간곡한 부탁에 어쩔 수 없이 남편이 다니는 교회를 나갔습니다. 교회 지체들은 그런 저를 그리스도의 사랑으로 품어 주었습니다.

그렇게 하루하루 지나자 이단에 대한 제 신념이 조금씩 흔들리기 시작했습니다. 십사만 사천 명에 들어야만 구원을 받는다는 이단의 주장이 거짓이라는 게 비로소 깨달아진 것입니다. 그동안 굳게 믿던 모든 것이 무너지자 혼란스러워져서 저는 "사도신경으로 신앙고백을 못 하겠어요. 치열한 영적 전쟁을 치르고 있는 저를 위해 기도해 주세요" 라고 지체들에게 중보를 부탁했습니다. 그리고 시누이의 인도로 온 교인이 함께 말씀을 묵상하는 교회로 오게 되었습니다. 저는 이곳에서 요한계시록 설교를 다시 들으며 계시에만 치우쳐 있던 제 시각을 버리고 비로소 신앙의 균형을 되찾을 수 있었습니다.

하지만 이후 삶도 평탄하지 않았습니다. 일상을 회복하고자 시작한 사업에서 7년 동안 수익을 내지 못한 것입니다. 그렇게 성공 우상에 생기를 불어넣으며 지쳐 갈 즈음 교회 공동체의 처방에 순종하여 사업을 정리했습니다(계 13:15). 요즘 우리 부부는 변변한 매장도 없이 시장에서 장사를 합니다. 때로는 이런 처지가 초라하게 느껴지지만, 짐승에게 경배하다가 죽을 뻔한 저를 살리고 구원해 주신 주의 은혜를 기억하면서 제 환경에 감사하기를 원합니다.

영혼의 기도

하나님 아버지, 그동안 참고 견디며 최선을 다해서 살아왔는데 사건이 오니 지금까지 쌓은 인내와 믿음이 와르르 무너집니다. 나는 아니라고 생각했지만, 하나님이 좋아서 예배드리고 목장 식구들을 섬긴다고 생각했지만 결국 사람에게 인정받고자 열심을 냈나 봅니다. 믿었던 사람에게 배신당하고, 그동안의 노력이 한순간에 무너지는 애매한 고난이 찾아오니까 정말 분해서 살 수가 없습니다. 주여, 이런 우리를 불쌍히 여겨 주시옵소서.

총명한 자는 날마다 짐승의 수를 세어 보라고 하십니다. 말씀대로 제가 날마다 짐승의 수를 세어 보도록 하나님이 사건을 주십니다. 그런 하나님을 사랑하지 않을 수 없습니다. 하나님께서 모든 것을 주셨어도 솔로몬이 사탄의 권세에 휘둘리지 않았습니까? 지혜로운 솔로몬조차 무너졌는데 누가 이길 수 있다고 장담하겠습니까? 마지막 계시록을 통해 우리를 대적하는 사탄의 갖은 방법을 알려 주셔서 감사합니다. 절대로 사탄의 권세에 흔들리지 말라고, 구원의 음성을 들으라고, 구원이 아니면 멸망밖에 없다고 하시는 하나님의 외침이 가슴 깊이 와닿습니다. 모든 짐은 제가 지고 가더라도 우리 성도들이, 이 책을 읽는 모든 분이 구원 받았으면 좋겠습니다. 모두 천국에서 만나면 좋겠습니다.

지혜가 여기 있다고 하셨사오니, 우리가 사탄의 참소에 속아 넘어가지 않고 그때마다 일어나서 내가 죄인이라고 고백하게 하옵소서. 사탄의 권세를 경배하지 않고 인내와 믿음을 가지고 하나님의 지혜를 맛보게 하옵소서. 그래서 모든 사람에게 참지혜를 알리는 우리가 되게 하옵소서.

다른 사람에게 보여 줄 십자가가 있어야 전도도 할 수 있다고 말씀하십니다. 예수 그리스도의 십자가 흔적이 나에게 있을 수 있도록, 사탄을 박멸할 수 있도록, 내 속의 세상 가치관이 다 물러갈 수 있도록 도와주시옵소서. 그래서 한 영혼을 주님께 인도할 수 있도록 주님, 역사하여 주옵소서. 예수님 이름으로 기도드립니다. 아멘.

PART 4

새 노래를 부르라

어린 양에게 속한 자

요한계시록 14장 1~5절

11

하나님 아버지, 연약한 인생이지만
어린 양에게 속한 자가 되게 해 주시옵소서.
말씀해 주시옵소서, 듣겠습니다.

◇✦◇

제 이름은 '쇠 김', '어질 양', '있을 재' 자를 씁니다. '김(金)' 자에는 '쇠, 금, 돈'이라는 의미 외에 '귀하다'라는 뜻이 있고, '양(良)' 자에는 '옳다, 바르다, 훌륭하다, 곧다, 착하다, 아름답다, 길하다, 진실하다'라는 여러 좋은 뜻이 담겼습니다. 또 '재(在)' 자는 '있다, 존재한다'라는 뜻이죠. 이를 다 연결해 보면 '착하고 훌륭하고 어질게 살면 귀하게 되고 재물도 많아진다'라는 뜻 아니겠습니까? 그런데 제가 이 이름에 치여서 삶이 참 힘들었습니다. 사람은 자기 이름대로 산다고 하는데 그럼 저는 얼마나 훌륭하고 이타적인 삶을 살아야 하는 겁니까?

또 '양' 자에는 '남편'이라는 뜻도 있더군요. 어머니가 얼마나 아들을 낳고 싶었으면 남자 이름으로 지으셨을까요. 당시 목사님이 지어 주신 이름인데, 엄마가 아들을 낳으려고 헌금을 열심히 드리니까 남자 이름 중에도 제일 좋은 이름으로 지어 주셨다고 합니다.

그러나 제게는 양재라는 이 남자 같은 이름이 콤플렉스였습니다. 지금은 문자메시지에다 이메일에다 통신수단이 많으니 편지를 자주 쓰지 않지만, 옛날에는 연애편지를 참 많이 썼습니다. 그런데 제가 얼마나 제 이름이 콤플렉스였는지 이름 때문에 연애도 못 한다고 생각했습니다. 남학생이 준 편지에 '사랑하는 양재'라고 쓰여 있다고 생각하면 너무나 우스웠습니다. 출석을 부를 때도 선생님이 제 이름과 얼굴을 번갈아 보시고는 꼭 한 번씩 웃으셨죠. 그럴 때마다 저는 '내 이름이 참 이상하구나', '나도 혜련 같은 예쁜 이름을 가졌으면 연애도 잘했을 텐데'라고 생각했습니다.

여러분도 자녀에게 너무 좋은 이름을 지어 주지 마세요. 그 이름대로 살려면 자녀들이 얼마나 괴롭겠습니까. 또 좋은 이름을 지어 준다고 한들 그 이름대로 살 수 있는 사람이 몇이겠어요. 어질고 착하고 훌륭하고 곧고 바르고…… 제 이름에도 갖은 좋은 뜻이 담겼지만, 이기적인 제가 과연 그대로 살았겠습니까. 오직 어린 양에게 속한 자만이 자기 이름을 책임질 수 있습니다. 그렇다면 어린 양에게 속한 자는 어떤 사람일까요?

어린 양에게 속한 자는 시온산을 바라보는 자입니다

또 내가 보니 보라 어린 양이 시온산에 섰고 그와 함께 십사만 사천이 서 있는데 그들의 이마에는 어린 양의 이름과 그 아버지의 이름을 쓴 것이 있더라 _계 14:1

계시록은 연대기적으로 기록된 책이 아닙니다. 장마다 기록된 여러 재앙이 시간의 순서를 따르는 것이 아니라 동시에 일어나는 사건이라는 말입니다. 마치 파노라마 사진을 펼친 것처럼 동쪽에서는 용이 남은 자손을 박해하고, 남쪽에서는 용에게 권세를 받은 짐승들이 이적을 행하면서 땅에 사는 자들을 유혹하고, 또 북쪽에서는 짐승이 666의 표를 받게 합니다. 그런데 14장에 들어서며 다른 쪽을 '내가 보니' 어린 양이 시온산에 섰고 그 곁에 십사만 사천이 서 있습니다. "보라"는 말씀은 시온산에 서신 이 어린 양을 보라는 겁니다. 용과 짐승의 박해 속에 힘들어도 어린 양 그리스도를 바라보라는 것이지요.

동쪽에는 진노의 날이 임했지만 고개를 돌려 서쪽을 바라보자 어린 양이 보입니다. 그래서 우리는 고개를 돌려 봐야 합니다. 적그리스도와 거짓 선지자가 이적을 행하면서 달려들면 이 땅에 666의 표를 받지 않을 자가 누가 있겠습니까. 그러나 지혜가 있는 자는 사탄의 권세와 하나님의 권세를 분별한다고 했습니다. 우리가 분별하려면 봐야 할 것이 있습니다. 그래서인지 요한계시록에는 유독 '내가 보니'라는 말씀이 자주 나옵니다.

13장까지 용이 여자의 남은 자손, 곧 교회와 싸우고자 두 짐승을 대동하여 삼위일체로 덤볐습니다. 그런데 14장에 오자 어린 양과 모든 박해 속에서 승리한 성도가 시온산에 서 있습니다. 출애굽기의 시내산이 율법을 받은 두려운 곳이라면, 예루살렘 성이 있는 시온산은 은혜의 장소입니다. 시온산은 유다의 모든 영토와 이스라엘 족속을 의미하기도 하지만, 바벨론 포로기 이후로는 예루살렘 성과 하나님의 성전을 가리켰습니다. 그런데 계시록이 쓰인 때는 예루살렘 성전이 무너진 후였잖아요. 따라서 여기서 시온산은 이 땅에 실현될 그리스도의 나라, 주님이 다스리시는 메시아 왕국이라고 할 수 있습니다.

그러면 어린 양과 함께 선 '십사만 사천'은 무엇을 의미합니까?

성경에서 3은 하나님의 수이고 4는 땅의 수입니다. 이 둘을 곱한 수 12는 성경에서 완전수(完全數)로 주로 하나님의 백성을 가리키죠. 그러므로 하나님의 백성을 상징하는 구약의 12지파와 신약의 12사도, 여기에 충만수 10의 세제곱을 곱한 수가 바로 '십사만 사천'입니다. 이들은 계시록 7장에 등장하는 십사만 사천과 동일한 자들로 능히 셀 수 없는 큰 무리요(계 7:9), 구원 받은 모든 백성을 상징합니다.

7장에서 큰 환난을 앞두고 하나님께 인침을 받은 십사만 사천이 환난을 지나 한 명도 낙오되지 않고 어린 양과 함께 시온산에 선 것을 보이십니다. 당시 그리스도인들의 형편이 어땠습니까? 예수를 믿는다는 이유로 밧모섬에 유배되고 지하 무덤에서 숨어 살았습니다. 그러니 지금 하나님이 그들을 향해 이렇게 말씀하시는 것이죠.

"지금은 힘들지만 너희 중 한 명도 낙오되지 않고 승리자로 시온산에 서게 될 거야!"

그런데 이단들은 이 말씀을 자꾸 문자적으로 해석하면서 십사만 사천만 구원을 받는다고 주장합니다. 이것은 100% 잘못된 해석입니다. 이단에 넘어가고 있는 분이 있다면 하루속히 돌아오기를 바랍니다. 이제라도 성경을 바로 알고 꾀임에 빠지지 않기를 바랍니다.

십사만 사천이 어린 양과 함께 시온산에 섰습니다. 그런데 그들의 이마에 어린 양의 이름과 그 아버지의 이름이 쓰였다고 합니다. 거룩한 이름이 성도들의 이마에 쓰였습니다. 13장 마지막에 땅에 많은 자가 이마에 짐승의 표를 받았는데, 14장이 시작되자마자 이마에 하나님의 이름이 쓰였다고 합니다. 이 말씀이 의미하는 바가 무엇일까요? 성도의 가치관이 하나님의 가치관으로 바뀌었음을 뜻합니다.

마태복음 1장을 보면, 주의 사자가 요셉에게 현몽하여 "아들을 낳으리니 이름을 예수라 하라 이는 그가 자기 백성을 그들의 죄에서 구원할 자이심이라"고 이릅니다(마 1:21). 이 예수님이 바로 우리를 위해 죽으신 어린 양이지요. 어머니가 돌아가셔서 어느 목사님이 제 이름을 지어 주셨는지는 지금은 알 길이 없습니다. 제가 앞에서는 양재라는 이름이 남자 같아 콤플렉스였다고 푸념했지만, 지금은 참 잘 지어 주신 이름이라고 생각합니다. '어질 양'이 '어린 양'이 되어서 예수님처럼 구원의 제물로 쓰임 받으라고 이런 이름을 지어 주신 것 같아요. 그러기 위해 하나님이 저를 만세 전부터 택했다고 도장을 쾅 찍어 주신 이름 같습니다. 제가 아무리 '어질 양'으로 살려고 해도 내 힘으로는 옳고 바르게 살 수 없잖아요.

계시록 13장 16절에 보면 작은 자나 큰 자나 부자나 가난한 자나 자유인이나 종들이나 분별없이 다 눈이 어두워져 짐승의 표를 받는다고 합니다. 이는 모두가 일류를 좋아하기 때문입니다. 저 또한 어질 '양' 자를 이름에 달고서 태어났지만, 일류만 좋아하다가 지옥에 갈 뻔했습니다. 저는 육적인 일류뿐만 아니라 도덕과 윤리적인 면에서도 일류가 되고자 했어요. 모두에게 인정을 받고 싶었죠. 그러나 하나님이 여러 사건을 통해 제 밑바닥을 보게 하셨습니다. 나는 착한 사람이될 수 없다는 것, 어쩔 수 없는 죄인이라는 것을 절실히 깨닫게 하셨습니다. 나같이 비천한 자를 위해 죽으신 예수가 내 인생에 들어오면서부터 제 이마에 어린 양의 이름이 새겨졌습니다.

그러니 제가 아무리 목회를 한다고 "훌륭하다, 착하다"라는 평가를 받을 수 있겠습니까? 제 힘으로는 그런 사람이 될 수 없다는 걸 잘 알기에 이제는 오직 어린 양만이 높임 받으시기를 원합니다.

"요한이 예수께서 자기에게 나아오심을 보고 이르되 보라 세상 죄를 지고 가는 하나님의 어린 양이로다"(요 1:29).

'세상 죄를 지고 가는 하나님의 어린 양' 이것이 예수님의 표상이요, 칭호입니다. 이 예수님이 제 안에 사시니 일류만 좇던 제가 어린 양처럼 제물의 인생을 살겠다고 가치관이 바뀐 것이죠. 또 '양' 자에는 별의별 뜻이 다 있는데 '잠깐'이라는 뜻도 있더군요. 그래서 '잠깐의 인생에서 영혼 구원을 위해 내가 제물이 되어야겠구나' 한 번 더 생각했습니다. 예수님도 이 땅에서 짧은 인생을 사셨잖아요. 이처럼 가치관이 바뀌어서 "나는 하나님을 경배하는 사람입니다"를 온몸으로 보이는 것이 이마에 어린 양의 이름이 쓰인 삶 아니겠습니까.

그러면 '아버지의 이름'이 이마에 쓰였다는 것은 무엇입니까? 하나님은 자신을 가리켜 "나는 스스로 있는 자이니라"고 말씀하셨습니다(출 3:14). 제아무리 짐승이 머리가 좋아서 세상 권세를 틀어쥐고 갖은 고통을 준다고 해도 다 지나갑니다. 부와 권세, 명예, 인기 등 세상에 속한 모든 것은 사라져 버릴 것들입니다. 그러나 하나님은 스스로 계신 분이기에 그분께 속한 모든 것은 영원합니다. 갖은 박해와 참소로 고통 받는 이때 주님은 무엇과도 비교할 수 없는 이 아버지의 이름이 성도의 이마에 새겨진 것을 보게 하십니다. 동쪽은 고통과 시련인데

서쪽을 바라보니 아버지의 영광이 보입니다. 이것이 어린 양에게 속한 자가 말씀을 통해 누리는 특권입니다. 고난의 시간을 지나고 있지만 말씀을 바라보자 하나님 아버지의 영광이 내 속에 들어오는 것입니다. 그래서 성경을 잘 기억하면 힘들 때 정말 큰 힘이 됩니다.

이 십사만 사천의 이마에 새겨진 이름은 그들 자력으로 쓴 것이 아닙니다. 하나님이 어린 양의 피를 흘리심으로 써 주신 것이죠. 예수의 피로 말미암아 우리가 구속을 받았습니다. 짐승은 수(數)를 자랑하는 '표'를 새기지만, 주님은 어린 양과 그 아버지의 '이름'을 새겨 주십니다. 우리는 짐승의 '표'가 아니라, 예수의 '이름'을 받아야 합니다. 성도의 이마에 주 예수의 이름이 찬란히 새겨졌다는 것은 구속하신 주의 인격에 동참하며 세상 자랑을 다 버렸다는 의미입니다. 또 세상이 언제나 이기는 것 같아도, 짐승의 박해가 극심해도 결국 성도가 승리한다는 뜻이기도 합니다.

지난 말씀에서 666표와 베리칩 논란에 관한 교단의 입장을 말씀드렸습니다. 그러자 "베리칩이 얼마나 무서운 것인데 절대 허용해서는 안 된다", "왜 베리칩을 우습게 여기느냐"면서 몇몇 분이 제게 항의 메일을 보내셨습니다. 비단 베리칩뿐만 아니라 여러 신기술이 등장할 때마다 이런 논란은 계속됐지요. 그래서 어떤 이단은 속세를 떠나서 산에 모여 살기도 합니다.

우리가 왜 이런 것들을 두려워합니까? 죽음이 두렵기 때문입니다. 내일이 두렵기 때문입니다. 그러나 성도는 '나중에 어떻게 될까' 두려워하기보다 '오늘을 어떻게 살까' 고민해야 합니다. '베리칩을 이

식해야 하나 말아야 하나' 이런 걸 걱정하지 말고, '오늘을 어떻게 살까'라는 질문에 답해야 합니다. 그것이 거룩을 바라보는 것입니다. '예수님이라면 어떻게 하셨을까?' 고민하면서 오늘 갈등 충만한 것이 날마다 성령 충만케 되는 비결입니다.

한 집사님이 꿈에 목사님이 나와 "걱정하지 말라" 하기에 이를 길몽이라고 생각하고 복권 다섯 장을 샀답니다. 결과는 모두 '꽝'이었죠. 우리가 교회를 다녀도 이런 세상 가치관, 기복적인 가치관에서 벗어나지 못합니다. 그러면 용의 밥밖에 더 됩니까? 이단이 꼭 그렇습니다. "성경에 나온 숫자가 뭐를 상징하네" 하면서 자기들만의 공식으로 성경을 풀어 댑니다. 그러면서 "나는 성경을 풀 수 있다. 보혜사가 내게 그 능력을 주었다. 보혜사가 지금 이 땅에 있는데 바로 우리 교주다! 당신도 이 보혜사에게 힘을 얻으면 성경을 풀 수 있다" 주장합니다. 다시 한 번 말씀드리지만 이단에 속한 분들은 속지 말고 빨리 나오기를 바랍니다. 하나님만이 구원자요, 심판자요, 보혜사이십니다. 그래서 신앙 공동체가 정말 중요합니다. 시온산에 어린 양과 함께 서 있는 십사만 사천의 공동체가 반드시 필요합니다.

- 환난 속에서 말씀을 바라보고서 얻은 영광은 무엇입니까?
- 내일을 두려워하면서 오늘을 망치고 있지는 않습니까? 오늘 내게 주어진 문제를 어떻게 해결하겠습니까? 예수님이라면 어떻게 하셨을까요?

어린 양에게 속한 자는 속량함의 새 노래를 부르는 자들입니다

2 내가 하늘에서 나는 소리를 들으니 많은 물소리와도 같고 큰 우렛
소리와도 같은데 내가 들은 소리는 거문고 타는 자들이 그 거문고
를 타는 것 같더라 3 그들이 보좌 앞과 네 생물과 장로들 앞에서 새
노래를 부르니 땅에서 속량함을 받은 십사만 사천밖에는 능히 이
노래를 배울 자가 없더라_계 14:2~3

십사만 사천이 어린 양과 함께 시온산에 서자 하늘로부터 물소
리와도 같고 우렛소리와도 같고 거문고 소리와도 같은 노래 소리가
들립니다. 이는 구원 받은 성도들, 즉 십사만 사천과 그들에게 화답하
는 천사들이 부르는 새 노래입니다.

그런데 3절을 보니, 새 노래를 배울 수 있는 사람은 땅에서 속량
함을 받은 십사만 사천밖에 없다고 합니다. 교회에 다닌다고 누구나
이 새 노래를 부를 수 있는 것이 아닙니다. 여전히 죄 가운데 있는 옛
사람은 새 노래를 배울 수 없습니다. 하나님으로 말미암아 거듭난 무
리, 그리스도의 보혈로 마음과 지식, 생명이 새로워진 사람만이 새 노
래를 부를 수 있습니다. 즉, 새 노래는 어린 양의 피에 그 옷을 씻어 희
게 한 자들만 부를 수 있는 노래입니다(계 7:14).

주일에 제 메이크업을 종종 해 주던 청년이 주일을 지키느라 중
요한 해외 출장을 빠졌다고 하더군요. 주일마다 일을 거절하면 손해
가 클 텐데 하나님이 이 청년의 적용을 보시고 얼마나 기쁘셨을까요.

이렇게 오늘 하나님 때문에 적용하고, 예수님 때문에 가지 말아야 할 곳을 분별하는 자가 새 노래를 부르는 자입니다. 세상 사람들이 어찌 이런 적용을 할 수 있겠습니까. 내가 손해 보는 일은 절대 하지 못합니다. 그야말로 세상은 알아들을 수 없는 하늘나라의 언어, 하늘나라의 가치관이 바로 새 노래입니다.

그런데 2절을 자세히 보니, 이 새 노래가 많은 물소리와도 같고 큰 우렛소리와도 같은데, 요한에게는 마치 거문고 타는 소리처럼 들렸다고 합니다. 천상에서 힘찬 찬양이 울려 퍼지는데 그것이 너무 아름답게 들리는 겁니다.

이 말씀을 보니 설교 말씀도 이와 비슷한 것 같습니다. 제가 벽력 같은 소리로 말씀을 전해도 말씀에 깊이 은혜를 받는 분들은 신비로운 거문고 소리 같게 듣습니다. 반면에 제 설교가 마음에 들지 않는 분들은 제 목소리부터 싫다고 합니다. 제 목소리가 큰 편이 아닌데도 왜 그렇게 떽떽거리느냐는 분들이 계시죠. 여러분은 제 목소리가 어찌 들리십니까?

이 2절 말씀을 우리가 어떻게 적용할 수 있겠습니까? 구원 받은 성도는 우렛소리처럼 당당하고 힘차고 용기가 있으면서도 거문고 소리처럼 섬세하고 부드러워야 합니다. 무섭기만 해서도 안 되고 부드럽기만 해서도 안 됩니다. 하나님의 어마어마한 진리를 전하는 자이기에 권위가 있어야 하지만, 진리가 전해지는 나의 그릇은 아름답고 부드러워야 합니다.

그런데 십사만 사천이 시온산에 섰지만 그들이 부르는 새 노래는 하늘에서 들린다고 합니다. 사탄의 박해를 이겨 내고서 예수 그리스도와 함께 은혜의 산에 섰지만, 시온산 자체가 천국은 아닙니다. 구원 받은 자들끼리 모인 곳이죠. 즉, 시온산은 우리가 지체로 묶여 있는 이 땅의 공동체라고 할 수 있습니다. 성도가 천국에 입성하기까지 믿음과 인내가 필요하고 십자가도 잘 져야 하지만, 무엇보다 가장 필요한 것이 시온산 공동체입니다. 유혹 많은 세상에서 나 혼자 믿음을 지킬 수 없습니다. 시온산 공동체에서 세상은 배울 수 없는 새 노래를 배우고 불러야 합니다.

주님은 로마의 박해를 피해 지하 무덤에 모여 살며 겸손히 기도하고 울며 회개하는 그리스도인들을 향해 시온산 공동체라고 불러 주십니다. 이 공동체야말로 천상의 공동체라고 하십니다. 이들처럼 숨어서 예배하며 믿음을 지켜 내는 사람들이 있습니다. 바로 북한의 지하교회 교인들입니다. 한 방송을 통해 들은 북한 할머니 성도의 기도 소리가 아직도 잊히지 않습니다.

"아버지, 아버지, 이 민족을 버리지 않으시는 아버지. 이 땅은 살얼음 땅입니다. 아버지, 순교의 피의 자손들이 다 살아 있습니다. 아버지, 복원하시고 역사하시는 주의 보혜사가 나타날 줄을 압니다."

한때 평양은 '동방의 예루살렘'이라고 불릴 정도로 복음이 흥왕하던 땅이었습니다. 그 수많은 교인이 모두 어디로 갔겠습니까. 다 사라진 게 아닙니다. 북한 지하교회 교인이 약 40만 명은 될 것이라고 합니다. 지금도 똘똘 뭉쳐 하나님을 뜨겁게 예배하고, 찬송가도 없어서 찢어진 수첩에 손글씨로 가사를 적어 부른다고 합니다. 발각되어

처형을 받아도 예수님을 배반하는 자가 없다고 합니다. 로마보다 더한 곳이 북한 아닙니까? 북한의 지하교회야말로 시온산에 선 공동체 아니겠습니까. 구원의 새 노래를 부르는 그곳에 보혜사 성령님이 역사하실 줄 믿습니다.

- 복음을 전할 때 상대에게 권위 있으면서도 부드럽게 다가갑니까? 무섭게 말씀만 전하거나 부드럽게 대한다면서 눈치만 살피지는 않습니까?
- 세상 사람과는 다른 믿는 자로서의 구별된 모습이 내게 있습니까?

어린 양에게 속한 자는 구별된 삶이 있는 자입니다

이 사람들은 여자와 더불어 더럽히지 아니하고 순결한 자라 어린 양이 어디로 인도하든지 따라가는 자며 사람 가운데에서 속량함을 받아 처음 익은 열매로 하나님과 어린 양에게 속한 자들이니_계 14:4

어린 양에게 속한 사람, 구원의 새 노래를 부르는 사람은 여자와 더불어 더럽히지 아니하고 순결한 자, 곧 절개가 굳은 자라고 합니다. 다시 말하면 거룩한 삶이 따르는 사람입니다. 성도는 예수 그리스도의 신부입니다. 그러므로 신랑이신 예수님께 정절을 지켜야지요. 예수님을 향한 정절이 없는 자가 어찌 어린 양이 인도하는 대로 따르겠습니까. 영적·육적으로 정절을 지키는 것, 자기를 부인하고 자기 십자가를 지고 따르는 것이 어린 양을 따르는 길입니다(마 16:24).

로마라는 감옥 안에서 나의 신랑이신 예수님을 따르는 길은 출세도 성공도 아니요, 오직 순종입니다. '예수를 믿는데 왜 로마로부터 박해를 받아야 해', '예수를 믿었던 북한 교인들이 어떻게 저리 비참해질 수 있어' 이런 인간적인 생각을 버리고, 윤리와 도덕에만 매인 고정관념을 버리고 예수께 순종해야 합니다. 주님께서 "이천 년 동안 기다리라" 하시면 기다려야 합니다. 멋있게 십자가 지는 길은 없습니다. 비참함을 겪어 보지 않고는 성도의 길을 논할 수 없습니다.

"만일 죽은 자들이 도무지 다시 살아나지 못하면 죽은 자들을 위하여 세례를 받는 자들이 무엇을 하겠느냐 어찌하여 그들을 위하여 세례를 받느냐 또 어찌하여 우리가 언제나 위험을 무릅쓰리요 형제들아 내가 그리스도 예수 우리 주 안에서 가진 바 너희에 대한 나의 자랑을 두고 단언하노니 나는 날마다 죽노라"(고전 15:29~31).

이것이 어린 양 예수님을 따라가는 사람의 태도입니다. 예수를 믿는다는 건 날마다 자기를 부인하는 싸움을 싸워 가는 것입니다. 성경대로 살지 않으면서, 다른 사람과 비교하는 싸움만 늘 싸우면서 어찌 믿음을 논할 수 있겠습니까. 예수께 절개를 지키며 자기를 부인하고 자기 십자가를 지고서 어린 양을 따라가면, 속량함을 받아 처음 익은 열매로 하나님께 드려지는 인생이 됩니다. 여기서 처음 익은 열매란 구별된 열매라는 뜻이지 서열을 말하는 것은 아닙니다.

"이스라엘은 여호와를 위한 성물 곧 그의 소산 중 첫 열매이니……"(렘 2:3a).

"세계가 다 내게 속하였나니 너희가 내 말을 잘 듣고 내 언약을 지키면 너희는 모든 민족 중에서 내 소유가 되겠고 너희가 내게 대하여 제사장 나라가 되며 거룩한 백성이 되리라 너는 이 말을 이스라엘 자손에게 전할지니라"(출 19:5~6).

구별된 백성, 곧 하나님의 첫 열매가 된 자들에게 어떤 축복을 주십니까? 너희가 온 세계에 제사장 나라가 되리라고 하십니다. 나에게 전 세계를 맡겨 주신답니다. 예수를 잘 믿으면 이렇게 가만히 있어도 리더십이 생깁니다. 그러니 구별된 삶을 사는 게 사실 손해가 아니에요. 하나님이 나에게 모든 것을 맡겨 주신답니다. 나를 그분의 거룩한 백성으로 삼아 주시겠답니다.

그 입에 거짓말이 없고 흠이 없는 자들이더라_계 14:5

인간은 본래 거짓말을 잘하고 흠이 많습니다. 구원 받은 자라고 다르지 않죠. 다만 세상과 다른 것은 나의 거짓말과 흠을 보면서 아파한다는 점입니다. 그러므로 여기서 '거짓말이 없고 흠이 없는 자'란 죄가 하나도 없는 사람이 아니라, 날마다 말씀 앞에서 자기 더러움을 씻고 회개하며 통곡하는 사람을 말합니다. 꼬질꼬질하고 더러운 옷을 입은 사람은 또 다른 얼룩이 묻어도 신경 쓰지 않습니다. 그런데 새하얀 옷을 입은 사람은 작은 티 하나만 묻어도 창피해합니다. 이것이 구별된 백성과 세상의 차이입니다. 구별된 삶을 사는 자는 작은 죄에도 괴로워하며 아파합니다.

당시 소아시아는 일상의 모든 바탕에 우상이 자리했습니다. 우상은 백성 삶의 토대요, 정치·경제·문화와도 긴밀히 연결되어 있었죠. 그러니 우상을 따르지 않으면 먹고살 수조차 없었습니다. 이런 환경에서 그리스도인들은 살기 위해 거짓말을 해야 했습니다. 눈만 뜨면 거짓말할 일이 몰려오는 겁니다.

우리도 사회생활을 하다 보면 거짓말할 일이 참 많습니다. 먹고살기 위해서 세상과 타협할 때가 많지요. 그런데 거짓말은 하나님의 속성과 대척되는 것이잖아요. 비록 어쩔 수 없는 상황이라고 해도 나의 유익을 위해서 하는 모든 말은 거짓말입니다. 그러니 성도의 삶에 갈등이 충만한 게 당연하지요.

믿음의 사람은 특별한 영웅이 아닙니다. 남의 고난을 보기만 할 때는 그 고통을 상상만 할 뿐 얼마나 힘든지 알 수 없습니다. 내가 직접 고난을 겪어야 비로소 그 무게를 체감합니다. 고난을 보는 것과 겪는 것은 하늘과 땅 차이입니다. 그러니 "나는 목에 칼이 들어와도 절대 거짓말은 안 해"라고 장담할 사람이 누가 있습니까? 아무리 예수를 열심히 믿어도 먹고사는 문제 앞에, 내 목숨이 걸린 일 앞에 연약해지게 마련입니다.

그러나 나는 연약해도 구원을 완성하는 이는 하나님이라는 걸 알려 주시고자 지금 주님이 이 십사만 사천의 환상을 보여 주십니다. 나에게는 선한 것 하나 없지만, 주님이 찾아오셔서 내 이마에 도장을 찍어 주십니다. 어린 양과 아버지의 이름을 새겨 주십니다. 이스라엘의 다섯 번째 사사인 기드온도 툭하면 하나님을 의심했지만, 하나님은 그를 사사로 부르신 순간부터 '큰 용사'라고 칭해 주셨습니다 (삿 6:12). 그 하나님 덕분에 우리가 성도의 자리에 있는 것입니다. 어린 양에게 속했다는 말씀은 바로 이런 것입니다.

이스라엘이 로마의 탄압을 받았듯 우리나라도 일제의 억압 아래 있었지요. 1930년대에 한국 교회가 당면한 가장 큰 고난은 신사참배 강요였습니다. 일본 천황을 숭배하라는 도전 앞에서 교인들은 세 부류로 갈렸습니다. 천황을 숭배하는 사람, 마지못해 타협하는 사람, 끝까지 숭배를 거부하는 사람. 당시 이 문제를 두고서 교단 사이에도 의견이 분분했습니다.

소양(蘇羊, 어린 양) 주기철 목사님은 끝까지 신사참배를 거부하다가 순교한 분입니다. 주님을 향한 주기철 목사님의 절개는 중세에 면죄부의 부당성을 외쳤던 종교개혁자 마르틴 루터(Martin Luther)의 용기와 견줄 만한 것이었습니다. 일제에 잔인한 고문을 당하고 감옥에도 수차례 갇히셨죠.

마지막 투옥 당시 목사님은 자기와의 힘든 싸움을 계속하셨습니다. 극한의 고문과 그로 인한 육체적 고통으로 하루하루 힘든 시간을 보내야 하셨습니다. 그러나 목사님을 가장 괴롭힌 것은 죽음의 권세가 아니었습니다. 자신이 죽은 뒤 남겨질 노모와 처자를 생각하자 두려움이 밀려왔습니다. 당시 목사님에게는 다섯 자녀와 전처와 사별한 후 재혼한 부인이 있었습니다. 이 두 번째 부인이 바로 오정모 사모님입니다.

1944년 4월 13일, 주기철 목사님은 자신의 생명이 얼마 남지 않은 것을 예감하고 유언이 담긴 편지 한 통을 쓰셨습니다. 이 편지는 간수 안태석을 통해 오정모 사모님에게 전해졌죠.

"여드레 후에는 아무래도 내가 소천할 것 같습니다. 지금까지 몸이 부어올랐습니다. 막내 광조는 생명보험을 든 이백 원으로 공부를 시키십시오. 그리고 어머님은 봉양 잘 하여 드리십시오. 어머니께는 죄송합니다."

그런데 이 유서를 받아든 사모님의 첫마디가 "목사님, 아직 가정에 미련이 남았습니까? 무슨 연유로 이런 것을 보냈습니까?"였답니다. 목사님이 두 번째 투옥에서 풀려나셨을 때 첫마디도 "그래서 승리하시겠습니까? 다시 감옥에 들어가세요. 어서 다시 들어갈 준비를 하세요"였다고 하지요.

사모님은 한국 교회의 장래가 주기철 목사님에게 달려 있다는 것을 간파하셨습니다. 그래서 목사님이 그 길을 막힘 없이 가도록 도우셨습니다. 그것이 사모에게 맡겨진 하나님의 섭리라고 생각하셨습니다.

주기철 목사님이 순교하시기 전 오정모 사모님과 마지막 면회를 했습니다. 눈에 힘이 없고 초점도 맞추지 못하시는 목사님을 향해 사모님은 이렇게 말씀하셨습니다.

"목사님, 승리하셔야 합니다. 이제 다 오셨습니다. 끝까지 승리해야 합니다. 주께서 월계관을 들고 계시는 것이 보이지요? 눈을 들고 바라보세요. 주님 얼굴을 바로 보세요!"

가만히 듣고 계시던 목사님은 간수에게 들려 나가시며 마지막으로 사모님께 이런 말을 남기셨답니다.

"여보, 따뜻한 숭늉 한 그릇 마시고 싶소."

비장한 순교의 각오가 아닙니다. 단지 숭늉 한 그릇을 원한다는 말이었습니다.

당시 일제의 고문이 얼마나 잔인했습니까. 하루는 일본 형사들이 전기고문에다 손발톱을 대나무 바늘로 쑤셔 대는 잔혹한 고문을 목사님에게 가했습니다. 그런데 그때 목사님의 입에서 찬송이 흘러나왔습니다.

"이 세상 험하고 나 비록 약하나 늘 기도 힘쓰며 큰 권능 얻겠네.
주의 은혜로 대속하여서 피와 같이 붉은 죄 눈같이 희겠네.
내 마음 약하여 늘 넘어지오니 주 예수 힘 주사 굳세게 하소서.
주의 은혜로 대속하여서 피와 같이 붉은 죄 눈같이 희겠네."

일본 형사들이 거꾸로 매달아 두고 입과 코에다 고춧가루 물을 들이붓는데도 목사님의 찬송은 계속되었습니다.

"주여, 나를 주님 곁으로 부르소서. 나의 육체가 슬프오니 내 슬픔을 거두어 주소서."

저는 이것이 '새 노래'라고 생각합니다. 세상 사람은 결코 배울수 없는 새 노래입니다. 사선을 넘나드는 그 순간에 어떻게 찬송을 부를 수 있겠습니까? 투옥 당시 목사님은 고문 때문에 찢기고 피범벅이된 옷을 날마다 꿰매고 빨며 하나님께 부르심 받을 날을 준비하셨다고 합니다. 마지막 소원이 숭늉 한 그릇 마시는 것이었다고 해도, 주님보시기에 이런 아들이 얼마나 어여뻤겠습니까. "나의 사랑, 나의 어여

쁜 자야, 일어나서 함께 가자" 하시며 천국에서 두 손 들고 목사님을
맞이해 주셨을 것 같습니다(아 2:10).

오정모 사모님의 대쪽 같은 믿음이 주 목사님을 목사님 되게 한
것도 맞습니다. 그런데 그보다 주님이 더 아파하시면서 주 목사님과
같이 걸어가지 않으셨겠습니까. 여러분도 이런 주님의 격려를 받기
바랍니다. 우리가 다 절대치의 힘든 싸움을 싸우고 있습니다. 그러나
택한 자는 주님이 업어 가시고 일으켜 세워 가십니다. 우리가 어린 양
에게 속했기 때문입니다.

주기철 목사님은 한국 교회의 선각자이기에 앞서 평범한 한 사
람이었습니다. 저는 목사님이 잔혹한 고문을 이기신 것보다도 숭늉
한 그릇 마시는 것이 마지막 소원이었다는 데 은혜를 받았습니다. 마
치 영웅처럼 모진 고통을 견디신 것이 아니라 어린 양에게 속하여 한
걸음씩 걸어가신 모습에 큰 위로를 받았습니다. 나는 할 수 있는 것이
아무것도 없지만 어린 양에게 속하면, 그리스도를 의탁해 나아가면
하나님이 우리를 이끌어 가실 줄 믿습니다.

우리들교회 한 목자님의 나눔입니다.

"요즘 지체들을 속 썩이던 남편들이 돈 좀 벌기 시작했다는 소식에 반
갑기는 하지만 한편으로는 두렵습니다. 돈과 지위가 생겨서 행여 영
적으로 둔해지지 않을까 하는 기우 때문입니다. 반은 농담이겠지만
한 남편은 벌써 부인에게 자신을 어떻게 섬길지 계획을 써내라고 했
다는 겁니다. 그동안 한 짓을 생각하면 머리털을 다 뽑아도 시원치 않

은데 말입니다. 지체들이 '돈이 없어서 월세가 밀리고, 가스가 끊겼다'고 하면 안타까워서 걱정되고, '돈을 벌게 되었다'고 해도 행여 타락할까 봐 걱정됩니다. 이래저래 걱정할 수밖에 없는 것이 우리 마음입니다."

이렇듯 힘들면 신세를 탓하며 나자빠지고, 풍족하면 교만해져서 타락하는 것이 우리의 연약함입니다. 그러나 어리석은 인생이라도 주님이 나를 찾아오십니다. 어린 양과 함께 시온산에 서도록 붙들어 주십니다. 나의 이마에 어린 양과 아버지의 이름을 새겨 주십니다. 이런 주님을 바라보며 나에게 주어진 힘든 싸움을 한 걸음, 한 걸음 싸워 나가기를 바랍니다. 그러면 주께서 마침내 구원을 이루어 주십니다.

- 구별된 삶을 살고자 결심하지만 연약해서 자꾸만 넘어지는 죄는 무엇입니까? 거짓말하고 흠 많은 내 모습에 아파하며 하나님 앞에서 나의 더러움을 씻고 있습니까?
- 나는 연약하지만 하나님이 나를 일으켜 구원으로 인도해 주실 것을 믿습니까?

우리는 짐승의 '표'가 아니라,
예수의 '이름'을 받아야 합니다.
성도의 이마에 주 예수의 이름이
찬란히 새겨졌다는 것은
구속하신 주의 인격에 동참하며
세상 자랑을 다 버렸다는 의미입니다.

우리들 묵상과 적용

이기고 또 이기기 위해 살아오던 저는 37살에 대장암 4기 복막 전이 진단을 받았습니다. 이 사건은 온 가족을 절망으로 몰아갔습니다. 그러나 저는 이 사건이 구원의 사건이라는 믿음이 있었습니다. 그래서 주님을 바라보며 슬픔에 빠진 가족을 다독이고 수술과 항암 치료를 이어 갔습니다. 그러나 이 사실을 알고 우울증에 시달리던 어머니는 스스로 생을 마감하셨습니다. 저는 자책과 원망 사이에서 괴로워하며 예정된 치료를 받았습니다. 치료가 마무리될 즈음, 아내마저 혈액암의 일종인 림프종 4기 진단을 받았습니다. 우리 부부는 주님 앞에 무릎 꿇고 엎드려 긍휼히 여겨 주시길 기도하며, 상대방을 정죄한 죄를 회개하게 되었습니다.

그러던 중, 공영방송 다큐멘터리 제작 팀에서 우리 부부의 투병 모습을 촬영하고 싶다는 뜻을 밝혔습니다. 저는 우리 부부가 겪은 환난을 드러냈을 때 받을 수치와 조롱이 두려워 흔쾌히 수락할 수 없었습니다. 그러나 내 수치와 환난을 하나님께 드릴 때, 하나님이 다른 사람의 영혼을 살리는 약재료로 쓰신다는 설교 말씀을 듣고 마음이 바뀌었습니다. 그래서 자존심을 내려놓고, 어린 양이신 예수님이 어디로 가시든지 따라가리라는 순종의 마음으로 촬영에 임했습니다 (계 14:4). 우리 부부의 모습이 방송되자 예상대로 세상 사람들은 우리 부부를 향해 수치와 조롱의 말을 내뱉었습니다. 그러나 한편으로 제 간증을 듣고서 예수님을 영접했다는 분들의 소식도 들려왔습니다. 하나님이 그분들을 찾아가 어린 양의 이름을 새겨 주셨다는 것을 알게 되어 감사했습니다(계 14:1).

하지만 2년 동안 연이어 일어난 가정 고난과 계속된 치료로 몸과 마음이 지쳐 버린 저는 어느새 건강 회복을 우상 삼고 이에 집착하게 되었습니다. 그러다 재발 판정을 받고 다시 항암 치료를 시작하자, 지금껏 받아 온 치료 강도와 비교가 안 될 정도로 고통스러웠습니다. 저는 매일 밤 피를 쏟으며 "주님, 너무 아픕니다. 이 통증을 감하여 주세요. 새 힘을 얻어 믿음의 경주를 이어 나가도록 인도해 주세요"라고 기도했습니다.

하지만 이 고통보다 사랑하는 가족에게 미안한 마음이 더 컸습니다. 아내를 걱정시키는 남편이자, 딸과 놀아 주지 못하는 아빠인 것이 미안했습니다. 그래도 말씀을 묵상하고 자신의 죄를 회개하는 시온산 공동체와 함께하기에 구원의 새 노래를 부르며 갑니다. 제 이마에 어린 양의 이름으로 써 주신 간증이 가족에게 주님의 사랑으로 기억되길 바랍니다. 어린 양에게 속한 자가 되도록 양육해 주시며, 사망의 권세를 깨뜨리고 부활의 승리를 보여 주신 주님, 사랑합니다.

영혼의 기도

하나님 아버지, 우리는 너무 부족하고 연약합니다. 아직도 세상에서 성공하기만 바라면서 초라한 나의 환경 때문에 주눅 들어 있습니다. 주님을 믿는다고 하지만 이마에 어린 양의 이름과 아버지의 이름이 쓰인 성도인지는 확신할 수 없습니다. 그런데도 저희를 찾아오셔서 내가 너를 택했다고, 연약할지라도 너는 어린 양에게 속한 자라고 말씀해 주시니 감사합니다.

　세상은 배울 수 없는 새 노래, 구원의 노래를 불러야 내게 붙여 주신 사람들이 내게서 예수를 보고 따라올 텐데 세상과 똑같은 노래를 부르는 우리를 용서하여 주시옵소서. 여전히 세상에서 위로 받고 인정받기 위해 몸부림을 치는 우리를 불쌍히 여겨 주시옵소서. 이제는 나의 어려운 환경과 고난만 바라보지 않고 시온산에 선 어린 양과 승리한 성도들을 바라보게 하옵소서. 그리하여 나도 택함 받은 자로서 구별된 삶을 살게 하옵소서. 주님을 따르겠다고 하면서도 세상에서 살아남기 위해, 또 내 유익을 위해 거짓말하며 세상과 타협하는 우리지만 이런 내 흠을 날마다 하나님 앞에서 씻을 때 주님이 거룩한 자녀라고 칭해 주실 줄 믿습니다.

　주님, 믿지 않는 세상과 남편과 아내, 자녀와 식구들에게 위로와 사랑을 받지 못해서 우리 눈이 짓물렀습니다. 불쌍히 여겨 주옵소서.

그러나 주기철 목사님과 함께하셨던 것처럼, 우리의 연약함을 아시는 주께서 우리 삶을 한 걸음씩 인도해 주실 것을 믿습니다.

"살얼음 땅입니다" 간절히 기도하며 구원을 바라는 북한 지하교회의 성도들을 기억해 주옵소서. 그들의 기도로 우리가 여기 있습니다. 분단된 남한과 북한을 불쌍히 여기시고, 우리 민족이 함께 어린 양에게 속해 시온산에 서도록 역사하여 주옵소서. 예수님 이름으로 기도드립니다. 아멘.

영원한 복음

요한계시록 14장 6~13절

12

하나님 아버지,
우리가 영원한 복음의 주인공이 되기 원합니다.
말씀해 주시옵소서. 듣겠습니다.

복음은 'good news', '기쁜 소식'입니다. 여러분에게 가장 기쁜 소식은 무엇인가요? 누군가에게 큰돈을 빌려주고서 노심초사했다가 돈을 돌려받을 수 있다는 소식을 들으면 무척 기쁘겠지요. 배우자가 승진했다는 소식이나 자녀가 출산했다는 소식을 들을 때도 우리는 기뻐합니다. 복권에 당첨됐다는 소식은 어떻습니까? 상상만 해도 좋지요? 그러나 잠시는 기쁘겠지만 어떤 일이든지 금세 다른 문제로 덮이고 맙니다. 영원히 기쁜 소식은 오직 복음밖에 없습니다. 본문을 묵상하며 이 영원한 복음이 무엇인지 자세히 살펴보겠습니다.

영원한 복음은 심판의 복음입니다

6 또 보니 다른 천사가 공중에 날아가는데 땅에 거주하는 자들 곧 모든 민족과 종족과 방언과 백성에게 전할 영원한 복음을 가졌더라 7 그가 큰 음성으로 이르되 하나님을 두려워하며 그에게 영광을 돌리라 이는 그의 심판의 시간이 이르렀음이니 하늘과 땅과 바다와 물들의 근원을 만드신 이를 경배하라 하더라_계 14:6~7

지난 말씀에서 요한은 어린 양과 함께 십사만 사천이 시온산에 서서 새 노래를 부르는 장면을 보았습니다. 이를 통해 주님은 아무리 사탄이 성도를 미혹하고 박해해도 교회가 반드시 승리하리라고 말씀해 주셨죠. 오늘도 이 승리의 말씀이 이어집니다.

요한이 또 보니 천사가 공중에 날아가는데 그가 모든 민족에게 전할 영원한 복음을 가졌다고 합니다. 그런데 그 영원한 복음의 내용이 무엇입니까? "심판의 시간이 이르렀다"는 것입니다. 복음은 기쁜 소식이잖아요. 그런데 어떻게 심판이 기쁜 소식이 될 수 있습니까? 아이러니 같겠지만 복음은 동전의 양면과도 같습니다. 한쪽은 기쁜 소식이요 다른 한쪽은 심판의 소식입니다.

교회에 기쁜 소식은 무엇입니까? 성도가 돈과 권세를 쥐는 것일까요? 아닙니다. 성도의 악(惡)이 물러가는 것이 가장 기쁜 소식입니다. 그러면 어떻게 해야 악이 물러갑니까?

어린 믿음일 때는 세상에서 잘되고 잘나가는 것만 기쁜 소식이라고 생각합니다. 그런데 거기서 믿음이 성숙하지 못하고 '좋으신 주님, 사랑의 주님, 축복의 주님'만 늘 외친다면 어떻겠습니까? 일이 잘돼도 당연하게 여기고 안되면 원망합니다. 하나님을 향한 감사도, 감격도 식어 버립니다. 신앙생활을 세상 사는 데 플러스알파 정도로만 여기게 되지요. 늘 보상을 기대하는 믿음은 자기 중심성에서 벗어나지 못합니다. 우리들교회 한 목자님도 세상에서 권세 얻기만 바라다가 뜻대로 안 되니까 요즘은 수고를 보상 받고자 여행 사이트만 뒤지고 계신다더군요. 믿음 없는 희망은 무엇을 진정 바라고 기다려야 하는지 모르기에 오히려 인간을 절망에 빠뜨립니다.

어떤 사람들은 믿음에 대한 보상으로 천국에 집착하기도 합니다. 그에게는 주님의 제자로 살아가는 데 천국에 대한 희망이 오히려 장애가 될 수 있지요. 또 누군가는 "천국이 있든지 없든지 내가 하나님 제대로 믿고 성경대로 올바로 사는 게 중요하다"라고 말합니다. 얼핏 들으면 맞는 말 같지만 이런 사람은 욕망을 의지로 억누르다 보니까 신앙생활에 소망이 없습니다. 변하는 듯하다가도 금세 제자리로 돌아옵니다.

우리는 그리스도인이라고 하지만 여전히 세상 염려와 걱정, 욕망으로 가득 찬 신앙생활을 합니다. 그러므로 은혜의 시온산에 서신 어린 양보다 때로는 강력한 심판이 현재의 구원을 감격적으로 누리는 통로가 될 수 있다는 겁니다.

하나님은 죄를 단호하게 심판하십니다. 그러나 심판이 곧 멸망은 아닙니다. 우리를 사랑하므로 책임지시고자 우리 죄에 진노하시는 것이죠. 하나님이 우리를 얼마나 사랑하시는지, 죄인인 우리를 대신하여 당신의 아들을 심판의 제물로 십자가에 내어 주셨잖아요. 하나님이 진노하시는 참의미를 알아야만 비로소 우리가 하나님의 사랑을 이해하고 그분을 위해 생명을 내놓을 수 있습니다. 위로만 바라는 믿음에서 나아가 하나님의 진노를 깊이 경험한 사람은 진정한 위로자로 우뚝 서게 됩니다.

저는 일생 진노를 경험하며 지금까지 왔습니다. 어려서는 어머니에게 돌봄을 받지 못하고, 결혼 후에는 시집살이로 고되고 외로운 시간을 보냈습니다. '열심히 공부해서 S대까지 나온 내가 왜 집에서 걸레질만 하며 살아야 하나', '이혼하고 내가 원하는 공부를 해야지……' 처음엔 진노의 사건이 해석되지 않았습니다. 그러다 숨이 안 쉬어지는 시집살이 고난 가운데서 나 자신과 싸우며 비로소 주님을 인격적으로 만났습니다.

그러나 또 다른 진노가 제 인생에 임했습니다. 남편은 장로 집안의 아들이지만 교회에는 나가지 않았습니다. 그러면서도 바람 한번 피우지 않는 의롭고 성실한 사람이었죠. 이런 남편이 저를 문밖출입도 못 하게 구속하며 "네가 그러고도 예수 믿는 사람이냐?"라고 참소할 때마다 너무 괴로웠습니다. 제가 얼마나 주님을 사랑하는데……. 남편 딴에는 저를 너무 사랑해서 한 행동들인데 당시 저는 한시도 숨을 쉴 수 없었습니다. 남편을 통해서 인간의 사랑이 얼마나 치우친 것인지 보았습니다. 사람은 정말 사랑을 할 수도, 만들 수도, 지을 수도 없습니다. 남편은 날마다 분노하며 저를 참소했고, 저 또한 속으로 그런 남편을 참소했습니다. 그러나 겉으로는 조용했기에 제가 착하다고만 생각했습니다. 남편의 참소가 사탄의 참소라는 걸 깨닫기까지 많은 시간을 지나고 많은 눈물을 흘렸습니다.

본문에서 천사가 "심판의 시간이 이르렀다"고 하는데, 우리는 그 심판 옆에 있는 영원한 복음을 보아야 합니다. 심판의 시간을 흘려 버리지 말고, 심판을 통해 복음을 듣고 하나님을 경배하는 자로 우뚝 서기를 바랍니다.

• 하나님은 나를 사랑하시므로 내 죄를 반드시 심판하십니다. 내게 임한 진노의 사건을 통해 영원한 복음이 들리고 있습니까?

영원한 복음이 없다면 아무리 큰 성도 무너집니다

또 다른 천사 곧 둘째가 그 뒤를 따라 말하되 무너졌도다 무너졌도다 큰 성 바벨론이여 모든 나라에게 그의 음행으로 말미암아 진노의 포도주를 먹이던 자로다 하더라_계 14:8

'큰 성 바벨론'은 가고 오는 세대에 하나님을 대적하는 모든 무서운 세력을 상징합니다. 그가 권세를 가지고서 온 세계를 진노의 포도주에 취하게 합니다. 그런데 둘째 천사가 나타나 "무너졌도다, 무너졌도다" 바벨론의 멸망을 선포합니다. 우리가 무서워하며 섬기던 세상 바벨론이 무너졌다는 겁니다. 이는 하나님을 경배하지 않는 세력은 과거에도 멸망했으며, 현재에도 미래에도 반드시 멸망하리라고 강조하는 말씀입니다.

그도 하나님의 진노의 포도주를 마시리니 그 진노의 잔에 섞인 것이 없이 부은 포도주라 거룩한 천사들 앞과 어린 양 앞에서 불과 유황으로 고난을 받으리니_계 14:10

그런데 10절을 보니 바벨론이 모든 나라에 먹인 진노의 포도주가 실은 '하나님의 진노의 포도주'라고 합니다. 무슨 뜻입니까? 하나님이 허락하셔서 적그리스도와 거짓 선지자가 진노의 포도주를 붓는다는 겁니다. 그러므로 바벨론이 아무리 사탄의 하수인 노릇 하며 나를 박해하고 미혹해도 "바벨론에게서 구원해 달라"는 기도는 바른 기도가 아닙니다. 이는 번지수가 틀린 것이죠. 하나님이 허락하셔서 이루어지는 일이기에 "하나님의 진노에서 구원해 달라"고 기도해야 합니다.

저도 이 진리를 깨닫고서 힘든 남편에게서 구원해 달라는 기도를 그쳤습니다. 하나님이 이 진노의 포도주를 허락하신 것을 알고, 그때부터는 "하나님의 진노에서 저를 구원해 달라"고 기도했습니다.

아무리 내 부모, 형제, 남편, 아내, 자식이라도 예수가 없으면 아비 마귀에게서 난 자입니다(요 8:44). 그러므로 "나를 저 사람에게서 구원해 달라"는 기도는 "나를 마귀에게서 구원해 달라"는 것과 같지요. 이 세상 싸움이 하나님과 마귀의 싸움 같아 보여도 하나님은 마귀를 상대하실 군번이 아닙니다. 마귀는 결박되어 있다는 걸 알고 이 모든 환경을 허락하신 하나님의 진노에서 구원해 달라고 기도해야 합니다. 그러면 나의 악이 보이기 시작합니다.

저는 공부 잘하고, 착하고, 예의 바르고, 교회도 열심히 다니니까 나에게 죄라고는 없다고 착각했습니다. 그러다 결혼생활이라는 심판을 통해서 제 본모습을 적나라하게 보았습니다. 저는 교회에서 피아노 반주를 10년이나 했지만 사명에는 관심도 없었습니다. 오히려 야망으로만 가득 차서 살았지요. 결혼하고 나서야 내가 얼마나 교만하고 돈을 좋아하는 사람인지, 얼마나 생색과 차별이 심한 사람인지 알게 되었습니다. 시댁 식구들과 남편의 거센 박해를 받으며 여러 치사한 감정과 마주하다 보니까 비로소 내 속의 바벨론이 보였습니다. 만일 끝까지 제 악을 깨닫지 못했다면 결혼생활을 유지하지 못했을 것입니다. 내가 잘났는데 왜 무시 받으며 살겠습니까. 그래서 자기 악을 보지 못하는 자는 어떤 문제도 해결할 수 없습니다.

제 관점이 바뀌고서부터는 남편이 달리 보였습니다. 내 악을 보게 해 준 남편인데 얼마나 귀합니까! 그때부터 이혼이라는 말은 제 사전에서 지워 버리고 남편의 구원을 위해 생명을 내놓기로 작정했습니다. 여러분은 누구에게서 구원해 달라고 기도합니까? 날마다 나를 괴롭히는 상대를 미워하면서 그 고통에서 구원 받기만 바라고 있습니까? 다시 말씀드리지만 하나님이 허락하신 진노입니다. 나를 향한 하나님의 진노에서 구원해 달라고 기도해야 합니다. 그것이 영원한 복음의 주인공이 되는 길입니다.

하나님 앞에 자기 죄를 씻으며 눈보다 더 희어져 가는 것이 성도의 성숙이기에(시 51:7), 믿음이 자라면 자랄수록 고통 속에서도 자기 악이 보입니다. 저도 목회하면서 수많은 사건이 오고 갔지만 어떤 일에서도 제 악을 보았습니다.

C. S. 루이스(C.S. Lewis)는 그의 저서 『고통의 문제』에서 이렇게 말합니다.

"모든 악 중에 오직 고통만이 살균 소독된 악이다. 일단 끝난 고통은 더 이상 아무런 영향도 끼치지 못한다. 반면에 바로잡지 않은 잘못과 회개하지 않은 죄는 그 본성상 새로운 잘못과 죄를 끊임없이 흘려 내보내는 원천이 된다."

제 악이 보인 후부터 생명을 내놓고 남편의 구원을 위해 기도했는데 생각지도 못하게 남편의 몸이 무너지는 심판이 왔습니다. 그리고 그 진노의 사건을 통해서 남편은 회개함으로 영이 세워졌습니다. 비록 육은 떠났지만 구원을 얻었습니다. 그래서 부자는 육을 치는 것밖에는 구원 받을 길이 없다고 생각합니다. 제 남편은 완벽주의자에다 효자이고, 바람 한번 안 피운 열부(烈夫)에다 자녀만 생각하는 자부(慈父)였습니다. 인간적으로 완벽하다 보니까 하나님이 몸을 치실 수밖에 없었습니다. 진노의 사건 같아도 영원한 복음을 붙들게 하시려는 하나님의 섭리였습니다.

- 내게 진노의 포도주를 붓는 사람은 누구입니까?
- 나의 기도를 돌아보세요. 내게 고통을 주는 ○○에게서 구원해 달라고 기도합니까, 이 고통을 허락하신 하나님의 진노에서 구원해 달라고 기도합니까?

영원한 복음은 세상 가치관이 무너지는 것입니다

9 또 다른 천사 곧 셋째가 그 뒤를 따라 큰 음성으로 이르되 만일 누

구든지 짐승과 그의 우상에게 경배하고 이마에나 손에 표를 받으면 10 그도 하나님의 진노의 포도주를 마시리니 그 진노의 잔에 섞인 것이 없이 부은 포도주라 거룩한 천사들 앞과 어린 양 앞에서 불과 유황으로 고난을 받으리니 11 그 고난의 연기가 세세토록 올라가리로다 짐승과 그의 우상에게 경배하고 그의 이름 표를 받는 자는 누구든지 밤낮 쉼을 얻지 못하리라 하더라_계 14:9~11

13장에서 짐승이 "모든 자, 곧 작은 자나 큰 자나 부자나 가난한 자나 자유인이나 종들에게 그 오른손에나 이마에 표를 받게 했다"고 했지요(계 13:16). 그런데 이 짐승의 표를 받은 자의 결론이 무엇입니까? 11절을 보니 "밤낮 쉼을 얻지 못하리라"고 합니다. 영원한 복음을 소유한 자와 세상 가치관을 소유한 자의 결정적 차이는 이처럼 '쉼이 있는가, 없는가'입니다. 세상에서 뒤처지지 않고자 이기고 또 이기려다 보니 얼마나 분주하겠습니까. 그야말로 안식이 없습니다.

하지만 아무리 열심히 살아도 세상 가치관에 뿌리내린 삶의 결론은 심판입니다. 앞서 8절에 "무너졌도다"는 과거형으로, 내가 열심히 큰 성을 쌓아도 결국 무너졌다는 겁니다. 10절에 "하나님의 진노의 포도주를 마시리니"는 미래에 임할 벌입니다. 곧 미래에 심판이 기다리고 있다는 겁니다. 또 11절에 '짐승과 그의 우상에게 경배하고', '그의 이름 표를 받고', '밤낮 쉼을 얻지 못하리라'는 말씀은 현재형입니다. 이 땅에서, 지금도 심판을 받고 있다는 것이죠.

제 남편도 얼마나 열심히 살았는지 모릅니다. 남편은 모두가 부러워하는 의사로 환자들을 성심껏 돌보았고 병원도 잘되었습니다. 그러나 세상 가치관을 숭배했기에 밤낮 쉼을 얻지 못했습니다. 밤마다 술을 마시면서 무엇인가를 잊으려고 노력하는 듯했습니다. 남부럽지 않은 환경인데도 "울화통이 터진다"는 말을 입에 달고 살았습니다. 지나고 보니 정죄감은 심한데 자기 악이 보이지 않으니까 안식이 없어서 화를 냈던 것 같습니다.

10절에 '진노의 포도주'는 물이 전혀 섞이지 않은 독한 포도주를 의미합니다. 그만큼 심판이 거세다는 의미이지요. 또 거룩한 천사들과 어린 양 앞에서 불과 유황으로 고난을 받는다고 합니다. 그러나 독한 심판, 불과 유황 심판을 허락하시는 것은 우리의 세상 가치관을 무너뜨리셔서 영원한 멸망에서 구원하시기 위함입니다.

제가 항암의 고난을 지나고 보니까 정말 유황불 고통이 따로 없더군요. 남편도 간암 말기 진단을 받고 하루 만에 세상을 떠났는데, 이 얼마나 무서운 심판입니까. 그야말로 독주와도 같은 심판입니다. 그러나 유황불 같은 암의 고통은 우리 부부에게 축복의 심판이 되었습니다. 남편은 하루 만에 떠났고 저는 여섯 차례나 항암 치료를 받았는데, 하나님이 지옥이 있다는 걸 우리 부부에게 보여 주셨다고 생각합니다. 다만 사명이 다르기에 저는 아직 이 땅에 남겨두시고 남편은 떠나게 하신 것이죠. "선한 일을 행한 자는 생명의 부활로, 악한 일을 행한 자는 심판의 부활로 나오리라"는 말씀처럼(요 5:29), 남편은 육은 무너졌지만 영이 구원되어서 생명의 부활로 나아갔습니다.

어찌 보면 하루 만에 천국에 가는 것도 축복 같아요. 유황불 같은 항암을 지났어도 정말 무서운 것은 내 속의 음녀 바벨론 아니겠습니까. 그래서 주님은 항암보다도 더 높이 솟은 산을 끊임없이 제게 보내십니다. 계속해서 제게 진노를 경험하게 하십니다.

- 내 삶에 안식이 없는 이유는 무엇입니까?
- 독한 포도주, 불과 유황과 같은 심판이 내게 임했습니까? 하나님이 내 세상 가치관을 무너뜨리고자 허락하신 심판인 것이 인정됩니까?

영원한 복음은 인내의 복음입니다

> 성도들의 인내가 여기 있나니 그들은 하나님의 계명과 예수에 대한 믿음을 지키는 자니라_계 14:12

하나님의 계명과 예수에 대한 믿음을 지키는 데 성도의 인내가 있다고 합니다. 쉬운 일이라면 '인내'라고 표현하지 않았겠지요. 말씀에 순종하고 믿음을 지키는 데는 늘 인내가 따릅니다. 그러므로 믿음을 단순히 고통을 면하는 것쯤으로 이해해서는 안 됩니다. 가인의 표를 받은 세상은 하나님으로부터 인침 받은 성도를 핍박할 수밖에 없습니다. 게다가 믿지 않는 자들이 오히려 세상에서 창성하는 것을 보려니 성도에게 얼마나 인내가 필요하겠습니까.

인내, 즉 오래 참음은 거룩하신 여호와 하나님의 대표적인 성품입니다. 또한 하나님이 성령님을 통해 주셔야 우리가 가질 수 있는 성품이기도 하지요. 그런 뜻에서 바울도 인내를 성령의 열매로 분류했습니다(갈 5:22). 따라서 인내란 내 방법, 내 힘을 내려놓고 여호와께서 하시는 일을 바라보는 것입니다.

저는 내 힘으로 참는 데 일가견이 있는 사람입니다. 어려서부터 무엇이든지 잘 참았지요. 목회를 시작한 후부터는 교회를 위해서 참는다고 생각했지만, 가끔은 믿음으로 인내하는 것인지 성품으로 참는 것인지 헷갈리기도 합니다. 때때로 내 욕심 때문에 참으니까 두렵고 불안하지 않은가 싶습니다. 100% 믿음으로 인내하는 것이라면 왜 불안하겠습니까.

또 설교 준비도 내 힘으로 하려다 보니 좀체 만족하지 못합니다. 완벽주의가 있어서 늘 부족하게만 느껴집니다. 밤을 새워 준비해도 주일 아침까지 끝내지 못하고 원고를 고치고 또 고치고…… 그러다 허둥지둥 교회에 올 때가 허다하지요. 그런데 강단에 서면 그런 티가 안 납니다. 이렇게 앞뒤가 맞지 않는 제 모습이 예수님을 부인하는 것 같아서 깊이 회개하는데도 잘 고쳐지지 않습니다. 왜 그럴까 저를 돌아보면, 중고등학교부터 대학교까지 치열한 입시를 치러 오면서 잘 해야 한다는 강박관념이 제 속에 자리하지 않았나 싶어요. 꼭 입시를 치르는 사람처럼, 내일 피아노 실기 시험을 치를 사람처럼 설교를 준비합니다. 처음에는 이런 제 열심이 믿음에서 비롯됐다고 생각했습니다. 그런데 믿음이 전부가 아니더라고요.

제가 인내가 구단이다 보니 잘 참는 사람이 오히려 욕심이 많다는 걸 알았습니다. 차라리 화를 내는 게 낫습니다. 그러니 이제 와 남편의 마음이 이해가 됩니다. 아무리 난리를 쳐도 제가 요동도 안 하니까 남편이 얼마나 울화통이 터졌겠어요. 제가 정말 괜찮아서 가만있는 게 아니었잖아요. 속으로는 남편 말을 인정하지 않으면서 그저 내 힘으로 참았던 겁니다.

이 설교를 강단에서 전했을 때도 일주일 내내 원고를 준비하고 전날 새벽까지 탈고하느라고 세 시간밖에 못 잤습니다. 설상가상 아침에 프린터가 말을 듣지 않아서 애를 먹다가 또 허둥대며 교회에 갔지요. 그럴 때마다 '정말 나는 구제할 길 없는 인생이구나……' 싶어요. 이런 내 힘을 내려놓고자 여러분에게 고백합니다. 저를 위해 기도해 주시기 바랍니다. 이제는 이런 수고를 그치고 싶습니다.

남편이 회개하고서 영원한 복음에 이르렀습니다. 그런데 남편이 천국에 간 것은 기쁘지만 제가 30대 젊은 나이에 졸지에 과부가 되었잖아요. 가인의 표를 받은 세상의 눈으로는 그야말로 진노의 심판 같겠지요. 그러나 저는 하나님의 도장을 받은 자 아니겠습니까. 지나고 보니 내 힘으로 인내해서 여기까지 온 것이 아니었습니다. 하나님의 계명과 예수에 대한 믿음을 지키도록 주님이 나를 업어 가시고 나와 동행해 주셨습니다. 저는 인내를 못 하는데, 그저 성품으로 참을 뿐인데 주님이 날마다 말씀을 주셔서 인내하도록 도우셨습니다. 그래서 제게 온 심판을 어떻게 말씀으로 해석했는지, 제 간증을 더 깊이 나누고자 합니다.

남편이 천국에 간 후 저는 남편의 시신 앞에서 큐티 말씀을 펼쳤습니다. 당시 본문은 에스겔 18장 23절부터 32절까지의 말씀이었습니다. 그런데 28절을 보니 이런 말씀이 있습니다.

"그가 스스로 헤아리고 그 행한 모든 죄악에서 돌이켜 떠났으니 반드시 살고 죽지 아니하리라"(겔 18:28).

남편이 떠난 날 주님은 그가 정말 천국에 갔다고 말씀으로 확증해 주셨습니다. 그런데도 '어떻게 나에게 이런 일이 올 수 있나' 내심 두렵고 원망하는 마음이 들기도 했습니다. 그런데 이어지는 31절 말씀이 제게 나팔 소리처럼 들렸습니다.

"너희는 너희가 범한 모든 죄악을 버리고 마음과 영을 새롭게 할지어다 이스라엘 족속아 너희가 어찌하여 죽고자 하느냐"(겔 18:31).

이 말씀이 제게는 하나님의 이런 책망 같았지요.

"너 남편의 구원을 위해 목숨 걸고 기도했다면서! 그런데 네가 지금 슬퍼한다면 남편이 죽어 천국 간 것을 하나도 기뻐하지 않는 것이 아니냐?"

제가 늘 하나님의 계명과 예수에 대한 믿음을 지키고자 했더니, 주님은 남편이 떠난 날 저의 모든 질문에 말씀으로 답해 주셨습니다. 그러므로 우리가 영원한 복음을 소유하기 위해 말씀 묵상이 얼마나 중요한지 모릅니다.

에스겔 20장에 보면 이스라엘 장로들이 에스겔에게 하나님의 말씀을 묻고자 찾아옵니다. 그동안 에스겔이 주야장천 심판의 말씀을 외쳐도 좀체 듣지 않다가 정말 망할 것 같으니까 그제야 궁금해서 찾아온 것이죠. 그때 하나님이 뭐라고 말씀하십니까? "내게 묻기를 내가 용납하지 아니하리라"고 하십니다(겔 20:3). "그동안 내가 너희에게 얼마나 경고했는데 망하게 되니까 이제야 찾아왔냐?" 하시는 겁니다.

우리도 그래요. 평소에는 말씀을 거들떠보지도 않다가 망하게 돼서야 갑자기 성경을 읽는다고 말씀이 깨달아지겠습니까. 미리 읽어 둔 말씀이 있어야 합니다. 그래서 매일의 말씀 묵상, 큐티가 얼마나 큰 능력인지 모릅니다. 주님은 날마다 말씀 앞에 나아간 저에게, 어떻게 남편에게 심판으로 구원이 임했는지 설명해 주셨습니다. 남편의 죄가 주홍같이 붉어도 그가 택자이기에 구원해 주셨다는 겁니다. 또 말씀으로 남편의 죄악상도 쫙 밝혀 주셨습니다.

"너는 이스라엘 고관들을 위하여 애가를 지어 부르라 네 어머니는 무엇이냐 암사자라 그가 사자들 가운데에 엎드려 젊은 사자 중에서 그 새끼를 기르는데…… 젊은 사자가 되매 여러 사자 가운데에 왕래하며 먹이 물어뜯기를 배워 사람을 삼키며 그의 궁궐들을 헐고 성읍들을 부수니 그 우는 소리로 말미암아 땅과 그 안에 가득한 것이 황폐한지라"(겔 19:1~7).

성군 요시야 왕에게는 세 아들이 있었습니다. 그들이 왕궁에서 얼마나 훌륭한 교육을 받았겠습니까. 그런데 그 좋은 교육을 받고서 한 일이 사람을 삼킨 것이랍니다. 마찬가지로 하나님은 좋은 의학을 공부하고서 낙태수술로 생명을 삼킨 남편의 죄를 물으셨습니다.

또 에스겔 20장에서 하나님은 약속의 자녀이지만 눈과 마음으로 우상을 섬기며, 안식일을 더럽히고, 조상의 율례를 좇은 이스라엘 백성의 죄악을 낱낱이 열거하십니다. 마찬가지로 남편도 완벽주의를 우상 삼고 인간적인 사랑으로 아내인 저를 우상 삼았습니다. 또 아버지를 존경하는 것을 넘어서 우상으로 여겨, 돌아가신 후에도 묘소에 자주 찾아가 절을 하면서 하나님이 금하시는 조상의 율례를 좇았습니다. 장로님 가정에서 자랐지만 예배도 드리지 않고 주일에도 병원 문을 열며 안식일을 범하기 일쑤였습니다. 그러면서 죄책감이 드니까 새 돈만 생기면 모아서 제게 헌금하라고 주곤 했습니다.

우리가 행위로 천국에 가는 것이 아닙니다. 행여 제가 남편이 잘나서 천국에 갔다고 생각할까 봐 주님은 이렇게 남편의 죄를 세세히 말씀해 주셨습니다. 그러나 남편의 죄가 주홍같이 붉어도 제가 하나님만 부르짖으며 전도했더니 '너희의 악한 길과 더러운 행위대로 하지 아니하고 여호와의 이름을 위하여' 남편을 구원해 주셨습니다(겔 20:44). 할렐루야! 그러니 구원은 전적으로 하나님의 주권 아닙니까. 오직 예수를 믿음으로 구원을 얻습니다.

에스겔 24장에서 하나님은 에스겔의 눈에 기뻐하는 아내를 쳐서 빼앗으십니다. 그러면서 슬퍼하거나 울거나 눈물을 흘리지도 말라고 명하시죠. 미운 아내도 아니고 사랑하는 아내가 죽었는데 눈물 한 방울 흘리지 말라니요. 그런데 더 큰 슬픔이 몰려오면 내 가족이 죽어도 울지 못합니다. 에스겔의 아내가 죽은 때는 예루살렘이 바벨론에 포위된 때였습니다. 그러니 에스겔이 어찌 울 수 있겠습니까. 나라가 망할 위기에 놓였는데……. 그는 곧장 하나님의 명령에 순종합니다.

그런데 하나님은 왜 에스겔에게 이런 쓰디쓴 고통을 허락하셨을까요? 에스겔을 통해 말씀의 능력을 나타내시고자 엄청난 값을 치르게 하신 것이죠. 그에게 하나님의 말씀은 아내의 생명과 바꾼 것이었습니다. 아내가 죽어도 사명 따라 사는 에스겔을 보면서 백성이 그 입에서 나오는 하나님의 말씀을 진실로 믿지 않겠습니까.

"그날에 네 입이 열려서 도피한 자에게 말하고 다시는 잠잠하지 아니하리라 이같이 너는 그들에게 표징이 되고 그들은 내가 여호와인 줄 알리라"(겔 24:27).

이후 예루살렘이 망했다는 소식이 바벨론에 있는 에스겔에게 전해지자 드디어 그의 입이 열립니다. 에스겔 말씀의 시대가 열린 것입니다. 바벨론에 사로잡힌 백성을 향해 에스겔의 입이 열린 것처럼, 제가 전하는 말씀을 듣고 영혼이 살아나는 역사가 일어났습니다. 남편이 천국에 간 후부터 제 입이 열렸습니다. 그리고 지금까지 '다시는 잠잠하지 아니하리라'의 인생을 살고 있습니다. 제가 발바닥도 못 따라갈 에스겔 선지자가 저에게 표징이 되어서, 저도 표징의 삶을 살고 있습니다.

에스겔서를 통해 인생을 해석 받았던 때 제가 30대였잖아요. 평신도가 이 어려운 말씀을 어찌 이렇게 묵상할 수 있었겠습니까. 정말 특별히 말씀이 임했습니다. 에스겔 1장부터 48장까지 제 인생과 연관되지 않은 말씀이 한 절도 없습니다. 그래서 제가 끊임없이 이 에스겔 간증을 하는 것이에요. 제가 인내함으로 살아나서 영원한 복음의 주인공이 되었기 때문입니다.

에스겔 1장에 서른째 해 여호야긴 왕이 사로잡힌 지 5년에 특별히 에스겔에게 말씀이 임했다고 하는데, 문자적으로도 제 나이 서른 살에, 시집살이 5년 만에 말씀이 제게 임했습니다. 또 2장에는 에스겔을 향해 "가시와 찔레와 전갈 가운데 거해도 두려워하지 말라" 하시고 3장에서는 "무리가 너를 동여매리니 집 밖으로 나가지 말고, 말 못하는 자가 되라"고 하시는데, 시집살이에 동여매 문밖출입 못 하던 제 처지와 똑같지 않습니까?

4장에서는 하나님이 "인분 불에 떡을 구워 먹으라"고 하시니까 에스겔이 "주님, 제가 얼마나 거룩한 사람인데 인분 불에 떡을 구워 먹으라고 하십니까. 저는 가증한 고기를 먹은 적도 없습니다!" 항변합니다. 저도 에스겔처럼 "하나님!" 하고 부르짖으니, 결혼 5년 만에 분가하게 해 주셨습니다. 에스겔의 항변에 하나님이 인분을 쇠똥으로 감해 주신 것처럼 제 환경도 감해 주신 것이죠.

또 8장에 와서는 에스겔에게 부패한 예루살렘 성전의 모습을 보여 주십니다. 그의 머리털 한 모숨을 잡아서 데리고 다니시면서 성전 곳곳에 가득한 우상을 보여 주시죠. 그동안 에스겔이 훈련을 잘 받아서 이렇게 머리털 한 모숨만 잡혀도 딱 들어 올려집니다. 그런데 에스겔이 하루하루 계명을 지키며 왔는데 하나님이 하루아침에 아내를 데려가셨잖아요. 저 역시 하루 만에 남편을 데려가시더니 에스겔 18장 말씀으로 남편이 천국에 갔다고 확증해 주셨습니다. 그리고 24장에 에스겔에게 표징이 되라고 하신 것처럼, 저도 남편이 떠난 후부터 표징의 인생을 살게 되었습니다.

25장부터는 에스겔에게 암몬, 모압, 에돔, 블레셋, 두로, 애굽을 향해 멸망의 말씀을 선포하게 하시는데, 이들이 불신자잖아요. 저도 불신자와 전 세계를 향해 복음을 전하고 있지 않습니까? 33장에는 에스겔에게 다시금 파수꾼의 사명을 주시면서 말씀을 전하지 않으면 그 핏값을 그에게 묻겠다고 하시죠. 저도 30대에 혼자가 되고 피아노 강사 하면서 교양 있게 살 수 있었지만, 복음을 전하지 않으면 제게 핏값을 묻겠다고 하시기에 다시금 파수꾼의 자리로 돌아왔습니다. 또 34장에는 에스겔을 향해 목자들에게 예언하라 하시는데, 말씀대로 저도 집사 시절부터 목회자 세미나에 초청을 받아서 목사님들에게 두루 간증을 전했습니다.

우리들교회가 창립된 날 큐티 본문은 에스겔 43장, 하나님의 영광이 동쪽에서부터 오는 환상을 보는 말씀이었습니다. 정말 신기하게도 우리들교회가 주로 쓰는 휘문성전 후문이 동문입니다. "인자야 너는 이 성전을 이스라엘 족속에게 보여서 그들이 자기의 죄악을 부끄러워하고 그 형상을 측량하게 하라"는 그날 말씀대로(겔 43:10), 주님은 우리들교회를 자기 죄를 보게 하는 교회로 세워 주셨습니다.

또 47장에서 주님은 성전 동문에서 물이 흘러나와 발목과 허리를 적시고 강을 이루어 아라바 바다까지 흘러내리는 환상을 에스겔에게 보여 주십니다. 그리고 '강가 좌우에 자라는 과실나무에 열매가 끊이지 않고 그 잎사귀는 약재료가 되리라'고 말씀하십니다(겔 47:12). 또한 '너희는 공평하게 나누어 기업을 삼으라'고도 말씀하시죠(겔 47:14). 이 말씀대로 주님은 저를 강에서 바다로 나아가게 하셨습니다. 우리들교회는 지난 2014년부터 매년 두 차례에 걸쳐 '목욕탕 큐티목회세미나'를 개최하고 있습니다. 우리들교회가 창립된 이후 놀랍게 부어주신 은혜와 부흥을 한국 교회 사역자들과 함께 나누고 큐티목회를 온 누리에 전파하기 위해서입니다. 마지막 48장에서는 에스겔 성전을 향해 "여호와삼마!", "여호와가 거기 거한다"라고 선포하시는데, 우리들교회도 여호와삼마의 성전이 될 줄 믿습니다.

제가 자랑하려고 이런 간증을 하겠습니까? 이것이 바로 인내로써 하나님의 계명과 예수에 대한 믿음을 지킨 증거이기 때문입니다. 이런 영원한 복음이 우리 모두에게 이르기를 소원합니다.

영원한 복음은 죽음의 문제가 해결되는 것입니다

또 내가 들으니 하늘에서 음성이 나서 이르되 기록하라 지금 이후로 주 안에서 죽는 자들은 복이 있도다 하시매 성령이 이르시되 그러하다 그들이 수고를 그치고 쉬리니 이는 그들의 행한 일이 따름이라 하시더라_계 14:13

우리는 죽음 앞에 슬퍼합니다. 죽음의 참의미를 몰라서 그렇습니다. 그러나 하나님은 "주 안에서 죽는 자들은 복이 있다"라고 말씀하십니다.

인간이라면 누구나 죽음을 두려워하게 마련이지요. 인생이 죽음을 향해 가고 있다는 근원적 불안에 시달립니다. 어떤 사람은 죽음의 공포에 잠식당하여 좌절하고 삶의 균형을 잃어버리기도 합니다. 이처럼 우리가 죽음을 자연스럽게 받아들이지 못하는 것은 '죄' 때문입니다. 죽음을 죄에 따라오는 끔찍한 심판쯤으로 인식하기 때문이죠. 하지만 하나님은 인과응보 원리로 심판하시는 분이 아닙니다. 하나님은 은혜로운 심판자이시요, 죽음도 이 하나님의 권세 아래 있습니다.

우리가 죽을 수밖에 없는 유한한 존재임에도 희망을 품을 수 있는 것은, 하나님이 그리스도의 십자가로 구원의 길을 여셨기 때문입니다. 자신의 독생자 예수 그리스도를 보내셔서 우리를 대신해 심판 받게 하시고, 부활을 통해 인간의 한계인 죽음으로부터 승리하게 하셨습니다. 불안, 좌절, 두려움…… 그리스도께서 사망의 쏘는 것으로부터 우리를 보호하십니다(고전 15:55). 이 그리스도의 십자가 덕분에 우리는 죽음으로 한계 지어진 삶을 긍정할 수 있게 되었습니다. 죽음 너머에 계신 은혜의 하나님을 만날 희망으로 하루하루 기쁘게 채워 간다면 이 땅의 삶도 천국 아니겠습니까.

히브리서 12장에 보면 "무릇 징계가 당시에는 즐거워 보이지 않고 슬퍼 보이나 후에 그로 말미암아 연단 받은 자들은 의와 평강의 열매를 맺느니라"고 합니다(히 12:11). 여기서 '징계', '연단'이라는 말에는 '금속의 불순물을 제거하기 위해 용광로에 넣는다'라는 뜻이 있습니다. 즉, 하나님이 그분의 자녀를 순금 같게 만들고자 용광로 같은 징계를 허락하신다는 겁니다. 그러므로 성도의 죽음은 "연단을 받고 인생 졸업을 잘 했으니 이제 수고를 그치고 쉬라"는 하나님의 상(賞)입니다. 그것이 주 안에서 죽는 것이고, 가장 큰 복입니다. 그런데 왜 죽음 앞에 두려워하고 슬퍼합니까? 여전히 졸업하지 못하고 연단 받으면서 수고하는 인생이 더 불쌍한 것 아닙니까? 성도를 징계하시는 것도 이 땅에서부터 수고를 그치고 안식하라는 뜻입니다. 하나님의 진노를 깊이 경험하며 영원한 복음만이 참안식임을 깨닫고 성숙한 신앙을 가지라는 겁니다.

그러면 제 남편은 어떻게 '주 안에서 죽는 자'가 되었을까요? 하나님은 남편의 구원을 위해 생명까지 내놓은 제 기도에 응답하셔서 신속하고도 정확히 심판을 이루셨습니다. 남편을 생명의 부활로 나아가게 하시며 영원한 복음으로 초대하셨습니다.

남편은 산부인과 의사였습니다. 날마다 산모의 아이를 받으면서 손에 피를 묻히는 수술을 많이 하다 보니 행여 간염에라도 걸릴까 봐 한 달에 한 번씩 꼬박꼬박 간 기능 검사를 했습니다. 그때마다 별다른 소견은 없었습니다. 그런 남편이 하루아침에 간암 말기 진단을 받고서 죽음 앞에 선 것입니다. 하나님은 육의 심판을 통해서 남편의 완벽주의를 초토화시키셨습니다. 생사화복(生死禍福)이 오직 주님의 손에 달려 있음을 보이셨습니다.

제가 밤새 남편 옆에서 "당신이 회개하고 예수 믿어 천국 가지 않으면 나는 애들을 데리고 살 소망이 없어요!"라고 울부짖자, 남편의 입에서 "하나님, 용서해 주세요"라는 말이 흘러나왔습니다. 그러나 성령께서 함께하시는 회개가 무엇인지 제가 잘 알기에, 이런 남편의 회개가 와닿지 않았습니다. 그저 입으로만 회개하는 것처럼 들렸습니다.

남편의 생명이 화급을 다투자 저는 실례를 무릅쓰고 새벽에 담임목사님께 전화를 걸었습니다. 그러나 주일이라 당장 1부 예배가 촉박한 시간이었기에 평소 뵌 적 없는 젊은 부목사님이 대신 와 주셨습니다. 목사님은 "살려 주세요. 기적을 베풀어 주세요" 기도하지 않으시고, 남편의 손을 꼭 잡고서 물으셨습니다.

"오늘 밤 천국 문 앞에 서셨습니다. 거기 어떻게 들어가시겠습니까?"

양쪽 팔에 링거 줄을 주렁주렁 매달고, 입에는 산소호흡기를 문 채 가쁜 숨을 몰아쉬던 남편은 놀랍게도 너무나 순수한 표정을 지으며 대답했습니다.

"예수 이름으로요."

그리고는 친지들이 보는 앞에서 죄를 고백했습니다.

"제가 믿음이 없어서 교회를 안 간 것이 아니라, 죄를 지어서 교회에 갈 수가 없었습니다. 목사님, 혹시 제 직업을 아십니까? 저는 산부인과 의사입니다. 그런데 제가 의사로서 하지 말아야 할 낙태수술을 했습니다. 그 죄 때문에 교회에 나갈 수가 없었습니다. 하나님이 이런 저를 살려 주셔도 감사하고, 그러지 않으신대도 할 말이 없습니다."

남편의 고백을 들으신 목사님은 말씀하셨습니다.

"우리 가운데 행위로 천국 갈 사람은 아무도 없습니다. 나를 위해 죽어 주신 예수님을 믿기만 하면 천국 백성이 되는 것입니다."

이윽고 남편은 목사님을 따라서 영접기도를 시작했습니다.

"주 예수님, 저는 죄인입니다. 지금까지 세상이 저의 주인이었습니다. 이제는 나를 위해 죽어 주신 예수님을 제 인생의 주인으로 영접합니다. 나를 받아 주시옵소서. 연약한 인생입니다. 천국 가는 날까지 인도해 주시옵소서."

그리고 3시간 후 남편은 천국에 입성했습니다. 영원한 복음의 소유자가 되어서 생명의 부활로 나아갔습니다.

남편은 회개하고서 주 안에서 죽었습니다. 이보다 복된 인생이 어디 있겠습니까? 말기 암이었지만 딱 하루만 투병하고, 보고 싶은 사람 모두 보고, 주님 영접하고서 떠났습니다. 그리고 영원한 복음을 소유한 자답게 마지막까지 제 걱정만 했습니다. 병원 사무장과 간호사들과 힘을 합쳐 자신의 장례를 치르라면서, 남은 저를 걱정하며 끝까지 사랑만 보여 주고 떠났습니다. 이렇게 저밖에 모르는 남편인데 저는 이런 남편과 이혼하려 하고 자살 기도도 했습니다. 그러니 우리가 아는 것이 얼마나 빈약합니까. 아무리 힘든 환경이라도 이혼, 자살은 해서는 안 됩니다. 영원한 복음을 소유하면 변화되지 못할 사람이 없습니다. 영원한 복음의 나라로 입성한 남편은 두려운 기색 하나 없이 마치 소풍을 떠나는 모습이었습니다.

하나님의 형상대로 지음 받은 인간은 하나님의 말씀을 들어야 합니다. 육은 죽어도 영은 죽지 않기에 말씀이 없는 인생은 영원한 불과 유황을 향해 가는 것입니다. 하나님의 진노를 깊이 경험함으로, 영원한 복음을 받아들임으로 영생을 누리기 바랍니다. "내게 온 사건은 내 삶의 결론이다" 인정하는 것이 영원한 복음을 소유한 자의 태도입니다. "시온산에 설 것인가, 불과 유황의 지옥으로 향할 것인가" 오늘 선택해야 합니다.

내게 임한 진노를 통해 영원한 복음이 들려야 합니다. 아무리 큰 성을 쌓았다고 해도 하나님이 없으면 금세 무너집니다. 세상 가치관에 뿌리를 둔 인생은 세세토록 고난의 연기가 올라와 쉼을 누릴 수 없습니다. 오직 인내하며 하나님의 계명과 예수에 대한 믿음을 지키는 것이 승리하는 길입니다. 날마다 말씀을 마음에 새기고, 믿음으로 인내하며 영원한 복음의 주인공이 되길 바랍니다.

- 내 힘으로 인내합니까, 하나님을 기다리며 인내합니까?
- '내게 온 사건은 내 삶의 결론'임을 인정하고 쉼을 누립니까? 오늘 주 안에서 죽는 것이 상이고 복이라고 믿어집니까?

우리들 묵상과 적용

큰아들은 3살 때까지 저와 눈도 마주치지 못했습니다. 그러다 5살 때 검사를 통해 자폐 성향이 있다는 진단을 받았습니다. 저는 열심을 다하면 발달장애 3급인 큰아들이 완치될 것이라고 생각했습니다. 하지만 남편은 큰아들의 장애를 인정하지 못했고, 우리 부부는 서로 분노하며 참소하는 일을 반복했습니다. 그러던 어느 날, 초등학교 졸업을 앞둔 큰아들이 학교에서 쫓겨나게 되었습니다. 저는 우리 가정에 이른 심판 앞에 "하나님 없이는 할 수 있는 것이 없습니다. 하나님의 진노에서 구원해 주세요"라는 기도를 드렸습니다(계 14:10). 그리고 심판을 주신 이유를 깨닫기 위해 모든 예배에 참석하며 양육을 받았습니다. 그러자 가정의 질서에 불순종한 제 모습을 볼 수 있었습니다. 그동안 저는 쉼 없이 중얼거리는 아들을 때리는 백수 남편을 정죄하며, 남편 뒤에 숨어 제 죄를 보지 못했습니다. 그런데 말씀으로 제 모습을 직면하자, 지금껏 남편을 무시하고 큰아들을 우상처럼 섬기며, 아들을 통해 제 열심을 보상 받으려 했던 것을 깨달았습니다(계 14:9).

생색과 교만, 열심의 바벨론이 무너지는 심판을 통해 제 죄를 회개하니 복음을 거부하던 남편은 제가 마라톤 10킬로미터를 완주하면 교회에 10번 나가겠다고 약속했습니다(계 14:8). 그 약속을 지키자 남편도 약속대로 교회에 나와 세례와 양육을 받은 후 지금은 목자가 되었습니다. 가족 구원을 위해 수고한 큰아들도 장애인 복지관에서 바리스타로 일하게 되었습니다. 이후로 인지 능력과 사회성이 향상되고, 무엇보다도 상대방의 감정을 느낄 수 있게 되어 지금은 청년부에서 나눔도 잘합니다.

하지만 남편과 큰아들이 하나님 안에서 회복되어 가니, 이번에는 작은아들에게 사건이 생겼습니다. 작은아들은 어릴 적부터 저를 도와 형을 돌보며 힘들어도 꾹 참아 왔습니다. 그런데 그런 아들이 대인관계의 어려움을 겪으며 고등학교 때 따돌림을 당한 것입니다. 저는 이일로 무딘 모습을 회개했고, 작은아들은 정신과 상담을 받으며 마음의 상처를 치료하고자 노력했습니다. 그리고 군에서 제대한 후로는 청소년부 스텝으로 섬기면서 교회 공동체에 붙어 가고 있습니다.

저는 진노의 포도주와 같은 큰아들의 자폐와 작은아들의 상처가 드러난 사건을 겪으며 무척 힘들었습니다. 그러나 이 모든 사건을 해석해 주시고, 견디도록 도와주신 하나님 덕분에 여기까지 올 수 있었습니다. 우리 가족 모두 영원한 복음의 주인공으로 삼아 주신 하나님을 기억하며(계 14:6), 천국 가는 그날까지 인내하며 가길 기도합니다(계 14:12).

영혼의 기도

하나님 아버지, 진노의 심판을 통해 영원한 복음을 알게 하시니 감사합니다. "나를 괴롭히는 사건과 사람 가운데서 구원해 달라"는 것은 곧 "마귀에게서 구원해 달라"는 것인데, 늘 이런 일차원적인 기도만 하는 우리를 불쌍히 여겨 주시옵소서. 이제는 하나님의 진노 가운데서 나의 악을 보게 해 달라고 기도하기 원합니다.

　인내하며 하나님의 계명과 예수에 대한 믿음을 지키는 것이 이기는 길이라고 하십니다. 진정한 인내는 내 힘을 내려놓고 하나님이 하시는 일을 보는 것이라고 하십니다. 그런데 우리 안에 바벨론 세력이 남아서 여전히 내 힘과 노력으로 하려는 게 많습니다. 그러면서 참 인내를 했다고 착각합니다. 이런 모습에 남도 속고 나도 속습니다. 이런 우리 연약함을 날마다 주님 앞에 고백하며 이제는 하나님을 기다리게 하옵소서.

　남편의 구원을 위해 제 생명을 내놓고 기도했는데 주님은 남편을 데려가셨습니다. 그러니 제가 덤으로 사는 인생 아니겠습니까. 그러므로 늘 오늘이 마지막이라고 생각하면서 복음을 전하고자 합니다. 제게서 복음을 들은 성도들을 영원한 복음의 주인공으로 우뚝 세워 주시옵소서. 오늘 심판이 이르렀다고 하셨사오니, 십자가는 지혜이고 지혜는 타이밍이라고 하셨사오니 우리가 조금도 지체하지 않고 영원한 복음으로 입성하게 해 주옵소서. 세상 가치관을 따라 살며 쉼이 없는 저희를 도와주옵소서. 이제는 우리를 위해 죽어 주신 주님을 내 인생의 주님으로 영접하게 하옵소서. 그리스도의 십자가로 인하여 죽음으로 한계 지어진 삶을 긍정하면서 죽음 너머 계신 하나님을 만날 소망으로 하루하루 기쁘게 살게 하옵소서. 예수님 이름으로 기도드립니다. 아멘.

추수할 때가 이르러

요한계시록 14장 13~20절

13

하나님 아버지,
우리가 알곡 성도가 되어 구원의 추수에 뽑히기를 원합니다.
말씀해 주시옵소서. 듣겠습니다.

◇◆◇

요한계시록 12장부터 14장까지는 계시록의 요약본이자 구속사의 진수(眞髓)라고 할 수 있습니다. 여자가 아들, 곧 그리스도를 낳고 광야로 도망하여 양육 받으며 교회가 탄생합니다. 사탄이 삼위일체 하나님을 흉내 내며 교회를 공격하지만, 영원한 복음에 근거하여 사탄은 심판을 받을 것입니다. 본문에 예리한 낫으로 이루어지는 추수는 마지막 심판을 의미합니다. 이후 나오는 아마겟돈 전쟁(계 16장)과 흰 보좌 심판(계 20장)은 이전 말씀들을 반복해서 이야기하시는 것입니다. 마지막 심판에 대해 더 심층적으로 기록한 것이죠.

지난 말씀에서 우리가 영원한 복음이 주인공이 되어야 한다고 했습니다. 영원한 복음을 소유한 자는 영생을 얻고, 세상 가치관을 따라 사는 자는 영벌이 기다리고 있습니다. 이 영생과 영벌(永罰)은 이 땅의 삶과도 깊이 연관되어 있지요. 현재가 지옥이면 지옥을 살다가 지옥에 가고, 현재가 천국이면 천국을 살다가 천국에 갑니다. 그런데 이제 때가 이르러 주님은 천국과 지옥 백성을 추리겠다고 하십니다. 알곡과 가라지를 골라내겠다고 하십니다.

구원의 추수와 심판의 추수가 언제 올지는 아직 모르나 추수할 때가 이르렀다고 합니다. 요한이 밧모섬에서 본 이 환상은 예수께서 말씀하신 세상 끝 날 이루어질 알곡과 가라지 추수 장면입니다(마 13장).

뚱딴지 같은 환상이 아니라 주님이 미리 일러 주신 말씀이었습니다. 이 마지막 추수가 무엇인지 살펴보겠습니다.

구원의 추수, 곧 알곡의 추수입니다

또 내가 보니 흰 구름이 있고 구름 위에 인자와 같은 이가 앉으셨는데 그 머리에는 금 면류관이 있고 그 손에는 예리한 낫을 가졌더라
_계 14:14

다니엘서 7장에도 동일한 말씀이 나옵니다.

"내가 또 밤 환상 중에 보니 인자 같은 이가 하늘 구름을 타고 와서 옛적부터 항상 계신 이에게 나아가 그 앞으로 인도되매"(단 7:13).

마지막 추수를 행하시는 '인자'는 예수 그리스도를 가리킵니다. '인자'는 예수님의 인성을, '흰 구름 위에 앉으셨다'는 것은 예수님의 신성을 나타냅니다. 또 '그 머리에 금 면류관이 있다'는 것은 예수께서 왕 같은 통치자라는 의미입니다. 마지막 날 금 면류관을 쓰고 예리한 낫으로 심판하시고자 주님은 먼저 가시면류관을 쓰셨습니다. 어떤 지도자이든지 가시면류관 같은 섬김과 희생이 앞서지 않으면 금 면류관의 리더십이 주어지지 않습니다. 즉, 진노를 깊이 경험하지 않고는 사람을 제대로 분별할 수 없습니다.

칠십인역성경에 보면 '낫'은 하나님의 말씀을 의미합니다. 성경

에서 하나님의 말씀은 검이나 두루마리와 같이 여러 사물에 비유되는데, 본문에서는 추수 도구인 낫으로 표현하고 있지요.

> 또 다른 천사가 성전으로부터 나와 구름 위에 앉은 이를 향하여 큰 음성으로 외쳐 이르되 당신의 낫을 휘둘러 거두소서 땅의 곡식이 다 익어 거둘 때가 이르렀음이니이다 하니_계 14:15

창세기 15장에 보면, 하나님이 아브라함을 향해 "네 자손은 사대 만에 이 땅으로 돌아오리니 이는 아모리 족속의 죄악이 아직 가득 차지 아니함이니라"고 말씀하십니다(창 15:16). 곧 죄가 온 땅에 가득할 때, 부패가 극에 달했을 때 심판이 이루어진다는 의미입니다.

마찬가지로 '땅의 곡식이 다 익었다'라는 것은 알곡 이외의 것은 모두 시들고 부패했다는 뜻이기도 합니다. 우리가 가을 논을 떠올려 보면 알 수 있잖아요. 다른 것은 누렇게 시들고 오직 쌀알만 살아 있습니다. 부패가 극에 달한 세상은 성도에게는 전쟁터입니다. 죄에 무감각하고 문란한 세상에서 가인의 가치관을 거슬러 살아가려니 하루하루가 그야말로 전쟁 아닙니까. 이때 믿음을 지키는 성도야말로 알곡 중의 알곡입니다. 하나님은 이렇게 진노의 심판을 통해 영원한 복음을 소유하는 자, 곧 알곡들이 다 찰 때까지 기다리십니다. 그리고 때가 이르면 "낫을 휘둘러 거두라" 명령하시죠. '휘두르다'라는 말에는 '보내다'라는 뜻이 있습니다. 즉, 예리한 말씀의 낫을 보내서 알곡과 가라지를 골라내신다는 겁니다.

그런데 특이하게도 성자 예수님이 "이제 때가 이르렀다"는 성부 하나님의 명령을 천사에게서 들으시고서 추수를 집행하십니다. 왜 굳이 이런 장면을 보이실까요? 마태복음 24장에서 주님은 "그러나 그 날과 그때는 아무도 모르나니 하늘의 천사들도, 아들도 모르고 오직 아버지만 아시느니라"고 말씀하셨습니다(마 24:36). 즉, 이 최후의 심판이 언제 이루어질지는 오직 하나님 아버지만 아신다는 겁니다. 그러므로 '때'에 몰두하지 말라는 것이죠.

하나님이 저를 우리들교회 성도의 목사로 세우셨습니다. 그러면 제가 성도들의 모든 것을 알아야 좀 신령한 목사 같지 않겠습니까? "몇 월, 며칠, 몇 시에 집사님의 남편이 돌아옵니다", "집사님 자녀는 이번에 대학에 붙을 겁니다", "성도님의 병은 곧 나을 겁니다" 이렇게 예언해 주면 제가 얼마나 신령해 보이겠습니까. 실제로 한 목사가 췌장암을 낫게 해 주겠다고 하기에 건축헌금을 어마어마하게 했다가 사기를 당하고서 우리들교회에 오신 집사님이 계십니다. 그런데 이런 게 신앙이 아니라는 말입니다.

하나님은 늘 이 '알 수 없는 때'로 우리를 훈련하십니다. 바람난 남편이 언제 돌아온다고, 외도녀 다리 몽둥이가 부러질 테니 걱정하지 말라고, 남편이 몇 월 며칠에 구원 받을 거라고 제가 다 알려 주면 우리가 하나님 앞에 나아가겠습니까? 서로 지체가 돼서 체휼하고 중보하겠습니까? 잘 생각해 보세요. 하나님은 절대 때를 알려 주지 않으십니다. 모르는 것은 모르는 채로 남겨 두어야 합니다. 예수님도 모르시는 걸 왜 내가 알려고 합니까.

그런데 이단 교주들은 "내가 다 알려 주겠다"고 하면서 무섭게 사람들을 꾑니다. 수많은 사람이 이 말도 안 되는 꼬임에 넘어갑니다. 앞서 이야기한 집사님도 병을 낫게 해 주겠다는 꼬임에 넘어가 얼마나 많은 돈을 헌금했는지 모릅니다. 우리는 눈에 보이지 않는 것을 누군가 알려 주겠다고 하면 전 재산이라도 가져다 바칩니다. 이런 인간의 죄성을 이단들이 이용하는 것이죠. 겉보기에는 교회와 똑같아 보여도 무엇을 알려 주겠다면서 떠드는 곳은 이단입니다.

때가 되면 하나님 아버지께서 어린 양 예수님께 알리실 것이기에, 우리는 어린 양만 따르면 됩니다. 제가 남편이 몇 월, 며칠에 구원을 받을지 알았겠습니까? 그러나 늘 어린 양의 말씀을 붙들었더니 하나님이 정하신 때에 남편을 구원해 주셨습니다. 오직 하나님만이 구원의 때를 알고 계십니다. 그러므로 하나님의 아들이신 어린 양과 친해지면 구원은 떼어 놓은 당상이지요. 우리는 어린 양을 따르면서 이 땅에서부터 천국생활 적응훈련을 해야 합니다. 이 땅에서 천국을 살지 못하면 훗날 천국에 입성하지 못합니다.

역대상의 이스라엘 족보에는 구속사의 계보와 세속사의 계보가 함께 나옵니다(대상 1~9장). 지금도 구속사와 세속사의 계보가 함께 이어지고 있지요. 하나님이 세상의 계보를 골라내지 않으시는 것은 악을 행하면서도 창성하는 세상 사람들 속에서 하나님의 백성을 훈련시키기 위함입니다. 즉, 오직 어린 양만 따르는 삶을 체득하며 이 땅에서부터 천국생활에 적응하라는 겁니다. 구원의 때는 알 수 없지만 어린 양을 따라가는 자들은 결국 예수님의 족보에 오르게 될 것입니다.

때가 되면 어린 양께서 금 면류관을 쓰고 추수하십니다.

> 구름 위에 앉으신 이가 낫을 땅에 휘두르매 땅의 곡식이 거두어지
> 니라_계 14:16

이제 구원의 추수가 시작됩니다. 15절에 '휘둘러'라는 말에 '보
낸다'라는 의미가 있다고 했는데, 한글로는 같지만 원어로 보면 16절
의 '휘두르매'에는 '던진다'라는 더 강력한 의미가 담겼습니다. 강력
한 말씀을 던졌을 때 받아들이는 자가 알곡이고, 구원을 얻습니다.

계시록으로 설교하다 보면 성도들로부터 "이해하기 어렵다"는
말을 종종 듣습니다. 어느 부활주일에도 계시록으로 설교를 하려는
데 어쩐지 미안한 마음이 들더군요. 그런데 그날 설교를 마치고서 교
회 엘리베이터에서 한 성도님을 만났습니다. 제가 그분께 물었지요.

"말씀이 어려우셨죠?"

그런데 그분이 이러시는 겁니다.

"아유, 물론 어려운 부분도 있지만, 목사님이 쉽게 설명해 주시
는데 어떻게 이해가 안 됩니까?"

제가 너무 놀라서 언제부터 신앙생활을 하셨는지 묻자 오늘 교
회에 처음 오셨다는 겁니다. 원래 불교 신자였다고요. 제가 그분 덕분
에 힘을 얻었습니다. 그러니 여러분이 말씀이 어렵다 하시는 건 다 핑
계입니다. 제가 강력한 말씀을 던졌는데도 초신자가 이해되었다고
하잖아요.

말씀을 던지는 것은 고름을 짜는 것과 같습니다. 고름을 짜내면 아프지만 시원하지요. 고름을 제때 짜내야지 아프다고 그대로 두면 더 곪을 뿐입니다. 병만 중해지는 것이죠. 말씀을 던져 보면 마치 리트머스 시험지처럼 구원 받을 자, 멸망 받을 자가 딱 판별됩니다.

그러면 어떻게 알곡이 되겠습니까? 마태복음 13장에서 예수님은 알곡과 가라지 비유로 천국을 설명하십니다. 주인이 좋은 씨를 제 밭에 뿌렸으나 사람들이 잘 때 원수가 몰래 와서 가라지를 덧뿌리고 갑니다. 싹이 결실할 때가 되자 가라지도 성큼 자라 있는 것이 보이지요. 종들이 가라지를 뽑아낼지 주인에게 묻자 주인이 말합니다.

"가만두라. 가라지를 뽑다가 곡식까지 뽑을까 염려하노라."

가라지를 가만두었다가 추수할 때 가라지는 먼저 거두어 불사르고 알곡은 모아 곳간에 두겠다고 합니다.

이 비유가 의미하는 바가 무엇입니까? 내 곁에 가라지를 뽑아내지 않고 가만두라는 말씀에 순종했더니, 그 가라지 덕분에 내가 깨어서 알곡이 되었다는 것입니다. 가라지 덕에 내게 영적 내공이 생겨서 아무리 낫을 휘둘러도 내가 떨어지지 않고 구원의 추수에 뽑혔다는 겁니다.

주님은 "네가 잠깐 잠들어서 원수가 가라지를 덧뿌려도 몰랐던 거야. 너, 이것을 인정해야 한다"라고 말씀하십니다. 내가 영적으로 잠들어 있어서 가인의 가치관을 가진 배우자를 고르고, 자녀들을 세상적으로 길러냈다는 겁니다. 그러므로 내 옆에 가라지를 미워해서는 안 됩니다. 여전히 가라지 때문에 죽고 싶다면 영원한 복음이 나를 뚫고 들어오지 못한 것입니다. 내 속에 가라지가 있기 때문입니다. 허상을 못 버리고 여전히 별 인생만 좇기에 맨날 가라지를 뽑아 달라고 하는 것이죠. "가만두라!" 오늘 주님의 이 음성을 듣기 바랍니다. 그러다 보면 어느 날 주님이 예리한 낫으로 가라지를 베러 오십니다.

진노를 깊이 경험하며 영원한 복음을 소유한 성도는 아무리 낫을 휘둘러도 상하지 않습니다. 어떤 사건에도 내 속의 가라지, 욕심을 뽑아내면서 점점 성화되어 가지요.

한 집사님이 남편이 너무 힘들게 하니까 다른 남자를 만났습니다. 그때부터 다른 세상이 펼쳐졌습니다. '내가 미쳤지. 그동안 왜 이 남편과 살았나?' 지난 삶에 대한 후회가 밀려왔습니다. 결국 집사님은 남편과 이혼하고 새롭게 만난 남자와 결혼했습니다. 그런데 택자여서일까요? 집사님은 불륜으로 시작된 결혼이라는 죄책감에서 벗어나지 못했습니다. 이는 상대를 향한 불신으로 나타났죠. 또 재혼 가정이다 보니 자녀들의 가계도가 복잡하지 않겠습니까. 서로 "my baby, your baby, our baby"를 외치면서 가정에 바람 잘 날이 없었습니다. 자식 문제가 꼬리에 꼬리를 무니까 집사님은 그제야 처음 가라지가 좋았다는 생각이 들었답니다.

아버지가 술 먹고 때리니까, 어머니가 도박하니까 어쩔 수 없다고 합리화하면서 가라지를 뽑아내려고 합니까? '가라지를 뽑아내면 알곡까지 뽑힐 수 있다'는 주님의 말씀을 기억하기 바랍니다.

외르크 치틀라우(Jorg Zittlau)의 책 『18인의 천재와 끔찍한 부모』에 나오는 내용입니다. 우리가 잘 아는 천재 중에는 무섭다 못해 끔찍한 부모를 둔 이가 적지 않습니다. 폭군도 있고, 마마보이도 있고, 별별 부모가 다 있다고 하지요. 치틀라우는 네 가지 유형으로 천재들의 부모를 소개합니다. 첫째로 자녀를 매질로 다스리는 폭군형, 둘째로 자녀를 혹독히 훈련하는 교관형입니다. 타이거 우즈(Tiger Woods)의 부모는 아들을 골프선수로 키우고자 우즈가 돌 때부터 공을 맞히지 못하면 우유를 주지 않았다고 합니다. 얼마나 무섭게 훈육했는지 우즈는 성인이 돼서도 엄마를 무서워한답니다. 이혼했을 때도, 성중독이 드러났을 때도 누구도 두려워하지 않았는데 오직 엄마의 반응을 염려했다고 하죠.

셋째로는 자기의 욕구를 해결할 대리인으로서 자식을 이용하는 이기주의자형, 넷째로 자녀를 사랑하다 못해 아예 자녀에게 사로잡힌 집착자형 부모가 있답니다. 치틀라우는 천재 부모들의 일화를 생생히 묘사하며, "세계사 속 부모들의 악행은 흥미진진하다 못해 끔찍하기까지 하다"라고 했습니다.

한국 사회에서도 이런 유형의 부모들을 쉽게 찾아볼 수 있습니다. 세계에서 둘째가라면 서러울 정도로 교육열이 치열한 나라가 바로 대한민국 아닙니까? 자녀들이 말도 떼기 전에 교육 시장에 내몰리는 것이 우리네 현실입니다. 자기가 이루지 못한 꿈을 자녀를 통해 재획득하려는 이기주의자 부모가 얼마나 많습니까? 그런데 예나 지금이나 이런 부모들의 변명은 똑같습니다. "다 너 잘되라고 그런 거야!" 많이 들어 본 말이죠?

그러나 가라지 같은 부모일지라도 결코 내가 뽑아내서는 안 될니다. 힘든 배우자나 자녀도 마찬가지입니다. 내 몫의 십자가를 잘 지는 것이 성도에게 가장 빛나는 훈장입니다. 하나님이 뽑아내실 때까지, 죽음이 갈라놓을 때까지 내 십자가를 잘 지고 가야 합니다. 상대가 끝까지 안 변한다고 할지라도 우리에게는 선택할 권리가 없습니다.

- 내가 알고 싶은 그 날과 그 시는 무엇입니까? 어린 양을 따라가며 구원의 때를 주님께 맡기고 있습니까?
- 내가 가만두어야 할 가라지는 무엇(누구)입니까? 내 힘으로 가라지를 뽑겠다면서 가정, 학교, 직장을 뛰쳐나가려 하지는 않습니까?

심판의 추수, 즉 가라지의 추수입니다

17 또 다른 천사가 하늘에 있는 성전에서 나오는데 역시 예리한 낫을 가졌더라 18 또 불을 다스리는 다른 천사가 제단으로부터 나와 예리한 낫 가진 자를 향하여 큰 음성으로 불러 이르되 네 예리한 낫을 휘둘러 땅의 포도송이를 거두라 그 포도가 익었느니라 하더라
_계 14:17~18

성도는 예수님이 추수하시지만 불신자는 천사가 추수합니다. 물론 심판권은 예수님께 있지만, 성부 하나님의 명령으로 두 천사를 사용해 추수를 집행하시는 것입니다. 이 천사도 예리한 낫을 가졌습니

다. 여기서 중요한 것은 낫을 든 천사에게 추수를 명하는 또 다른 천사가 '제단으로부터' 나왔다는 점입니다. 제단은 성도들의 기도를 상징합니다. 즉, 우리의 기도로 이 심판이 행해진다는 겁니다. 우리의 기도로 심판이 앞당겨지기도 하고 연기되기도 합니다. 그래서 중보기도가 중요합니다.

열왕기하 18장에서 19장에 보면 앗수르가 어마어마한 군대를 이끌고 히스기야가 다스리는 유다로 쳐들어옵니다. 심지어 앗수르의 사령관 랍사게가 사자를 통해 하나님과 유다를 조롱하는 편지를 보내오죠. 이러지도 저러지도 못하던 히스기야는 랍사게의 편지를 들고서 성전으로 올라가 기도합니다. 그러자 하나님은 "내가 네 기도를 들었다. 네 눈물을 보았다"고 응답하십니다. 그리고 앗수르 군사 18만 5천 명을 한밤중에 심판하십니다.

이처럼 우리의 기도가 차면 하나님이 내 안팎의 원수를 모두 심판해 주십니다. 그러므로 주님이 들으실 기도를 해야 하고, 주님이 인정하실 눈물을 흘려야 합니다. 내 악에 받쳐서 울며 중언부언하는 기도는 하나님의 심판을 불러일으키지 못합니다. 하나님 앞에서 운다고 해서 다 눈물의 기도는 아닙니다.

'포도송이'는 불신자를 의미합니다. 땅의 곡식이 다 익어 거둘 때가 된 것처럼 포도송이도 익어 거둘 때가 되었다고 합니다. 곡식이 익을 때는 주변 모든 것이 시들어 볼품없어 보이지만 거기서 작은 알곡들을 얻습니다. 반면에 포도송이는 그 열매가 얼마나 크고 탐스러운지 오직 열매만 보입니다. 열매가 워낙 극상품이다 보니 옆에 시든 잎도, 무성한 가라지도 보이지 않습니다. 우리도 그렇지 않습니까? 악이 곪을 대로 곪은 자라도 돈이 많고 권세가 있고 외모가 뛰어나면 누구도 그 악의 때가 찼다고 생각하지 않습니다.

> 천사가 낫을 땅에 휘둘러 땅의 포도를 거두어 하나님의 진노의 큰 포도주 틀에 던지매_계 14:19

천사가 낫을 휘두르자 아무리 탐스러운 포도송이라도 살아남지 못하고 하나님의 진노의 포도주 틀에 던져집니다. 당시 로마 황제는 신과 같은 존재였습니다. 권세로 따지자면 로마 황제를 따라갈 자가 없었습니다. 그러나 제아무리 대단한 로마 황제라도 심판의 낫을 면할 수는 없습니다. 짐승의 가치관, 세상 지혜를 바탕으로 살아온 자는 심판의 사건이 오면 진노의 포도주 틀에서 휘청거릴 수밖에 없습니다.

누군가는 다음 세계도 이 땅만큼 화려한 곳이 기다리는 줄 알고 끝까지 체면만 차리기도 합니다. 북이스라엘의 왕후 이세벨이 그랬습니다. 아합 왕의 아내 이세벨은 북이스라엘에 바알 숭배를 끌어들이고 여호와의 선지자들을 박해한 죄로 하나님께 심판을 받았습니다. 예후가 반란을 일으켜 아합 왕가의 모든 자손을 멸절시켰죠. 이때 자신의 최후를 직감한 이세벨은 곱게 화장하고 머리를 꾸미고서 예후를 기다렸습니다. 이는 그녀가 죽음을 두려워하고 있다는 걸 보여주기도 합니다. 그러나 하나님의 심판 앞에 도도하게 죽을 자가 어디 있습니까? 결국 그녀는 개가 그 시체를 뜯어 먹는 비참한 최후를 맞았습니다(왕하 9장). 이 땅에서 지옥을 경험하면 그 지옥에 가지 않으려고 발버둥 칠 텐데, 잘 먹고 잘살면서 고통을 맛본 적이 없는 사람은 지옥을 우습게 생각합니다.

최고의 조각으로 꼽히는 〈생각하는 사람〉은 로댕(Auguste Rodin)의 조각 〈지옥의 문〉에 등장하는 여러 인물상 중 하나입니다. 〈지옥의 문〉은 단테(Dante Alighieri)의 『신곡』 지옥 편에서 영향을 받아 제작한 조각으로, 그중 〈생각하는 사람〉은 지옥 앞에서 자신의 지난 삶을 후회하며 번민하는 사람을 표현했다고 하지요.

마태복음 13장에서 주님은 알곡과 가라지 비유를 풀어 설명해 주시면서 가라지 인생이 당할 심판에 대해 말씀하십니다.

"가라지를 뿌린 원수는 마귀요 추수 때는 세상 끝이요 추수꾼은 천사들이니 그런즉 가라지를 거두어 불에 사르는 것 같이 세상 끝에도 그러하리라 인자가 그 천사들을 보내리니 그들이 그 나라에서 모든 넘어지게 하는 것과 또 불법을 행하는 자들을 거두어 내어 풀무 불에 던져 넣으리니 거기서 울며 이를 갈게 되리라"(마 13:39~42).

로댕의 조각상처럼 생의 마지막에 후회와 고통뿐이라면 내가 가라지라는 뜻 아니겠습니까. 내 존재가 불살라져 고통당한다고 생각하니 얼마나 두렵겠습니까. '운다'는 것은 감정적인 고통이고 '이를 간다'는 것은 육체적인 고통입니다. 이것이 인간이 지옥에서 겪게 될 고통입니다. 그러므로 이 땅에서 미리 고통을 당하는 자가 도리어 복이 있습니다. 나중에 당할 고통을 지금 당하며 지옥을 피할 기회를 허락 받은 것과 같습니다. 반면에 남을 넘어지게 하고 불법을 행하고도 고통의 경험도 없이 세상을 떠나는 사람은 가장 비참한 자입니다. 이 고난의 신비를 깨달은 자가 하나님 나라에서 해와 같이 빛납니다.

똑같은 사건을 만나도 누군가에게는 구원이고, 누군가에게는 심판입니다. 고난을 통해 천국 적응훈련을 받지 못한 자는 진노의 포도주 틀에 던져져서 문자 그대로 진노만 경험하다가 끝납니다. 진노에서 구원으로 옮겨 가야 하는데, 인생이 짧습니다. 우리는 내일 일을 모릅니다. 그러므로 미리미리 천국 적응훈련을 하기 바랍니다. 심판도, 구원도 이 땅에서 결정됩니다.

성 밖에서 그 틀이 밟히니 틀에서 피가 나서 말 굴레에까지 닿았고 천육백 스다디온에 퍼졌더라_계 14:20

일 스다디온이 약 185m인 것을 감안하면 천육백 스다디온은 약 300km입니다. 이는 당시 팔레스타인의 남북 길이 정도 되는 거리로 그만큼 많은 피를 흘렸다는 의미입니다. 또 1600은 $4 \times 4 \times 10 \times 10$으로 4라는 수 두 개와 10이라는 수 둘로 구성된 수입니다. '4'는 네 생물(계 5:6)과 천사가 서 있는 네 모퉁이(계 7:1), 곧 하나님이 창조하신 모든 피조 세계를 의미하는 수입니다. 또한 '10'은 완전수, 만수(滿數)로 '가득 찼다'는 의미입니다. 그러므로 "피가 천육백 스다디온에 퍼졌다"는 것은 범우주적인 심판이 이루어진다는 뜻입니다. 또한 '피조수'인 4를 두 번 곱한 데다 '완전수'인 10을 두 번 곱한 것은 그만큼 철저하고 완전한 심판을 내리겠다는 의미이기도 합니다.

예리한 낫인 말씀을 통해 열매도 맺히고 심판의 역사도 일어납니다. 또 성도인 우리의 기도로 심판의 역사가 일어난다고 했습니다. 그러므로 말씀을 치열히 묵상하고 적용하며 하나님이 들으시는 기도를 하십시오. 특별히 하나님은 성도가 환난과 핍박을 당할 때 드리는 기도를 잊지 않으시고 반드시 심판하십니다.

그러면 '하나님을 잘 믿는다'는 것은 무엇일까요? 답은 간단합니다. '나는 예수님을 믿는가, 예수님을 나의 주(主)로 영접했는가' 스스로 질문해 보십시오. 교회는 다니지만 예수님을 믿지 않는 사람이 참 많습니다. 하나님은 믿어도 예수님의 십자가 구속은 믿어지지 않는 겁니다. 성경 지식으로 따지자면 바리새인과 대제사장들을 따를 자가 있겠습니까. 그런데 이들이 예수를 그리스도로 인정하지 않았습니다. 지금도 그런 사람이 많습니다. 겉모습은 포도송이처럼 그럴듯한데 스스로 하나님이 돼서 예수를 안 믿습니다. 기득권을 빼앗길까 봐, 내가 누리던 것을 못 누릴까 봐 예수를 구세주로 영접하기가 두렵습니다. 부모들도 자녀가 교회 생활에 너무 빠지면 염려합니다. 배우자감을 찾을 때도 믿음이 너무 좋은 사람은 싫습니다. 이런 고정관념, 염려들도 다 심판 받아야 할 가치관입니다.

조선 최초 여의사인 김점동(박에스더)은 마부(馬夫)인 박유산과 결혼했습니다. 당시 김점동은 이화학당 교사이자 의사인 로제타 홀(Rosetta Sherwood Hall) 선교사의 주선으로 의학을 공부하고자 미국 유학을 계획하고 있었습니다. 그런데 외국에 혼자 보내길 꺼리는 부모의 권유로 홀 선교사 부부를 섬기던 마부 박유산과 결혼하게 된 것입니다. 의학도와 마부라니, 스펙 차이가 나도 너무 나지 않습니까? 나이도 박유산이 아홉 살이나 많았습니다. 또 박유산의 입장에서는 똑똑한 아내가 부담스러울 수도 있었지요. 그런데도 이들이 결혼할 수 있었던 것은 예수를 믿었기 때문입니다. 서로 믿음만 보고서 결혼한 것입니다. 비록 열렬히 사랑해서 한 결혼은 아니지만, 이들은 1년 후에 서로 깊이 사랑하게 되었다고 고백했습니다. 그래서 늘 믿음이 중요합니다. 믿음만 보고 결혼하면 망할 것 같아도, 살아 보면 믿음이 전부입니다. 그런데 요즘 믿음 좋은 여자는 싫다는 남자가 그렇게 많더라고요. 고난당하는 성도를 귀하게 여기면 알곡이고, 멸시하고 귀찮아하면 포도송이입니다.

'포도송이' 하면 떠오르는 한 사람이 있습니다. 바로 아프리카의 성자 알버트 슈바이처(Albert Schweitzer)입니다. 그는 20대 중반에 칸트의 종교철학과 예수와 바울을 연구하여 철학과 신학박사 학위를 받았습니다. 28세엔 스트라스부르대학에서 신학을 강의하면서 성 스테판 루터교회 부목사로서 목회를 병행하기도 했지요. 그뿐 아니라 다섯 살부터 피아노를 연주하고 파이프 오르간 연주 실력도 뛰어났으며, 바흐 음악에 관해서는 유럽 일인자라고도 불렸습니다.

1905년 슈바이처가 30세가 되던 해에 그는 돌연 대학교수직을 포기하고 아프리카 선교사로 가겠다는 결심을 했습니다. 우연히 본 한 잡지에서 아프리카 선교에 관한 기사를 보고 관심을 돌리게 된 것입니다. 그러나 당시 파리 선교회 내부에서는 슈바이처를 선교사로 파송하는 문제를 놓고 논쟁이 벌어졌습니다. 자유주의 신학자였던 슈바이처의 신앙이 검증되지 않았다는 이유였습니다. 그때부터 슈바이처는 의학을 공부하기 시작했습니다. 신학을 가르칠 수 없다면 의료 선교로라도 헌신하겠다고 결심한 것입니다. 결국 슈바이처는 선교지에서 설교와 신학에 관한 어떤 것도 언급하지 않겠다는 약속을 하고서야 파송될수 있었습니다. 아프리카에 가서도 지원을 받지 못해 스스로 벌어 선교해야 했습니다. 그렇게 그는 반세기 동안 아프리카 의료 선교사로서 온몸을 불살라 헌신하다가 아흔 살에 세상을 떠났습니다.

여기까지만 보면 참 훌륭한 사람이지요. 지금도 슈바이처는 위인 중의 위인이라고 칭송됩니다. 그런데 이런 그가 예수님을 그리스도로 인정하지 않았다는 겁니다. 그는 예수님을 가리켜 개혁에 실패한 사람이라고 했습니다. 그뿐만 아니라 아프리카 현지인을 야만인이나 미개인으로 폄하했다는 논란에 싸이기도 했습니다. 그럼에도 인간적인 노력으로 노벨평화상까지 받았지요. 어떻게 평생 예수님을 연구하고 목회까지 했는데도 예수를 실패한 개혁자라고 말할 수 있습니까. 저는 슈바이처가 자기 죄를 보지 못해서 그렇다고 생각합니다. 탐스러운 포도송이같이 내가 너무 훌륭하니까 도무지 죄가 보이지 않는 겁니다.

이런 슈바이처를 보면서 우리가 예수를 믿은 것이 기적 중의 기적이라는 생각이 들지 않습니까? 아무리 노벨 평화상을 받으면 뭐 합니까, 그것과는 비교가 안 되는 구원을 우리가 받았습니다. 누구도 나를 알아주지 않는다고 해도 예수만 바라는 인생이 최고입니다. 탐스러운 포도송이가 아니라 겸손한 알곡이 진짜 성공한 인생입니다.

• 나는 알곡입니까, 포도송이입니까? 알곡 같은 배우자가 좋습니까, 포도 송이 같은 배우자가 좋습니까? 내 자녀를 알곡으로 키워 내고 있습니까? 포도송이로 만들고자 불철주야 애쓰지는 않습니까?

추수의 때에 분별이 필요합니다

알곡과 포도송이를 분별하기 위해서는 예리한 낫, 즉 말씀이 필요합니다. 올바른 말씀이 없다면 그는 거짓 선지자, 거짓 목자입니다. "그 날과 그 때를 알려주겠다"면서 떠드는 자들은 거짓 선지자입니다. 우리는 이런 거짓 세력을 분별해야 합니다.

또한 참선지자라면 때를 분별해야 합니다. 때에 맞게 말씀의 낫을 던져야 하지요. 예수님도 "땅의 곡식이 다 익어 거둘 때가 이르렀다"는 천사의 음성을 듣고서 낫을 휘두르십니다. 곡식이 익기 전에는 결코 휘두르지 않으십니다. 예수님처럼 우리도 기다려야 할 때가 있습니다. 구원의 추수를 하기 위해서는 고도의 분별이 필요합니다. 낫을 잘못 휘두르면 알곡까지 베고 맙니다.

제가 강단에 오르기 전까지 설교 원고를 고치고 또 고치는 것도 '행여 이 말씀을 듣고 한 사람이 상처 받지 않을까' 하는 염려 때문입니다. 말씀은 예리한 낫이잖아요. 조금만 느슨하게 생각해도 꼭 베이는 사람이 생기게 마련입니다. 그래서 정말 인간의 힘으로 할 수 없는 것이 설교입니다. 자칫 귀한 한 영혼을 베면 어쩝니까. 슈바이처가 완벽한 스펙을 갖추고도 선교지에서 말씀을 전할 수 없었던 이유가 무엇이겠습니까? 목회는 학벌로 하는 게 아니기 때문입니다.

그러고 보면 '분별'만큼 영적인 일이 없습니다. 목회도, 사업도, 결혼도 사람을 분별해야 잘못된 길로 들어서지 않습니다. 사역도 돈이 없어서 실패하는 것이 아니라 한 사람이 없어서 그르칩니다. 그러면 어떻게 해야 분별력이 생깁니까? 주님처럼 십자가를 지는 사람, 자기 십자가를 지고서 예수를 따르는 사람은 금 면류관을 쓰고 예리한 낫을 가집니다. 즉, 오늘 내 삶의 현장에서 십자가를 지며 나아가면 저절로 분별력이 생긴다는 것입니다. 학식이나 지식이 풍부하다고 분별을 잘하는 것도 아닙니다. 예리한 낫이 되려면 반드시 십자가의 삶이 따라야 합니다.

옛날 낫은 아무리 나무를 쳐 내도 부러지거나 이가 빠지지 않았답니다. 이는 숙련된 대장장이가 세밀한 감각과 정성을 기울여 만들었기 때문입니다. 그런데 요즘 낫은 공장에서 대량으로 만들어 내기 때문에 옛것만큼 정교하지 못하다고 하죠. 기계가 대장장이의 기술을 따라가지 못하는 겁니다.

'낫을 벼린다'는 말은 무디어진 날을 날카롭게 만드는 것을 뜻합니다. 날을 불에 달군 후 메질과 담금질을 거듭하면 날이 예쁜 호박색이 된답니다. 이때 핵심은 '담금질'입니다. 메질을 한 후 칼날은 순간적으로, 칼등은 천천히 물에 담가 식혀야 칼날은 강해지고 칼등은 물러져서 날이 부드러워진다는 겁니다. 그래야 나무를 세게 내리쳐도 칼이 유연해서 칼등이 부러지지 않는다고 합니다. 칼등과 칼날을 동시에 담금질하면 날 전체가 단단해져서 도리어 쉽게 부러진다고 하지요.

정교한 낫이 되었는지 검증하는 방법은 칼날 위에 물방울을 굴려 보는 것입니다. 예리한 낫은 물방울이 흩어지지 않고 칼날 위에 딱 서 있다고 하지요. 그렇게 되기까지 달구기와 메질, 담금질을 얼마나 많이 했겠습니까? 예리한 낫은 손쉽게 뚝딱뚝딱 만들어지지 않습니다. 불에 달구어지고 물에 담금질당하는 수많은 과정을 거쳐야 합니다.

우리도 마찬가지입니다. 믿음도, 인내도, 분별력도 뚝딱뚝딱 만들어지는 것이 아니죠. 추수할 때가 이르러 내가 알곡으로 거두어지기 위해서는 수많은 과정이 필요합니다. 불 가운데도 들어가고, 물 가운데도 들어가야 합니다. 메질과 담금질을 수없이 당해야 합니다. 그래야 예리한 낫을 들고 오시는 예수님께 추수되고, 나도 예리한 낫이 되어 다른 사람을 구원으로 인도할 수 있습니다.

칼날 위에 물방울 같은 성도는 박사 학위를 몇 개 딴 사람이 아니라, 죽은 사람을 일으키는 자입니다. 죽어 가는 영혼을 살리는 자입니다. 그러나 이는 인간의 힘으로는 할 수 없습니다. 오직 죄인 된 내 주제를 아는 사람만이 다른 영혼을 살립니다. 그래서 하나님이 우리에게 사건을 주십니다. 자기 주제를 알라고 주님이 사건으로 찾아오십니다. 나를 분별하면 다른 사람도 쉽게 분별하지 않겠습니까.

나 자신도, 다른 사람도 구원으로 인도하기 위해 우리는 달구기와 메질, 담금질의 대가가 되어야 합니다. 불속에도 들어가고 물속에도 들어가고 메질도 잘 당해야 합니다. 주기철 목사님을 떠올려 보세요. 당시엔 열매가 없는 것 같아도 그분이 흘린 순교의 피 덕분에 한국 교회가 이만큼 성장했습니다. 인생이 짧습니다. 인생에 고난만 계속되는 것 같아도 길어야 백 년입니다. 물과 불을 지나는 고난 속에서 예리한 낫이 되어 구원으로 결론 나는 인생 되기를 바랍니다.

- 누군가를 구원으로 인도하기 위해 내가 분별해야 할 것은 무엇입니까? 진로와 결혼 등 모든 선택에서 믿음과 구원을 기준에 두고 분별하고 있습니까?
- 주님이 나를 알곡과 예리한 낫으로 만드시고자 메질과 담금질당하는 사건을 허락하신다는 것을 믿습니까?

추수의 때에 주 안에서 죽는 자가 복이 있습니다

또 내가 들으니 하늘에서 음성이 나서 이르되 기록하라 지금 이후로 주 안에서 죽는 자들은 복이 있도다 하시매 성령이 이르시되 그러하다 그들이 수고를 그치고 쉬리니 이는 그들의 행한 일이 따름이라 하시더라_계 14:13

다시 13절을 보겠습니다. 주 안에서 죽는 자가 복이 있다고 합니다. '그들은 수고를 그치고 쉬리니 이는 그들의 행한 일이 따름이라'고 합니다. 여기서 '이는'이라는 말은 원어로 이유를 나타내는 접속사입니다. 즉, 그들이 수고를 그치고 쉬는 이유가 그들의 행한 일이 따랐기 때문이라는 겁니다. 우리가 행한 일이 하나님의 일인지, 사탄의 일인지는 훗날 분명히 드러나게 될 것입니다. 주기철 목사님도, 슈바이처도 그렇잖아요. 우리는 슈바이처를 박사라고는 칭해도 '목사'라고는 부르지 않습니다. 신학을 공부했어도, 목회를 했어도 그를 주의 종이라고 평가하는 사람은 없습니다.

그러면 우리가 행하는 일 중 가장 큰 일이 무엇입니까? "주 안에서 죽는 자들은 복이 있다"고 하셨으니, 바로 주 안에서 죽는 것, 주님 때문에 순교하는 것 아니겠습니까. 주 안에서 죽는 자에게는 복이 있지만, 주 밖에서 죽는 자에게는 화(禍)가 있습니다. 성령께서도 "그러하다"고 맞장구쳐 주시지 않습니까. "산 개가 죽은 정승보다 낫다"라는 속담도 있지만, 성도라면 죽음 자체보다 복과 화 중에 나는 무엇으로 결론 날 것인가에 집중해야 합니다.

20절에서 불신 세력은 '성 밖에서' 진노의 틀에 밟히리라고 했습니다. 그러면 시온 성(예루살렘 성) 안과 밖은 무슨 차이일까요? 시온 성 안에 있는 자는 어린 양이 어디로 인도하시든지 따라가는 사람입니다(계 14:4). 어린 양은 십자가를 지고 죽으셨습니다. 그러므로 우리도 십자가를 지고서 그 길을 따라가야 하겠지요. 세상과 구별되지 않고서는 따를 수 없는 길입니다. 목숨을 내놓지 않고는 갈 수 없는 길입니다. 그런데 우리는 자꾸 세상과 짝하려 합니다.

제가 지금까지 부족하게나마 주님을 따를 수 있었던 것은 남편의 구원을 위해 목숨을 내놓고 기도했기 때문이라고 생각합니다. 하나님께서 "너 그 믿음이 진짜냐?" 물어보시느라고 저를 30년 동안 이 땅에 남겨 두신 것 같아요. 그래서 저는 무엇이든 허투루 할 수 없습니다. 목숨 걸고 말씀을 준비하고 설교하고 기도합니다.

바울은 "나는 날마다 죽노라"고 고백했습니다(고전 15:31). 내 힘으로는 무엇도 지켜 낼 수 없습니다. 주님이 예리한 낫을 던져 추수하시듯, 우리도 각자의 환경에서 말씀을 던지며 죽어지고 썩어지고 밀알이 되어야 합니다. 그러다 육신의 죽음이 찾아오면 '아, 주님이 이제 수고를 그치고 쉬라고 하시는구나. 할렐루야!' 하면 됩니다. 날마다 죽어야 육신의 죽음 앞에서도 "할렐루야, 아멘!" 할 수 있습니다. 날마다 죽지 못하는 사람은 죽음이 두렵습니다. 죽는 경험을 통해 내가 죄인인 걸 깨달아야 천국이 사모되는데, 죽지 못하고 "나는 죄 없다"만 외치면서 사니까 얼마나 죽음이 두렵겠습니까.

우리들교회의 한 집사님의 나눔입니다. 이 집사님의 남편은 세상이 자기를 위해 존재한다고 여긴답니다. 그래서 뜻대로 안 되는 일이 생기면 분을 이기지 못하고 폭력도 불사합니다. 어느 날도 집사님에게 분풀이를 하고는 이러더랍니다.

"내가 너를 때리느라 얼마나 수고했는지 몰라. 나도 아파서 치료받아야겠어."

이런 기가 막힌 남편이 어디 있습니까. 자기 팔다리가 아플 정도로 때렸으니 아내의 상태는 어땠겠습니까. 오죽하면 이 집사님이 취하면 맞을 때 고통이 덜할까 해서 술까지 마신 적이 있답니다. 이 남편이 교회에 안 다니는 것도 아닙니다. 예배도 오고 부부목장에도 나갑

니다. 그런데 목장에서 자기 치부는 절대 말하지 않고 집에 돌아와서
는 또 아내를 때린답니다.

그래도 집사님은 목장 때문에 삽니다. 집사님이 여자목장에서
남편 이야기를 나누면 목장 식구들이 모두 일어나서 "그 남편을 팔당
댐에 밀어버리고 싶다"고 위로해 줍니다. 그러면 집사님이 이런다죠.

"수영을 잘해서 빠뜨려도 헤엄쳐 나올 거예요."

우리들교회에는 이 집사님처럼 힘든 시간을 보내는 성도들이 참
많습니다. 그분들이 고통 속에서도 믿음을 지키며 인내할 수 있는 것
은 지체들이 함께 눈물로 기도하며 쓰러지지 않도록 붙들어 주기 때
문입니다.

또 다른 집사님의 나눔입니다. 하루는 저녁 식사를 하는데 집사
님의 남편이 "햇볕이 참 좋은데 아깝다. 이불을 뜯어서 솜을 말리자"고
했습니다. 그러나 이미 전날 이불을 다 빨아 둔 터라 집사님이 말했죠.

"어제 다 했는데 이불을 또 왜 말려."

그러자 남편이 갑자기 숟가락을 집어 던지고 주먹으로 식탁을
치며 짐승처럼 괴성을 지르더랍니다. 집사님은 너무 놀란 나머지 그
길로 집을 나와 가까운 한강공원으로 피신했습니다. 그런데 한참 벤
치에 앉아 있다 보니 문득 이런 생각이 들었답니다.

'그래, 옥토는 어떤 오물도 다 받아 내는 낮은 땅이라고 하셨어!
하나님이 나를 옥토로 만드시려고 빈 깡통 같은 요란한 남편을 내게
보내신 거야. 내가 좋은 땅이 돼서 깡통 남편을 품어 주어야겠다. 옥토
가 되려면 이걸 견뎌야 해!'

이 적용을 하나님이 기쁘게 생각하셨는지 이 집사에게 정말 성령님이 찾아오셨습니다. 어느 주일 설교에서 사이코패스에 대해 듣는데, 집사님은 자신이 사이코패스 같다는 생각이 들었습니다. 남편이 왜 그토록 화를 냈는지, 힘든 일이 있는 건 아닌지 단 한 번도 남편의 입장에서 생각해 본 적이 없다는 게 떠올랐습니다. 남편이 화를 내거나 말거나 심각하게 여기지 않고, 남편에게 들은 말씀을 나누어 주지도 않는 자신이 바로 영적 불감증 환자라는 것이 깨달아졌답니다. 결혼생활 30년 동안 '남편 성질이 더러워서 그래, 내가 참으면 그만이야' 하며 지나치다가 이제야 자기 모습을 보게 된 것입니다. '내가 30년을 불감증으로 살았구나, 이 병을 고치려면 얼마나 세월이 걸릴까' 생각하니 가슴이 미어져 눈물만 나왔다고 합니다. 그래서 주님께 울면서 회개하며 "주님이 나의 주치의가 되어 주셔서 병을 고쳐 달라"고 간절히 기도했답니다.

그래도 이 두 집사님의 남편들이 교회와 목장예배에 나오니까 저는 소망이 있다고 생각합니다. 하나님은 한 영혼, 한 영혼 모두 귀하게 여기십니다. 내가 가라지를 뽑아내지 않고 가면 결국 윈윈(win-win)하여 온 식구가 구원의 추수에 들게 될 줄 믿습니다.

추수할 때가 이르렀습니다. 구원의 추수, 알곡의 추수가 있고 심판의 추수, 가라지의 추수가 있습니다. 가라지 인생을 살다가 지옥 문 앞에서 두려워하지 않으려면 말씀으로 분별하며 늘 깨어 있어야 합니다. 탐스러운 포도송이가 아니라 겸손한 알곡이 되어야 합니다. 날마다 주 안에서 죽는 자에게 복이 있습니다. 큰 성 바벨론의 집요한 핍박에도 하나님의 계명과 예수에 대한 믿음을 지킨 성도들에게 주님은 안식과 기쁨을 주십니다.

아직도 요한계시록이 무서운 말씀으로 들립니까? 계시록은 사랑의 복음입니다. 은혜의 음성입니다. 죽지 말고 살라고 주시는 말씀입니다. 우리가 주님이 던지시는 이 계시록 말씀을 내게 주시는 음성으로 들으며 십자가를 잘 질 때, 모두 알곡이 되어 주께서 거두어 주실 줄 믿습니다.

• 나는 주 안에서 죽는 자입니까, 내 힘으로 살고자 발버둥 치는 자입니까?

내 몫의 십자가를 잘 지는 것이
성도에게 가장 빛나는 훈장입니다.

모태신앙인이지만 불신 결혼을 한 저는 지나치게 깔끔한 남편과 함께 살며 많은 훈련을 받아야 했습니다. 남편은 퇴근 후 집에 돌아오면 휴지로 탁자 위를 닦아서 보이며 "이게 돼지우리지, 사람 사는 집이냐?"고 화내기도 하고, 5살이던 아들이 안 씻은 발로 거실에 올라오자 "더러운 발로 어디를 올라와. 현관 바닥에 앉아라" 하기도 했습니다. 참다못해 이혼을 생각할 즈음 남편은 실직했고, 이후 아파트를 팔아 장사하다가 쫄딱 망하는 사건을 겪었습니다. 그 일로 제가 "기도와 헌금, 봉사를 얼마나 많이 했는지 아세요? 주님께 헌신한 저를 망하게 하실 수 있습니까?" 하며 주님을 원망하자, 주님은 "네가 나를 사랑하느냐?"는 질문을 던지셨습니다. 그 물음 앞에서 저는 주님보다 돈을 더 사랑했음을 깨달았습니다. 또한 예수님의 구원 추수를 방해하는 가라지라고 생각하며 남편을 뽑아내려 한 마음도 접을 수 있었습니다(계 14:16).

　　하루는 이불 홑청을 뜯고 빤 다음, 안에 있던 솜을 잘 말려 다시 홑청에 넣은 뒤 꿰맸습니다. 그런데 저녁을 먹던 남편이 햇살이 좋으니 솜을 햇빛에 말리게 다시 뜯어 놓으라는 겁니다. 저는 지나가는 말로 "그게 얼마나 힘든데요? 종일 말렸으면 됐지 또 하라고 해요?"라고 했는데, 남편은 숟가락을 집어 던지며 괴성을 질러 댔습니다. 저는 남편을 이해할 수 없었지만, '내가 주 안에서 죽어지려면 견뎌야 해' 하며 참았습니다(계 14:13).

이런 얘기를 목장에 털어놓으니 목자님이 "집사님은 불감증이에요"라고 하셨습니다. 또 설교에서 사이코패스에 대해 들으면서 제가 그런 사람이란 생각이 들었습니다. 남편이 화내는 이유를 헤아리지 않고 남편을 그저 나를 괴롭히는 나쁜 사람이라고만 여겼습니다. 그런 제가 남편을 울화통 나게 한 죄인인 것을 인정하게 되었습니다. 30년 동안 제 안에 가득한 미움을 보지 못해서 죽어 가는 남편의 영혼을 방치하고 있었습니다. 이 일로 저는 영적 불감증을 회개할 수 있었습니다.

그러자 시어머니를 모시고 사는 것을 힘들어한 제게 변화가 일어났습니다. 하루는 청소를 하다가 시어머니를 보니 그 안에 계신 예수님이 저를 보시는 것처럼 느껴졌습니다. 그날 이후로 시어머니를 정성껏 모시자, 이에 감동한 남편은 칠십이 넘은 나이에 교회에서 양육훈련도 받고 목장예배에도 나갑니다. 주차 봉사도 하며 친구들도 전도합니다. 하나님의 진노의 큰 포도주 틀에 던져져 심판당할 수밖에 없던 저를 훈련시키시며, 제 주제를 알려 주신 주께 감사드립니다(계 14:19). 이제 알곡 성도가 되어 구원의 추수 때 뽑히길 기도합니다.

영혼의 기도

하나님 아버지, 주님이 우리의 마음 밭에 좋은 씨를 뿌려 주셨는데, 우리가 깨어 있지 못해 원수가 와서 가라지를 뿌렸습니다. 날이 갈수록 가라지가 무성해집니다. 주님은 가라지를 가만두라고, 가라지를 뽑다가 곡식마저 뽑힐 수 있다고 말씀하시는데도 우리는 가라지를 뽑아내지 못해서 안달입니다. 이런 저희를 불쌍히 여겨 주시옵소서.

우리를 천국에 들어가기에 합당한 자로 만드시고자 가라지를 허락하셨는데 우리는 이런 환경에 감사하지 못합니다. 내게 주신 고난에서 죽어지고 썩어져 밀알이 되어야 하나님의 곳간에 들어갈 텐데, 가라지가 흔들릴 때마다 우리도 덩달아 흔들립니다. 가라지 배우자, 가라지 자녀가 나를 괴롭히는 것은 내 삶의 결론입니다. 말씀으로 분별하지 않고 내 욕심으로 골랐기에 이런 고난이 왔습니다. 그러므로 이제는 가라지를 뽑아내겠다고 악쓰지 않겠습니다. "가만두라"는 하나님의 명령을 따라 하나님의 때가 될 때까지 잘 기다리게 하옵소서. 인내함으로 하나님의 계명과 예수에 대한 믿음을 지켜서 구원에 추수에 뽑힐 수 있기를 원합니다.

이 땅의 모든 목회자가 예리한 낫이 되어 구원의 말씀을 던지게 하옵소서. 하나님의 말씀을 대신 전하는 메신저가 될 수 있도록 역사해 주시옵소서. 그리하여 우리 교회에, 가정에, 사회에, 나라에 수많은 알곡 성도가 생겨나게 하옵소서. 주님, 어렵고 힘든 가정을 찾아가 안수해 주시고, 가치관의 변화가 일어날 수 있도록 도와주시옵소서. 예수님 이름으로 기도드립니다. 아멘.

우리는 다 이겼습니다

초판 발행일 | 2021년 11월 26일
2쇄 발행 | 2023년 9월 8일
지은이 | 김양재

발행인 | 김양재
편집인 | 김태훈
편집장 | 정지현
편집 | 김윤현 진민지 고윤희
표지 디자인 | 임지선

발행한 곳 | 큐티엠
주소 | 경기도 성남시 분당구 판교공원로2길 22, 4층 큐티엠 (우)13477
편집 문의 | 070-4635-5318   **구입 문의** | 031-707-8781
팩스 | 031-8016-3193
홈페이지 | www.qtm.or.kr   **이메일** | books@qtm.or.kr
인쇄 | ㈜정현씨앤피
총판 | ㈜사랑플러스 02-3489-4300

ISBN | 979-11-89927-41-7 03230

큐티엠(QTM, Quiet Time Movement)은 '날마다 큐티' 하는 말씀묵상 운동을 통해
영혼을 구원하고, 가정을 중수하고, 교회를 새롭게 하는 일에 헌신합니다.